A VERDADE MATERIAL NO DIREITO TRIBUTÁRIO
A cidadania fiscal administrativa e judicial

DEMETRIUS NICHELE MACEI

A VERDADE MATERIAL NO DIREITO TRIBUTÁRIO
A cidadania fiscal administrativa e judicial

A VERDADE MATERIAL NO DIREITO TRIBUTÁRIO
A cidadania fiscal administrativa e judicial
© Demetrius Nichele Macei

ISBN 978-85-392-0183-9

Direitos reservados desta edição por
MALHEIROS EDITORES LTDA.
Rua Paes de Araújo, 29, conjunto 171
CEP 04531-940 — São Paulo — SP
Tel.: (0xx11) 3078-7205 Fax: (0xx11) 3168-5495
URL: www.malheiroseditores.com.br
e-mail: malheiroseditores@terra.com.br

Composição
PC Editorial Ltda.

Capa:
Criação: Vânia Lúcia Amato
Arte: PC Editorial Ltda.

Impresso no Brasil
Printed in Brazil
03-2013

*"Na atual crise de valores,
o mundo pede aos juristas ideias novas,
mais que sutis interpretações."*

Tullio Ascarelli

*À Heloisa e aos meus filhos Maria Luisa e Eduardo,
responsáveis pela minha energia na alvorada
e alegria e conforto ao anoitecer.*

AGRADECIMENTOS

Meus primeiros agradecimentos são ao querido amigo Dr. Alejandro Claudio Altamirano, professor na Universidade Austral de Buenos Aires, que, sabendo de meu interesse sobre o estudo científico da *Verdade Material*, apresentou-me, entusiasmado, a obra do catedrático da Universidade de Pavia, Professor Michele Taruffo.

Foi da leitura dessa obra, *La prova dei fatti giuridice* (Giuffrè, 1992), que se descortinaram para mim as ideias que agora fundamentam minhas conclusões. O contato com os estudos do Prof. Taruffo foi a centelha luminosa que incendiou minha mente no momento mais oportuno. *Fiat lux*!

Agradeço o apoio constante dos professores José Manoel de Arruda Alvim, Thereza Celina de Arruda Alvim e Eduardo de Arruda Alvim, que desde antes do ingresso no Curso de Doutorado já me orientavam e incentivavam na escolha da PUC/SP como o melhor terreno para cultivar essas ideias, e até hoje me auxiliam com seu infinito conhecimento jurídico, naqueles momentos de dúvida, mostrando o melhor caminho a seguir.

Não esqueço também dos professores James Marins, da PUC/PR, e Mary Elbe Queiroz, da UFPE, verdadeiros anjos da guarda, dando a referência segura nessa árdua caminhada, que é o doutoramento.

Finalmente, ao meu orientador, Professor Roque Antonio Carrazza, pessoa de cavalheirismo ímpar, admirado e respeitado por todos, inclusive por aqueles que inadvertidamente ainda não concordam com suas ideias. Seus atributos pessoais e profissionais são fonte inesgotável de inspiração e coragem. Inspiração para uma vida reta e dedicada ao bem, e coragem, para defender e acreditar no Direito, como o verdadeiro caminho da liberdade e da cidadania.

D.N.M.

PREFÁCIO

1. Considero um especial privilégio prefaciar este magnífico livro, que se intitula *Verdade Material no Direito Tributário*, da lavra do jovem e talentoso Professor DEMETRIUS NICHELE MACEI.

De fato, não é sempre que se tem a oportunidade, que ora me é dada, de analisar obra de tamanha dimensão científica, que lança poderoso facho de luz em tema pouco explorado, qual seja, o dever que o julgador tem, nos processos tributários, de buscar a realidade dos fatos, independentemente das provas que as partes carrearam para os autos. Que eu saiba, inexiste, na doutrina pátria, obra mais abrangente e completa.

Por isso, sinto-me confortável para, de logo, proclamar que este livro revela toda a audácia intelectual de alguém que, com coerência, lógica e espírito crítico, sabe pensar o que ainda não foi suficientemente pensado.

O autor, graças à sua experiência profissional, de que mais adiante falarei, possui intimidade com os intrincados problemas jurídicos que cercam a procura da verdade material, nos processos tributários. Foi justamente esta condição que lhe permitiu enfrentá-los e resolvê-los de forma brilhante, adequada e, acima de tudo, correta.

2. Registro, a propósito, que o livro em questão foi originariamente concebido, sob a minha orientação, para satisfazer ao requisito de obtenção do grau de Doutor em Direito Tributário, pela Pontifícia Universidade Católica de São Paulo (PUC/SP). A Banca Examinadora, integrada pelos ilustres Professores José Eduardo Soares de Melo, Heleno Taveira Torres, Paulo Ayres Barreto, Tácio Lacerda Gama e por mim, houve por bem aprovar, com distinção, o Professor Demetrius Nichele Macei, recomendando-lhe, ainda, que publicasse a tese, por considerá-la extre-

A VERDADE MATERIAL NO DIREITO TRIBUTÁRIO

mamente oportuna, no momento atual dos estudos jurídico-tributários, em nosso País.

Realmente, uma leitura mais atenta do trabalho revela, na diversidade das partes que o compõem, uma unidade que o coloca entre os melhores já escritos sobre o complexo tema da busca da verdade material, no âmbito do processo tributário.

É o que procurarei demonstrar.

3. Antes, porém, dou-me pressa em deixar consignado que não tenho a tola pretensão de, no curto espaço de um prefácio, resumir livro de tão denso conteúdo. Assim, limitar-me-ei a levantar-lhe os aspectos gerais, deixando ao leitor a gratificante tarefa de descobrir as graças e galas que permeiam cada uma de suas páginas.

3.1 As normas constitucionais, ao contrário do que pode parecer ao primeiro súbito de vista, não possuem a mesma importância: as que veiculam *princípios* sobrepairam as que contêm *regras*, justamente porque possuem maior grau de abstração, traduzindo, de modo mais detalhado, as diretrizes do ordenamento jurídico. Não é por outra razão que se costuma dizer que os *princípios constitucionais* são as vigas-mestras do *edifício jurídico nacional*.

Conforme tive a oportunidade de escrever, princípio constitucional "é um enunciado lógico, implícito ou explícito, que, por sua grande generalidade, ocupa posição de preeminência nos vastos quadrantes do Direito e, por isso mesmo, vincula, de modo inexorável, o entendimento e a aplicação das normas jurídicas que com ele se conectam".[1]

3.2 Os princípios constitucionais consagram *valores*,[2] muitos dos quais inscritos já no *Preâmbulo* da Carta Magna (igualdade, liberdade, segurança, justiça etc.), motivo pelo qual interferem na interpretação e boa aplicação de todos os atos normativos.

---

1. Roque Antonio Carrazza, *Curso de Direito Constitucional Tributário*, Malheiros Editores, São Paulo, 29ª ed., 2013, p. 47.

2. Já se disse que o valor é um querer da sociedade e que sua relevância decorre do fato de ser um aglutinador de consenso. Para a Filosofia, é o objeto de preferência ou de escolha e, por isso mesmo, como dizia Cícero, "digno de ser selecionado" (*selectione dignum – De finibus*, III, 6, 20). Para Nicola Abbagnano, "a melhor definição de Valor é a que o considera como *possibilidade de escolha*, isto é, como uma disciplina inteligente das escolhas, que pode conduzir a eliminar algumas delas ou a declará-las irracionais ou nocivas, e pode conduzir (e conduz) a privilegiar outras, ditando a sua repetição sempre que determinadas condições se verifiquem" (*Dicionário de Filosofia*, trad. de Alfredo Bosi, Martins Fontes, São Paulo, 4ª ed., 2ª tir., 2003, p. 993 – os grifos são do autor).

PREFÁCIO

De fato, até mesmo as normas constitucionais, quando tiverem pluralidade de sentidos, devem ser interpretadas e aplicadas em compasso com os princípios constitucionais. Por muito maior razão (argumento *a fortiori*), as leis, decretos, portarias, atos declaratórios interpretativos, provimentos etc., que, evidentemente, só poderão irradiar efeitos, se e enquanto não os contrariarem, quer na letra, quer no espírito.

Em suma, os princípios constitucionais, porque "vetores para soluções interpretativas" (Celso Antônio Bandeira de Mello), estabelecem os *pontos de apoio normativos* imprescindíveis à boa aplicação do Direito.

Não é por outra razão que, na análise de qualquer problema jurídico, por mais trivial que seja (ou aparente ser), é imperioso buscar as culminâncias dos grandes princípios constitucionais, a fim de verificar em que direção apontam. Nenhum ato normativo poderá prevalecer, se em descompasso com eles.

Em resumo, os princípios constitucionais são normas qualificadas, exibindo excepcional valor aglutinante: indicam como devem aplicar-se as normas jurídicas, isto é, que alcance se lhes deve dar, como combiná-las e quando outorgar precedência a algumas delas.

3.3 Observo que os princípios constitucionais formam um conjunto cogente de comandos normativos, que devem ser fielmente observados, inclusive pelos Poderes do Estado.

Assim é, porque os princípios constitucionais orientam, condicionam, iluminam e dão o verdadeiro alcance das normas jurídicas. Nenhuma pode com eles atritar, sob pena de inexistência, nulidade, anulabilidade ou ineficácia (Gomes Canotilho).

3.4 Um dos princípios constitucionais de maior tomo é justamente o *da legalidade*, que, em matéria fiscal, fixa, com retoques à perfeição, os limites da obrigação tributária.

O tributo só pode ser validamente exigido quando um fato se ajusta rigorosamente a uma *hipótese de incidência*, predefinida na lei. E este fato outro não é senão o *fato imponível* (ou *fato tributável*). Valem, a propósito, as clássicas lições de Hensel: "Só deves pagar tributo se realizas o fato imponível".[3]

Escandindo a ideia: para a adequada cobrança do tributo, é mister seja realizada, no mundo fenomênico, a *hipótese*, a cuja ocorrência a lei,

---

3. *Diritto Tributario*, trad. de Dino Jarach, Milão, Giuffrè, 1956, p. 148. Literalmente, a frase é: "*Il comando – tu devi pagare delle imposte – è sempre condizionato dalla frase: se tu realizzi la fattispecie legale*".

14 A VERDADE MATERIAL NO DIREITO TRIBUTÁRIO

que minudentemente a descreve, vincula o nascimento da exação. Se não se realiza o *fato imponível*, isto é, se não se cumprem integralmente os elementos da *hipótese* traçada pela lei, não nasce o tributo, sendo, portanto, inválidos seu lançamento e cobrança.

O que estou pretendendo significar é que, nem a lei, nem a Fazenda Pública, podem considerar ocorrido o *fato imponível*, com apoio simplesmente em presunções, ficções ou indícios, isto é, independentemente da efetiva verificação, no mundo em que vivemos (mundo fenomênico), dos eventos abstratamente descritos na *hipótese de incidência tributária*.

3.5 Meros anseios arrecadatórios absolutamente não podem conduzir à inexorabilidade da tributação. Pelo contrário, esta, num Estado Democrático de Direito como o nosso, pressupõe que o agente fiscal seja reverente à letra e ao espírito da lei que institui *in abstracto* o gravame.

Efetivamente, tributar de modo adequado nunca será exigir a exação fiscal apenas com base em intuições fazendárias e em manifestações opinativas de seus agentes. Tais condutas entram em conflito aberto com o *princípio da ampla defesa*, que, nos processos tributários, quer administrativos, quer judiciais, impõe a busca da *verdade material*.

3.6 Na busca da *verdade material* (também denominada *verdade real*), Fisco e contribuinte podem, em qualquer fase do processo tributário, inclusive em grau de recurso, produzir provas (laudos, documentos, perícias, testemunhos etc.). Além disso, compete ao julgador tributário considerar, ponto por ponto, os argumentos apresentados pelo contribuinte, até para, se for o caso, rebatê-los, desde que o faça fundamentadamente (*princípio da motivação*), sempre assegurado o direito constitucional à ampla defesa.

3.7 Foi a partir dessas premissas, que juristas de escol, como Eduardo Domingos Bottallo e José Eduardo Soares de Melo, de há muito deixaram assentado que o processo administrativo-tributário deve perseguir a *verdade real*, em contraposição à *verdade formal*, típica do processo civil, em que o juiz é restrito ao exercício de poderes meramente dispositivos. Em outras palavras, sustentaram que, no processo administrativo-tributário, o julgador deve buscar a realidade dos fatos, independentemente das provas e alegações produzidas pelas partes.

3.8 Seguindo nesta trilha, o Professor Demetrius Nichele Macei demonstrou, com argumentos brilhantes, que a busca da verdade real deve dar-se igualmente no processo judicial, sempre que a matéria em discussão for tributária.

PREFÁCIO

Inspirado no notável processualista italiano Michele Tarufo, o autor explicou que a chamada *verdade formal* se impõe diante de obrigações assumidas sob o império da autonomia da vontade, mas perde totalmente o sentido, quando se está diante de obrigações tributárias.

O Professor Demetrius Nichele Macei acrescentou, ainda, que a *verdade formal* tem em mira trazer paz às relações entre particulares, ao passo que, nas relações com o Estado (penais, administrativas, tributárias etc.), ela só é possível com a adoção da *verdade material*.

Saliento, por oportuno, que suas sólidas conclusões não foram extraídas apenas de estudos jurídicos, mas, também, da Filosofia Pura, já que partiu dos diversos "conceitos" de verdade, desde Aristóteles até os pensadores contemporâneos, para, a final, encampar os ensinamentos do polonês Alfred Tajtelbaum Tarski (concepção semântica da verdade).

Com isso, a obra impõe merecida admiração, até por dizer muito, em pouco espaço, graças à notação precisa e à redução aos elementos essenciais. O que não é de surpreender, pois o currículo do seu autor revela, além de sólida cultura, todo um saber de experiência feito.

4. De fato, o Professor Demetrius Nichele Macei é formado em Direito pela prestigiosa Universidade Federal do Paraná – UFPR (turma de 1995). Obteve, em 1999, o grau de Especialista em Direito Empresarial, pela Pontifícia Universidade Católica do Paraná (PUC/PR).

Prosseguindo em seus estudos, ingressou, em 2000, no Curso de Mestrado em Direito Tributário da PUC/PR, onde apresentou e defendeu brilhantemente a monografia *O adequado tratamento tributário do ato cooperativo* (2004), que foi publicada pela Editora Juruá.

Tendo vocação docente, ministra palestras nos Cursos de Especialização em Direito na PUC/PR e na Faculdade de Direito de Curitiba. É, igualmente, professor dos Cursos de graduação e mestrado nesta última Instituição e professor convidado no Curso de Especialização em Direito Tributário na Universidade Austral, de Buenos Aires.

É também advogado militante, com atuação preferencial no mundo das grandes empresas.

4.1 Anoto, outrossim, que a experiência do Professor Demetrius Nichele Macei foi adquirida por meio de trabalhos jurídicos desenvolvidos no País, no âmbito do Mercosul e em localidades como Mônaco, Milão e várias cidades norte-americanas. Aliás, nos EUA, frequentou, com bons resultados, as salas de aula da prestigiosa Escola de Direito da *Fordham University* (New York).

16 A VERDADE MATERIAL NO DIREITO TRIBUTÁRIO

4.2 Por todos estes motivos, o autor, cuja obra estou tendo a honra de apresentar ao público leitor, já ocupa merecida posição de destaque entre os juristas brasileiros que estudam o intrincado fenômeno da tributação.

5. Assim, ao mesmo tempo em que felicito a Malheiros Editores, por ter possibilitado mais este espaço de reflexão e de debate, convido aos operadores do Direito a tirarem proveito intelectual desta excelente obra, que descortina novos horizontes, sonda profundidades e abre portas, para a melhor compreensão do significado e do alcance da *verdade material*, no processo tributário.

São Paulo (SP), 1º de março de 2013.

Roque Antonio Carrazza
Professor Titular da Cadeira de Direito Tributário
da Faculdade de Direito da Pontifícia Universidade
Católica de São Paulo (PUC/SP)

SUMÁRIO

AGRADECIMENTOS 9

PREFÁCIO de ROQUE ANTONIO CARRAZZA 11

INTRODUÇÃO 19

Capítulo I – OS "CONCEITOS" DE VERDADE

    1.1 A verdade para a Filosofia 25
    1.2 Verdade formal e material 42
    1.3 A questão da prova 53
    1.4 A questão das presunções, indícios e ficções 65
    1.5 Síntese conclusiva do capítulo 77

Capítulo II – DIREITO TRIBUTÁRIO E PROCESSO

    2.1 O sistema tributário brasileiro 83
    2.2 O tributo, a incidência e a relação jurídica tributária 93
    2.3 Processo tributário (administrativo e judicial) 103
    2.4 Teoria dos princípios 112
    2.5 Síntese conclusiva do capítulo 122

Capítulo III – VERDADE MATERIAL NO PROCESSO JUDICIAL TRIBUTÁRIO

    3.1 O papel do juiz na apuração da verdade 127
    3.2 Verdade material nos tribunais judiciais 135
    3.3 Verdade material nos tribunais administrativos 151
    3.4 Segurança jurídica e o risco da celeridade 166

CONSIDERAÇÕES FINAIS 177

REFERÊNCIAS BIBLIOGRÁFICAS 183

INTRODUÇÃO

A verdade dividida

A porta da verdade estava aberta
mas só deixava passar
meia pessoa de cada vez.

Assim não era possível atingir toda a verdade,
porque a meia pessoa que entrava
só conseguia o perfil de meia verdade.
E sua segunda metade
voltava igualmente com meio perfil.
E os meios perfis não coincidiam.

Arrebentaram a porta. Derrubaram a porta.
Chegaram ao lugar luminoso
onde a verdade esplendia os seus fogos.
Era dividida em duas metades
diferentes uma da outra.

Chegou-se a discutir qual a metade mais bela.
Nenhuma das duas era perfeitamente bela.
E era preciso optar. Cada um optou
conforme seu capricho, sua ilusão, sua miopia.[1]

---

1. *Contos Plausíveis*, 7ª ed., São Paulo, Record, 2006. O verso, meramente ilustrativo do tema em estudo, foi inicialmente publicado em 1984, em sua obra poética denominada *Corpo*. Curiosamente, o autor modificou o título do verso, que antes era apenas: *Verdade*.

20 A VERDADE MATERIAL NO DIREITO TRIBUTÁRIO

O verso de autoria de Carlos Drummond de Andrade, citado aqui para mera ilustração do tema, é digno de detida reflexão.

Afinal, o que é a "verdade"?

Para De Plácido e Silva,[2] verdadeiro é tudo o que é real, autêntico, legítimo, fiel, exato, opondo-se assim ao sentido de inexistente, falso, ilegítimo, infiel.

Todos temos um senso comum do que é o verdadeiro e o falso, o real e o inexistente. Este senso comum é suficiente para dizer que não existe meio-verdadeiro, ou meio-real. Ou seja: a *verdade* é conceituada de modo absoluto, não depende de fatores extrínsecos. Na linguagem popular: "A verdade é uma só".

A Filosofia atualmente atribui a descoberta da verdade dos fatos como utópica. O ser humano nunca chegará à verdade, no máximo chegará a um consenso sobre a verdade, com base nos elementos de que dispõe.

No âmbito específico do Direito, a teoria do direito processual civil vai mais longe: amiúde, reconhece duas espécies de verdade, catalogadas em caráter principiológico: a *verdade formal* e a *verdade material*.

O *princípio da verdade formal* é um dos regentes do direito processual civil. Estará sendo atendido tal princípio quando o juiz desconsiderar tudo aquilo que não conste formalmente nos autos. A *verdade material*, por sua vez, é o oposto. O julgador pode (e deve) considerar fatos ocorridos que não tenham sido necessariamente comunicados pelas partes nos autos.

Já o processo administrativo (aqui incluído o que trata de matéria tributária), por exemplo, também é consagradamente regido pela *verdade material*.

A conclusão preliminar é a de que a acepção de *verdade* não é diferente apenas dentro ou fora do Direito, mas diametralmente oposta em razão inclusive da espécie de processo. Conclusão no mínimo curiosa. Pergunta-se aqui: que diferença tão importante é essa que justifica situações tão antagônicas? E mais adiante: em que difere a norma processual civil da administrativa ou de outras, eventualmente, neste particular?

Os estudiosos da teoria geral do processo buscam incansavelmente demonstrar a existência de um núcleo teórico comum entre o processo civil, penal, trabalhista etc. Contudo, constata-se que este estudo circunscreve-se na esfera estritamente judicial, fazendo com que a sua teoria

---

2. *Vocabulário Jurídico*, vol. IV, 11ª ed., Rio de Janeiro, Forense, 1989.

INTRODUÇÃO

seja denominável apenas como teoria geral do processo judicial. James Marins, ao comentar tal assertiva, afirma que essa tendência acaba por embaraçar a compreensão do processo como um fenômeno mais amplo que o mero processo judicial.[3]

Não só a teoria do processo deve abarcar o processo administrativo e, portanto, absorver sua importante contribuição e desenvolvimento, como também os princípios do processo administrativo aplicáveis devem ser acolhidos pelo processo civil. Os pontos em comum de ambas as esferas são evidentes. Quanto ao meio de desenvolvimento, por exemplo, ambos os processos decorrem da atividade estatal direta. Quanto aos objetivos, ambos buscam a solução de controvérsias entre as partes, e assim por diante.

Este trabalho também procura situar não só o leitor especialista em matéria tributária nacional, como também o jurista em geral, nacional ou estrangeiro. É por esta razão que o desenvolvimento dos capítulos se dá por meio do método dedutivo, partindo-se da abordagem filosófica da verdade e, em seguida, da análise pontual do sistema tributário brasileiro, para então partir para o exame mais aprofundado da teoria geral do processo e do *princípio da verdade material*, nesse contexto.

O trabalho busca evitar polêmicas a respeito dos temas tratados nos primeiros capítulos por meio da adoção de "obras e conceitos de consenso", ou seja, evita trazer à baila todos os argumentos e contra-argumentos relativos às infindáveis discussões doutrinárias ou jurisprudenciais que nosso rico sistema jurídico pode ocasionar. Na medida em que os temas passam a ser tratados de forma mais específica, por se tornarem mais relevantes para o objeto desse estudo, aí, sim, a pretensão passa a ser o seu esgotamento.

Qual é, portanto, o objeto do presente estudo? É demonstrar cientificamente as razões pelas quais o *princípio da verdade material* deve ser aplicado no processo judicial e administrativo, indistintamente, sempre que a controvérsia trate de matéria tributária. Esta demonstração se inicia na análise semântica dos institutos e busca fundamento sempre nas normas constitucionais, mas nem por isso afasta-se da prática. Para isso, objetiva-se a análise de jurisprudência dos tribunais administrativos e tribunais superiores a respeito da aplicação do *princípio da verdade material* no caso concreto.

---

3. *Direito Processual Tributário Brasileiro*, 5ª ed., São Paulo, Dialética, 2010, p. 138.

22 A VERDADE MATERIAL NO DIREITO TRIBUTÁRIO

Onde está a originalidade do presente trabalho? Justamente no fato de que não há estudo anterior conhecido, publicado no Brasil, defendendo a aplicação incondicional do *princípio da verdade material* no processo judicial tributário, sempre que haja matéria tributária em discussão. Até agora, a aplicação desse princípio na seara judicial se trata de mera faculdade, rarissimamente (para não dizer nunca) aplicada ao caso concreto.

Quanto aos referenciais teóricos utilizados, basicamente, partimos dos ensinamentos filosóficos de Alfred Tajtelbaum Traski, no que se refere aos conceitos de verdade, e para a apuração da verdade no processo, às lições de Michele Taruffo.

Qual a contribuição pragmática que o presente estudo pode trazer ao Direito? Fazer com que os operadores do direito tributário deixem de aplicar o *princípio da verdade formal* e passem a aplicar o *da verdade material* no âmbito do processo tributário, seja administrativo ou judicial, dentro dos limites que, mesmo não sendo propriamente objeto do presente estudo, serão aqui abordados e discutidos.

O exame desses limites é importante, considerando o seguinte: mesmo que a doutrina brasileira, em sua maioria quase absoluta, admita a aplicação ampla da *verdade material* no chamado processo administrativo tributário, ainda não há consenso quanto ao verdadeiro sentido e alcance do mesmo, variando inclusive sua aplicação no âmbito dos tribunais administrativos federal, estaduais, distrital e municipais, fortemente em razão do primado da segurança jurídica.

Outra contribuição que se pretende apresentar aqui é que seja dado o devido reconhecimento à avançada evolução do processo administrativo tributário, no que diz respeito à interpretação e aplicação do direito tributário na solução de conflitos, para que o *princípio da verdade material* seja digno de aplicação também no âmbito judicial da forma – quando menos – como vem sendo aplicado no âmbito administrativo. Fazer ainda com que a comunidade jurídica, mesmo a que atue em outros ramos do Direito, passe a questionar cientificamente a aplicação da *verdade formal* no direito processual brasileiro, e com base nos fundamentos aqui desenvolvidos, passe a primar pela busca da *verdade material*.

O propósito final desse trabalho é, portanto, refletir sobre todos esses conceitos e diferenças, com foco na matéria tributária, na pretensão final de demonstrar que não há mais espaço para a clássica distinção da *verdade* no processo, sobretudo – repita-se – ao tratar de matéria tributá-

INTRODUÇÃO 23

ria e que, neste particular, a aplicação do chamado *princípio da verdade material* não é apenas faculdade[4] do juiz, mas sim obrigação.

4. Veja-se redação do art. 131, do Código de Processo Civil (CPC): "O juiz apreciará livremente a prova, atendendo aos fatos e circunstâncias constantes dos autos, ainda que não alegados pelas partes; mas deverá indicar, na sentença, os motivos que lhe formaram o convencimento".

Capítulo I
OS "CONCEITOS" DE VERDADE

1.1 A verdade para a Filosofia. 1.2 Verdade formal e material. 1.3 A questão da prova. 1.4 A questão das presunções, indícios e ficções. 1.5 Síntese conclusiva do capítulo.

1.1 A verdade para a Filosofia

Devemos partir da consideração de Miguel Reale, de que toda a ciência implica o estudo de um objeto determinado e de que por *ciência* entende-se o conjunto de conhecimentos, ordenados por princípios (sentido amplo) ou, ainda, todo o conjunto de conhecimentos dotados de certeza, por se fundar em relações objetivas confirmadas por métodos de verificação definida, suscetível de levar quantos os cultivam a conclusões ou resultados concordantes (sentido estrito).

O objeto da ciência, por sua vez, pode ser tomado em dois sentidos: o formal e o material. Nessa acepção, as ciências se distinguem umas das outras não pelo seu objeto material, mas sim pelo objeto formal. O material seria o objeto em si (exemplo: a verdade). O objeto formal seria a forma pela qual se encara o objeto material (enfoque filosófico, jurídico, sociológico etc.).[1]

---

1. *Filosofia do Direito*, 17ª ed., São Paulo, Saraiva, 1996, p. 73. Esclarece ainda Paulo de Barros Carvalho que é comum confundir-se o "objeto" do conhecimento – objeto em sentido filosófico estrito, em sentido epistêmico –, com o "objeto" em si, concretamente existente no mundo real e recebido por nossos órgãos sensoriais (*Direito Tributário, Linguagem e Método*, 2ª ed., São Paulo, Noeses, 2008).

26 A VERDADE MATERIAL NO DIREITO TRIBUTÁRIO

Assim, a *verdade* pode ser objeto material de duas ou mais ciências ao mesmo tempo, contudo, cada ciência dará o enfoque de acordo com seu ponto de vista. Segundo Reale, esta teria sido a principal contribuição trazida por Immanuel Kant para a filosofia moderna, pois a filosofia clássica vivia girando em torno de objetos, aos quais se subordinava essencialmente, enquanto que, quem deve ficar fixo, é o sujeito, em torno do qual deve girar o objeto, que somente é tal porque visto pelo sujeito de formas, ou melhor, ângulos diferentes.[2]

Agora, tratando das ciências todas de um lado e, de outro, da Filosofia como ciência das ciências, percebe-se que o ponto de vista das ciências todas é dirigido sempre ao seu interesse específico, ou seja, o conhecimento do objeto é relativo aos princípios que ordenam o sistema a que se refere. Assim, a ciência do Direito obtém conhecimento relativo de determinado objeto, pois os princípios que ordenam seu sistema são os jurídicos; a Sociologia, por sua vez, tem conhecimento relativo ao objeto, considerados os princípios que regem a sociologia, e assim por diante.

Por outro lado, o conhecimento atingido pela Filosofia é amplo, pois está totalmente livre de laços que o prendem a outros elementos. A Filosofia conhece o ser enquanto ser. Dessa forma, todas as ciências precisam partir do ser enquanto essência, para então conhecê-lo sob o seu ponto de vista particular, relativo.

O estudo da origem e desenvolvimento das normas, tais como aparecem no tempo, bem como a descoberta de sua coerência com o sistema jurídico já existente constitui investigação que interessa à ciência do Direito, mas fica à margem da Filosofia. O que se desenvolve com bases históricas ou circunstanciais não se confunde como conceito em si e para si. Determinadas normas ou institutos jurídicos podem ser coerentes e fundamentados em razão de determinada circunstância histórica ou territorial, no entanto, podem ser irracionais e injustos sob o ponto de vista conceitual puro.[3]

---

2. *Filosofia do Direito*, 17ª ed., 2002, p. 77. O mesmo autor, em sua obra *A Doutrina de Kant no Brasil* (São Paulo, Saraiva, 1949), cita a confusão existente entre os conceitos de objeto e método da ciência, ao basear-se na Revolução Copernicana para justificar que *a ciência viria a ser seu método, porque o sujeito que conhece, ao seguir um método, criaria, de certa maneira, o objeto, como momento do seu pensar*. Ainda quanto ao método de exame do objeto, todas as ciências supostamente adotam os mesmos: o indutivo, o dedutivo e o por analogia.

3. Georg Wilhem Friedrich Hegel, *Princípios da Filosofia do Direito*, São Paulo, Martins Fontes, 1997, p. 6. Para Hegel há a verdade matemática, histórica

OS "CONCEITOS" DE VERDADE 27

O conceito de *verdade*, portanto, e antes de tudo, deve ser analisado como objeto material da Filosofia, para que busquemos identificar sua essência. Quanto mais precisa a essência, mais precisa será a nossa análise do instituto sob o prisma das demais ciências, em particular, no nosso estudo, pela ciência do Direito.[4]

A questão da verdade é um dos temas mais controversos e estimulantes da Filosofia, cuja importância se estende aos problemas da teoria do conhecimento, da lógica, da linguística e das ciências. Incluem-se nas discussões teorias como da correspondência, coerência, pragmática, semântica, performática, redundância, de apreciação, dentre uma infinidade de outras.

Portanto, a verdade pode ser vista pela filosofia de formas diferentes. Sob o ponto de vista da linguagem, importa ao filósofo buscar o significado da palavra, ou seja, sua *definição*.

A pergunta a ser respondida seria: qual o significado da palavra "verdade"? Ou ainda: qual a definição da palavra "verdade".

Estas perguntas são amplas e buscam a melhor relação entre a expressão linguística e o que elas realmente significam, sob o ponto de vista estritamente semântico.

Por outro lado, agora no aspecto metafísico, ontológico, teríamos que perguntar: qual é a essência da verdade? Esse questionamento é amplamente utilizado para objetos corpóreos, o que não é o caso, por exemplo, da verdade em si. Para a busca da essência, é usual procurar estabelecer o conjunto das condições necessárias e suficientes para que tal objeto seja Y, ou melhor, o conjunto das características que todos os Ys possuem e apenas os Ys possuem.

Em último lugar, podemos destacar a análise epistemológica da verdade. A epistemologia seria a disciplina da filosofia que se dedica à essência das coisas como possibilidade de conhecimento das mesmas.

---

e filosófica, sendo esta a conjunção das duas primeiras. Neste sentido, o conceito puro de Hegel confunde-se com o conceito de "verdade filosófica", que para outros autores chama-se verdade absoluta ou objetiva.

4. Paulo de Barros Carvalho destaca a importância da Filosofia *no* Direito (não propriamente Filosofia *do* Direito), ao destacar segmentos atuais da doutrina jurídica que, antes de desenvolver a matéria que se propõe analisar, apresentam os seus respectivos fundamentos jurídico-filosóficos (*Direito Tributário, Linguagem e Método*, 3ª ed., 2009, p. 5).

28 A VERDADE MATERIAL NO DIREITO TRIBUTÁRIO

Nesse sentido, a pergunta formulada seria: como podemos conhecer a verdade? Ou ainda: como podemos ter crenças verdadeiras justificadas?[5]

Em razão das distinções acima, nos parece mais adequado buscar a resposta à questão epistemológica, em virtude de que a busca da verdade como objeto incorpóreo se relaciona com a possibilidade (ou não) de conhecermos a verdade dos fatos, que mais à frente serão aqueles fatos relevantes para o Direito.

Além disso, é comum dizer que os problemas acerca do conceito filosófico de verdade surgem quando não se dá a devida importância à distinção entre "o que é verdade" e "é o que é a verdade". A última é um tema metafísico e a primeira, um tema epistemológico. A verdade metafísica requer, para ser entendida, uma prévia teoria do *ser*, da essência da coisa. A verdade epistemológica requer uma teoria de conformidade. O problema da verdade como verdade epistemológica consiste então nos distintos sentidos em que pode ser entendida tal conformidade.

Ainda que os sentidos sejam diversos, haverá sempre algo de comum entre eles: a relação entre a expressão verdadeira (seja ela qual for) e a situação a que se refere esta expressão (seja ela qual for). Dentro desse elemento comum podem colocar-se tanto as teorias antigas como as modernas acerca da noção de verdade.

Neste sentido, o vocábulo "verdade" se usa primariamente em dois sentidos: para ser referir a uma *proposição* ou para se referir a uma *realidade*. No primeiro caso se diz que uma proposição é verdadeira em contraposição à "falsa". No segundo caso se diz que uma realidade é verdadeira em contraposição àquilo que é "aparente", "ilusório", "irreal", "inexistente".

O filósofo José Ferrater Mora afirma que "no es siempre fácil distinguir entre estos dos sentidos de 'verdad' porque una proposición Verdadera se refiere a una realidad y de una realidad se dice que es Verdadera. Pero puede destacarse un aspecto de la verdad sobre el otro. Tal ocurrió en la idea de verdad que predominó en los comienzos de la filosofía".[6]

---

5. Richard Kirkham propõe que as perguntas metafísica e epistemológica podem confundir-se na medida em que a resposta a essa questão depende muito de como entendemos (como explicamos o significado de) "significado", algo que também é matéria de controvérsia (*Teorias da Verdade*, São Leopoldo, Unisinos, 2003).

6. *Verdad*, *Diccionario de Filosofía*, 5ª ed., Buenos Aires, Sulamericana Editorial, 1964: "Não costuma ser fácil distinguir entre esses dois sentidos de 'Verdade',

OS "CONCEITOS" DE VERDADE 29

Para os gregos, a verdade se identificava com a realidade e esta última era considerada como idêntica ao que é *permanente*, ou seja, no sentido de "ser sempre" uma substância material; os números, os átomos etc.

O permanente era então concebido como o verdadeiro em contraposição ao variável, que não era necessariamente falso, mas apenas aparentemente verdadeiro, sem ser no entanto absolutamente verdadeiro.

E foi justamente entre os gregos que nasceu a Teoria Aristotélica da Verdade, hoje denominada Teoria da *Verdade por Correspondência*. Esta teoria teve tamanha aceitação entre os filósofos que, desde sua concepção até os dias atuais, tem sido a base para as demais teorias da verdade, seja como ponto de partida para aqueles que pretendem refutá-la, seja para os que tentam, de alguma forma, aprimorá-la.[7]

De acordo com essa teoria, o verdadeiro é *dizer o que é, quando é, e dizer o que não é, quando não é*. Em outras palavras: não há verdade sem um enunciado correspondente ao objeto.[8]

Isso não significa que o enunciado em si seja suficiente; este precisa estar relacionado com algo que se afirma verdade. Sem o objeto, não há verdade. Tampouco há apenas a coisa. Essa relação é que se denominou correspondência, adequação. A verdade é a verdade do enunciado sempre quando se refira a algo adequado ao enunciado a que corresponda.

O predicado "verdadeiro" é utilizado às vezes para se referir a fenômenos psicológicos tais como juízos e crenças; às vezes se refere a ob-

porque uma proposição Verdadeira refere-se a uma realidade e de uma realidade é dito que é Verdadeira. Mas é possível destacar um aspecto da Verdade sobre o outro. Isso ocorreu na ideia de Verdade que prevaleceu nos primórdios da filosofia" (tradução nossa).

7. Interessante pesquisa foi realizada em novembro de 2009 pelo Instituto de Filosofia da Universidade de Londres em conjunto com o Centro de Consciência da Universidade Nacional da Austrália, publicada em versão *online* (Philspaper). A pesquisa foi realizada por 3.226 entrevistados, incluindo 1.803 membros de faculdades filosofia inglesas e australiana e/ou doutores e 829 alunos de graduação de filosofia e concluiu que aproximadamente 45% dos entrevistados inclinavam-se pela teoria da verdade por correspondência, sendo que os 55% restantes dividiam-se pelas demais teorias existentes (http://philpapers.org).

8. A respeito do termo "enunciado", Hans Kelsen já advertiu que: "Verdade – como já acentuado – é qualidade de um enunciado. Um enunciado é Verdadeiro se ele corresponde aos fatos sobre os quais ele enuncia alguma coisa, ou: se ele afirma um fato que é existente. O enunciado: 'Deus Existe' é Verdadeiro se Deus existe. Verdade não é uma qualidade do fato, e sim do enunciado" (*Teoria Geral das Normas*, Porto Alegre, Sérgio Antonio Fabris, 1986, p. 275).

30 A VERDADE MATERIAL NO DIREITO TRIBUTÁRIO

jetos físicos, ou melhor, enunciados linguísticos e orações relativas aos objetos; e às vezes a certas entidades ideais denominadas *proposições*.

Para Manoel Garcia Morente, a teoria de Aristóteles teve como ponto de partida o firme questionamento – contrário – às ideias de Platão, que sintetizamos em três grupos de contra-argumentos.[9]

O primeiro diz respeito à teoria platônica dos dois mundos: o real e o ideal. Para Aristóteles não há necessidade, tampouco sentido, em haver dois mundos, se um é apenas reflexo do outro, e ainda considerando que os problemas que afligem o mundo das coisas se repetirão no mundo ideal.

Se para cada coisa há uma ideia, haverá então uma terceira ideia para assemelhar uma à outra, e uma quarta ideia para verificar essa semelhança, e assim por diante. O simples fato de que para cada coisa há uma ideia correspondente, implicaria numa terceira necessária, isso significa que o número de ideias tende ao infinito.

Finalmente, Aristóteles reafirma o número desnecessário de ideias, posto que se para toda a afirmação deve haver uma ideia, para a negação também haverá. Por exemplo: a ideia de tamanho pequeno importa que deve haver uma ideia para o tamanho grande, como os tamanhos podem ser infinitamente variados, também haverá infinitas ideias de tamanho.

Esse raciocínio do "realismo das ideias" é que dá origem aos incalculáveis estudos de Aristóteles. Não há propriamente a anulação do mundo das ideias de Platão, mas uma espécie de fusão do mundo das ideias com o mundo real.

Com o realismo das ideias de Aristóteles fica demonstrado que, no mundo real, existem três elementos: substância, essência e acidente.

Substância é aquilo que se pode predicar. É a coisa que podemos distinguir das outras existentes no mundo, o sujeito. Por exemplo: o copo está com água, o copo é frio, o copo é de cristal. Nesse caso, a substância é o copo. A essência, por sua vez, é o conjunto de predicados atribuíveis a ele, e que sem eles a substância deixa de ser o que é.

Assim, se o copo estiver vazio ou, melhor dizendo, sem água, ele não deixa de ser copo. Todo o predicado que puder ser retirado sem alterar a substância deixa de ser essência e passa a denominar-se acidente, pois apenas caracterizam a substância sem alterar sua definição e, em geral, para determinar um estado de tempo ou lugar.

9. *Fundamentos de Filosofia*, São Paulo, Mestre Jou, 1980, p. 98.

OS "CONCEITOS" DE VERDADE   31

A essência é o conjunto de características que diferenciam uma coisa da outra, sob o ponto de vista da coisa separada e imóvel. Desse, deriva a ideia de metafísica. Segundo Jose Mora, o vocábulo "metafísica" foi inicialmente atribuído de forma despropositada, pois os livros de Aristóteles intitulados *Filosofia Primeira* estavam depois dos livros chamados de *Física*. Foi por isso que se convencionou chamar aqueles de livros de *Metafísica* (que vêm depois dos da *Física*).[10]

Posteriormente, a metafísica consolidou a amplitude do significado que hoje possui, como aquilo que está além do físico, a sua essência, e é a ontologia parte da Filosofia dedicada ao estudo da essência das coisas.

Analisando a verdade sob o aspecto estritamente epistemológico, voltamos a questionar: como podemos conhecer a verdade? Ou mais: como podemos conhecer a verdade de fatos passados?

Partindo da premissa de que: "o que resulta verdadeiro ou falso é um enunciado"; para saber se o mesmo corresponde à realidade ocorrida, o exame desse enunciado é chamado de *verificação*, entendida aqui não só para designar o exame, o procedimento de apuração da verdade, como também o resultado dessa apuração, ou seja, a comprovação. Por essa razão, a verificação pode ser entendida aqui como sinônimo de comprovação, confirmação.

Em toda teoria do conhecimento, o problema da verificação dos enunciados ocupa lugar de destaque e é a partir daí que surgem aqueles que pretendem estabelecer critérios de verdade, ou melhor, critérios de verificação da verdade.

Autores da atualidade, que se dedicaram ao estudo da verificação da verdade no direito tributário, por exemplo, encontraram concepções contemporâneas de verdade, identificando aquelas que, para cada um, correspondem às mais relevantes.[11] Dentre elas, destacamos de forma ainda mais seletiva as teorias da verdade *pragmática* e, além da já mencionada teoria *da correspondência* de Aristóteles, o movimento do "giro linguístico" e a moderna teoria de *verdade por correspondência* de Alfred Tarski (ou concepção *semântica* da verdade).

---

10. "Metafisica", *Diccionario de Filosofia*, cit., p. 1.238.

11. Cristiano Carvalho (*Ficções Jurídicas no Direito Tributário*, São Paulo, Noeses, 2008, pp. 94-104) e Fabiana Del Padre Tomé (*A Prova no Direito Tributário*, 2ª ed., São Paulo, Noeses, 2008, pp. 11-14) Os autores citam ainda outras concepções de menor envergadura, tais como a da *verdade por coerência*, de Donald Davidson, *por consenso*, de Rorty, e *por redundância*, dos críticos da teoria da correspondência de Aristóteles e Tarski.

32 A VERDADE MATERIAL NO DIREITO TRIBUTÁRIO

Essas mesmas concepções de verdade surgiram da tentativa de estabelecer os ditos critérios de verificação.

Inicialmente, foi o pragmatismo que teve mais forte influência sobre diversos filósofos e vertentes filosóficas modernas.[12] Segundo tal corrente, concebemos nossas concepções considerando os efeitos que podem ser considerados como suscetíveis de alcance prático. Melhor dizendo: nossa concepção dos efeitos equivale à nossa concepção do objeto. Esta corrente teve grande repercussão no campo da ética, com base nos estudos de Willian James, conhecida aqui como concepção *utilitarista*.

As duas Guerras Mundiais travadas na primeira metade do século XX são fonte inesgotável de questões éticas. Uma delas é a que pretende avaliar a conduta ética (ou antiética) de família alemã que abrigasse em seu porão, judeus, em plena vigência do regime nazista. A situação se daria quando a conhecida força policial alemã, a Gestapo, batesse às portas da residência e perguntasse ao alemão se havia judeus residindo ali. Então, pergunta-se: o alemão seria ético falando a verdade ou mentindo? Segundo o entendimento dos utilitaristas, falar a verdade causaria um mal extremo à família judia e, por isso, nesse caso, agir com ética seria mentir.

A fim de ilustrar sua concepção de verdade pragmática, Willian James faz a seguinte pergunta hipotética: "A mesa existe?", e em seguida comenta:

"(...) this notion of a reality independent of either of us, taken from ordinary social experience, lies at the base of the pragmatist definition of truth. (…) Pragmatism defines 'agreeing' to mean certain ways of 'working', be they actual or potential. Thus, for my statement 'the desk exists' to be true of a desk recognized as real by you, it must be able to lead me to shake your desk, to explain myself by words that suggest that desk to your mind, to make a drawing that is like the desk you see, etc."[13]

---

12. Para mencionar alguns, Nietzsche, Pierce, os instrumentalistas, os empiristas e os humanistas (Mora, *Diccionario de Filosofia*, cit., p. 1.519) .

13. Tradução nossa: "(...) essa noção de uma realidade independente de qualquer um de nós, tomada a partir da experiência social comum, está na base da definição pragmática da verdade. (...) Assim, para que a minha declaração 'a mesa existe' seja verdade, uma mesa deve ser reconhecida como verdadeira por você, ela deve ser capaz de me levar a sacudi-la, me habilitar a explicar a mim mesmo por palavras o que sugere que seja a mesa na sua mente, me habilitar a fazer um desenho da mesa como voce a vê, etc." (*The Meaning of Truth* ("The meaning of the word 'truth'"). New York, Longman Green, 1911, p. 56).

OS "CONCEITOS" DE VERDADE

A verdade de uma proposição consiste nas consequências que direta ou indiretamente podem ser previstas no caso de sua ocorrência. Nosso conhecimento está limitado aos fenômenos, mas nosso saber não é meramente passivo, contemplativo, pois nossa consciência desempenha um papel ativo, seja pelas formas de conhecer o objeto, seja nos interesses envolvidos. Assim a credibilidade da proposição dependeria da utilidade prática do fato.

Mais uma vez fica mais fácil explicar a essência de um objeto tangível, uma coisa, sob a ótica pragmática, mas a dificuldade aumenta para a apuração de um fato ocorrido no passado. Daí a fragilidade dessa teoria para a apuração da verdade dos fatos, pois serviria mais para avaliar questões extrajurídicas, como aspectos morais da conduta, por exemplo.

Outra concepção que tem tomado força entre os filósofos contemporâneos é a concepção neopositivista surgida do chamado "Círculo de Viena" (*Wiener Kreis*).

No Brasil, expressão dessa corrente filosófica é representada firmemente por Paulo de Barros Carvalho, que adotou a chamada teoria da *linguagem científica*.

Relata Paulo de Barros que importantes filósofos europeus – coordenados por Moritz Schlick – reuniam-se na cidade de Viena, então Império Austro-Húngaro, para discutir filosofia. Influenciados especialmente pela obra de Ludwig Wittgenstein,[14] intitulada *Tractatus logico--philosophicus*, deram origem ao atual movimento neopositivista, precursor do que hoje se desdobrou na teoria da linguagem, ou movimento do "giro linguístico".

O neopositivismo surge de uma série de desdobramentos do positivismo. Podemos dizer que o *positivismo clássico*, fundamentado nos estudos de Auguste Comte, em contraposição à metafísica aristotélica, tem como principal temática a ênfase nos *sentidos do homem* para verificar a verdade, enquanto o neopositivismo, também chamado de *positivismo lógico* (que também é avesso à metafísica), busca na lógica--matemática e na lógica-linguística a verificação da verdade com base na *significação*.

Assim, aquela correspondência entre coisas e palavras perde sentido, na medida em que aqui se busca correspondência apenas entre pa-

---

14. Tal foi o destaque atribuído por Paulo de Barros Carvalho à obra de Wittgenstein, que chega a dividir a filosofia em três épocas: até Kant (filosofia do ser), de Kant a Wittgenstein (filosofia da consciência) e de Wittgenstein até os dias atuais (filosofia da linguagem) (*Direito Tributário, Linguagem e Método*, 2ª ed., 2008, p. 25).

34 A VERDADE MATERIAL NO DIREITO TRIBUTÁRIO

lavras, ou ainda: para os adeptos da teoria da linguagem, não é possível descobrir a verdade, mas sim *construí-la*. Como a linguagem pode ser expressa em diversos idiomas, cuja tradução de um para outro muitas vezes não é precisa ou mesmo possível,[15] a verdade pode variar então entre culturas, povos e idiomas.

Dardo Scavino, difusor do movimento do "giro linguístico" na Argentina, dá um exemplo que esclarece o tema no idioma falado e escrito nas diferentes regiões do seu país. Diz ele que os yamanas, povo que habita a Terra do Fogo (extremo sul da Argentina), têm um verbo para designar as coisas que se *quebram* e as coisas que se *perdem*. Todavia, quando um animal morre, eles dizem que o animal "se quebrou" e quando uma pessoa morre, dizem que "se perdeu". Com isto, o autor procura comparar com o idioma falado regularmente na Argentina (exemplo que neste caso seria aplicado perfeitamente ao português), que designa para a morte de todos os seres vivos o verbo morrer ou falecer, indistintamente, enquanto que para esse povoado remoto, são usados dois verbos distintos, diferentes do habitual no país.[16]

Conclui Scavino que podemos com isso vislumbrar até que ponto o mundo dos yamanas, suas crenças, sua religião, suas instituições sociais, sua visão da natureza, podiam ser distintas das nossas, simplesmente conhecendo a diferença entre nossas experiências verbais. Com isto sustenta que um enunciado verdadeiro não diz o que uma coisa é, mas o que pressupomos que seja dentro de uma cultura em particular.

Para utilizar um exemplo extremo, podemos dizer que no sistema brasileiro, uma sentença judicial – não mais sujeita a recurso –, que afirme ser uma parede da cor preta – mesmo que os sentidos da visão nos digam que ela é de outra cor –, a verdade é que esta parede é preta. Em última análise, a verdade será a linguagem emanada da autoridade competente[17] em cada sistema (povo, cultura etc.).

---

15. Vilém Flusser, *Língua e Realidade*, 3ª ed., São Paulo, Annablume, 2007.

16. No original: "Tomemos un ejemplo. Como en las lenguas occidentales, los yamanas de Tierra del Fuego tienen un verbo para hablar de las cosas que se rompen y otra para hablar de las cosas que se pierden. Cuando un animal muere, sin embargo, ellos dicen que se rompió; cuando una persona muere, en cambio dicen que se perdió. (…); para nosotros se trata de un mismo hecho porque utilizamos un mismo verbo; para ellos se trata de dos hechos diferentes porque las personas no se rompen: se pierden" (*La Filosofía Actual. Pensar sin certezas*, Buenos Aires, Paidós, 1999, p. 32).

17. Nesse sentido, Tácio Lacerda Gama, em *Competência Tributária*, São Paulo, Noeses, 2009.

OS "CONCEITOS" DE VERDADE   35

Os neopositivistas não se interessaram tanto em verificar a verdade (ou falsidade) dos enunciados por meio da correspondência com a essência das coisas, mas sim a significação (ou falta de significação) desses enunciados.

O critério de verificação para os neopositivistas passou a ser então a análise do método de verificação do significado do enunciado. Os enunciados sem significado não são verificáveis, aliás, sequer são propriamente enunciados.[18]

Esta teoria sofre fortes críticas, especialmente dos pragmáticos, em virtude da dificuldade em admitir como verdade apenas a linguagem, sem realizar uma conferência da linguagem com a realidade física. O enunciado em si é tomado como a verdade, posto que sequer o próprio fato mereça a acepção de fato em sentido estrito sem que tenha sido vertido em linguagem, de acordo com nosso sistema jurídico. O fato, não vertido em linguagem, seria mero *evento*. Os avessos a esta ideia sustentam que a linguagem é sim necessária para transmitir a verdade de forma inteligível, mas não se confunde com a verdade em si, que necessita de correspondência com o mundo físico.

Quanto às teorias de concepção da verdade, podemos encerrar citando a moderna Teoria por Correspondência de Alfred Tajtelbaum Tarski, principal representante do chamado "Círculo de Varsóvia",[19] que tenta resolver este problema, reconhecendo a importância da ciência da

18. Advertimos, neste trabalho, que utilizamos o termo "enunciado" como sinônimo de "proposição" e que entendemos ambos como sendo o conjunto de expressões linguísticas, construído de forma compreensível, ou seja, uma frase afirmativa ou negativa que tenha sentido. Exemplo: "o copo é de vidro", "o copo não está quebrado" etc. Se vários enunciados podem expressar uma mesma proposição, isto seria questão de metalinguagem, ou seja, maneiras diferentes de dizer a mesma coisa. Ademais, nem mesmo a expressão "preposição" é pacífica na filosofia. Há aqueles que, como Tarski, preferem "oração":

"Al hablar de 'oración' nos referimos aquí a lo que la gramática denomina una 'oración declarativa'; por lo que respecta al término 'proposición', es sabido por todos que su significado es tema de un amplio debate entre filósofos y lógicos, y parece que nunca ha llegado a tener un significado claro y unívoco. Por distintas razones, parece que es más conveniente aplicar el término 'verdadero' a las oraciones, y seguiremos esta pauta" ("La concepción semántica de la verdad y los fundamentos de la semántica", in Nicolás Marín e Frapolli Sanz (coords.), *Teorías de la Verdad en el siglo XX*, Madrid, Tecnos, 1997, p. 8).

19. De acordo com os estudos de Jose Ferrater Mora, o Círculo de Varsóvia, juntamente com outros círculos filosóficos europeus (Viena, Inglaterra, França etc.) reuniram-se e fundiram-se, a partir do Congresso de Ciência Unificada ocorrido em Praga, em 1934.

A VERDADE MATERIAL NO DIREITO TRIBUTÁRIO

linguagem, mas exigindo a correspondência da linguagem com a realidade, por meio do que convencionou chamar de concepção *semântica*.

O que mais chama a atenção nos textos de Tarski são a simplicidade e objetividade, sem perder o rigor científico. Ele mesmo admite que sua teoria tenha como fundamento primeiro a concepção aristotélica da verdade por correspondência e denomina sua teoria de concepção *semântica* da verdade.[20]

Imediatamente após a publicação de seu primeiro artigo sobre o tema, em 1944, suas ideias foram cuidadosamente analisadas e ganharam atenção da comunidade filosófica mundial. Seu trabalho teve como fundamento muitos de seus escritos publicados entre 1931 e 1941, sofrendo atualizações e contribuições até sua versão definitiva em 1966.[21]

A *semântica* é a disciplina que se ocupa das relações entre as expressões de uma linguagem e os objetos aos que se referem essas expressões. Como exemplos típicos de conceitos semânticos, temos os conceitos de *designação, satisfação e definição*.

Ao tratar dos enunciados, é necessário utilizar duas linguagens diferentes: a primeira delas é aquela linguagem "do que se fala", ou seja, do objeto da discussão; a segunda é a linguagem "com o que falamos" da primeira linguagem, ou seja, a construção da definição da verdade para a primeira linguagem. Tarski chamou a primeira linguagem de *linguagem-objeto* e a segunda de *metalinguagem*.

Neste sentido, os termos *linguagem-objeto* e *metalinguagem* têm um sentido relativo. Quando tratamos de um enunciado relativo a um fato passado (não do enunciado relativo à coisa), tratamos diretamente da metalinguagem e este fato se converte imediatamente em linguagem-

---

20. A simplicidade a que nos referimos fica patente no seguinte trecho de seu texto: "No encontraremos en la semántica ningún remedio para la caída de los dientes, ni para terminar con los delirios de grandeza, ni para poner fin a la lucha de clases. Tampoco los va a permitir la semántica afirmar que todo el mundo, menos el hablante y su círculo de amigos, están diciendo tonterías" (Alfred Tajtelbaum Tarski, "La concepción semántica de la verdad y los fundamentos de la semántica", cit., p. 11).

21. Foi apresentada uma versão prévia desse artigo na reunião da *Eastern Division of the American Philosophical Association*, em dezembro de 1966; os temas principais remontam a um escrito não publicado, mas apresentado na *Pacific Division of the American Philosophical Association*, em 1953. O autor reconhece como fundamentais para a evolução de suas ideias, a partir de 1962, a contribuição intelectual de John Wallace e o patrocínio da National Science Foundation dos Estados Unidos.

-objeto da discussão. Para verificar a verdade dessa nova linguagem--objeto temos que utilizar uma nova metalinguagem, ou melhor, uma metalinguagem de nível mais elevado, que Tarski denomina "hierarquia das linguagens".

O vocabulário da metalinguagem é determinado pelas condições estabelecidas na definição da verdade considerada materialmente adequada. Essa definição tem que implicar na seguinte assertiva:

"X é verdadeiro se, e somente se, p."

A chave da teoria, reduzida à fórmula acima, é a expressão, *"se, e somente se"*. O que vem antes dessa expressão são linguagem-objeto (X) e o que vem depois, metalinguagem (p). Por exemplo: Tício realizou operações de circulação de mercadorias *se, e somente se,* ele realmente tenha realizado tais operações.

Tanto no sentido filosófico como no sentido coloquial, a concepção precisa ser apreensível. Se perguntarmos ao estudante do ensino médio, ou a um homem adulto razoavelmente instruído, mas que não tenham conhecimentos de filosofia, se o enunciado "está chovendo" é verdadeiro, no sentido de estar ajustado à realidade, ou se designa um estado existente de coisas, provavelmente não entenderão a pergunta, e qualquer que seja a resposta, será provavelmente menosprezada cientificamente.

Por outro lado, o mesmo enunciado "está chovendo" é verdadeiro se, e somente se, estiver chovendo. A pergunta será entendida pela maioria, e a resposta também será relevante, mesmo sob o ponto de vista filosófico.

Assim, a teoria que melhor parece adequar-se ao presente trabalho é a Teoria Semântica de Alfred Tarski, que alia a teoria da linguagem com a teoria aristotélica da Verdade por correspondência.

Susan Haack,[22] após analisar as diversas teorias da verdade existentes na Filosofia, sintetizou-as num quadro ilustrativo único, que demonstra, segundo ela, aqueles estudiosos de maior relevância, identificando a influência sofrida por determinados filósofos nos estudos de outros, desde Aristóteles até o final do século XX. Obviamente, o esquema gráfico apresentado a seguir seleciona filósofos que a autora entende serem os que representam expressivamente as teorias da verdade mais relevantes no período. No presente trabalho descrevemos apenas alguns deles, mais importantes segundo nosso próprio julgamento.

22. *Filosofia das Lógicas*, São Paulo, UNESP, 2002, p. 128.

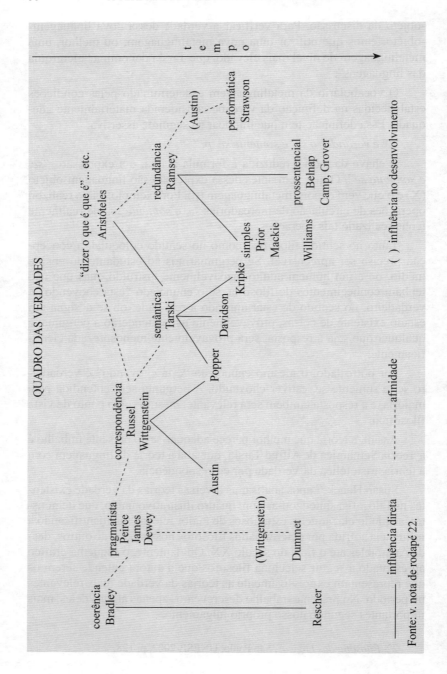

Fonte: v. nota de rodapé 22.

OS "CONCEITOS" DE VERDADE

Interessante observar que a autora identifica, quanto à influência no pensamento, aqueles que têm: (a) influência direta; (b) influência no desenvolvimento de sua teoria; e (c) mera afinidade às teorias de seus precursores.

A par das diversas outras concepções de verdade existentes na filosofia, podemos agora, de outro modo, dizer que existem dois grandes *agrupamentos*, outras duas *classificações* de verdade que, dentre as diversas possíveis classificações, nos interessam em particular: (a) a distinção entre verdade absoluta e verdade relativa e, finalmente, (b) a distinção entre verdade formal e material.

Podemos dizer que o primeiro é objeto de intensa discussão no âmbito da Filosofia, enquanto o segundo é discutido com mais frequência no âmbito da Ciência do Direito.

Quando afirmamos que a verdade é um conceito absoluto, admitimos que tal conceito seja universal e imutável, isso independe de variantes como tempo e lugar. Neste sentido, Hegel adota conceito que corresponderia à verdade absoluta: a verdade filosófica.[23] Para ele, a verdade é *matemática* ou *formal*, quando se reduz a um princípio de contradição, e é *histórica* ou *concreta*, quando se refere à sua existência singular, em si mesma. A síntese dessas duas concepções resultaria na chamada verdade filosófica. Assim, para Hegel, o falso e o negativo existem não como um momento da verdade, mas como uma existência separada, que acaba anulada e absorvida quando surge o verdadeiro, o positivo, em que se alcança a ideia absoluta (filosófica) da verdade em si e para si mesma.

No sentido posto acima, toda a verdade seria relativa, pois a verdade absoluta é inatingível. Numa concepção platônica, o mundo ideal é inacessível ao homem. Também no plano do conhecimento da verdade dos fatos seria relativa, posto que sua reconstrução (ou construção, para os neopositivistas) é impossível em sua plenitude. Isto porque se considera a impossibilidade prática de voltar no tempo, de rever o fato passado exatamente como ocorreu. Todo o fato sujeito à verificação da verdade só é passível de ser *narrado* mediante um enunciado e este, por sua vez, sujeito ao exame da verdade. Assim, a verdade relativa (possível de se conhecer) se define em oposição à ideia de verdade absoluta, que é inalcançável.

Nossa consideração, do começo ao fim desse trabalho, parte sempre da premissa de que a *verdade é uma só*. Por uma questão de coerência,

---

23. Georg Wilhelm Friedrich Hegel, *Princípios da Filosofia do Direito*, São Paulo, Martins Fontes, 1997.

40 A VERDADE MATERIAL NO DIREITO TRIBUTÁRIO

não podemos falar em relativismo, neste exato sentido. Rechaçamos, portanto, o conceito de verdade absoluta, filosófica, inatingível. Contudo, admitimos a acepção da verdade *relativa* unicamente em contraposição à verdade *objetiva*.

A verificação da verdade dos fatos pretéritos, aqueles não sujeitos à repetição, como os fenômenos químicos experimentados em laboratório, por exemplo, é possível de acordo com as opções de conhecimento da verdade escolhidas por aqueles que se ocupam de sua descoberta. Não é a verdade que é ou não relativa, mas sim o *conhecimento* da verdade que pode ser relativo de acordo com o contexto de sua investigação, com a quantidade e qualidade dos dados disponíveis àqueles que buscam conhecê-la.

Filosoficamente falando, a verdade de um enunciado está determinada pela realidade do evento que representa. O enunciado sempre será verdadeiro ou não, posto que não possa haver enunciado meio-verdadeiro.

O que pode variar, segundo as circunstâncias, é o grau de confirmação que se pode atribuir ao enunciado, com base nos conhecimentos disponíveis. Poderá existir assim maior ou menor aproximação à verdade, de acordo com o contexto. Nas palavras de Michele Taruffo: "Es, por consiguiente, el conocimiento de la verdad que puede calificarse como relativo, en la medida que se basa las razones que hacen probable que una creencia sea Verdadera".[24]

Por outro lado, admitimos sim a diferenciação entre verdade *objetiva* e verdade *subjetiva*. Com efeito, a maior importância em citar tal nomenclatura vem, sobretudo, do fato de que muitos autores confundem a verdade objetiva com verdade absoluta.[25]

Adiantando o próximo tema, apenas para auxiliar no aclaramento dessa distinção, dizemos que o juiz, no processo judicial, busca a verdade com base em razões objetivas que justificam seu convencimento,

---

24. *Simplemente la Verdad*, cit., p. 99. "É, por tanto, o conhecimento da verdade que se pode qualificar como relativo, na medida em que se fundamenta em razões que tornam provável que sua crença seja Verdadeira" (tradução nossa). Para o autor, os adeptos da diferenciação entre verdade absoluta e verdade relativa distinguem as mesmas, no texto, pelas iniciais maiúscula e minúscula, respectivamente. Considerando que não acreditamos nesses conceitos, utilizaremos as iniciais de forma indistinta ao longo do texto.

25. Apenas para citar um exemplo, Fabiana Del Padre Tomé afirma que "Não há verdade objetiva, isto é, uma verdade que possa reclamar verdade universal" (*A Prova no Direito Tributário*, cit., p. 16).

OS "CONCEITOS" DE VERDADE   41

derivadas dos dados resultantes das provas produzidas. Nesse instante estaríamos falando de verdade subjetiva quando o juiz ou os demais sujeitos do processo levassem em conta preferências pessoais. Obviamente que o juiz, utilizando-se de mecanismos de linguagem argumentativa, justificará sua decisão, imprimindo argumentos que o fizeram obter o convencimento subjetivo da verdade. Aqui se exige, porém, que seus argumentos sejam válidos. Se não forem, a decisão não servirá para justificar seus argumentos.

O "conhecimento" da verdade pode ser relativo, ao mesmo tempo em que a verdade pode ser objetiva. Daqui decorre também a noção de *certeza*. Quando alguém tem certeza a respeito da verdade de algo, está exteriorizando um sentimento, relativo a um estado psicológico de quem afirma estar certo da verdade. Da mesma forma que dizemos que a verdade subjetiva é imprestável para justificar o convencimento, pois corresponde a aspectos impessoais do mesmo, a certeza leva em conta dados igualmente subjetivos, individuais, com base no grau de intensidade do convencimento do sujeito. Inclusive, se fala em "certeza absoluta" quando o nível de convencimento do sujeito atinge o seu grau máximo.

O convencimento baseado unicamente na certeza do indivíduo, na sua persuasão pessoal, interna, sem o exame cuidadoso de aspectos objetivos do fato, frequentemente levam ao erro e a decisões arbitrárias.

A segunda classificação de verdade, mais comum para o Direito do que para a Filosofia, é a distinção entre verdade formal (ou processual) e verdade material (ou substancial, ou ainda, real).

A primeira concepção dessa diferença se faz para aqueles que entendem a verdade formal como sendo a verdade do processo, por excelência. A verdade material sempre estaria situada fora do processo. A justificativa para isso está no fato de que o sistema de provas admitidas para a busca da verdade é restrito e o processo admite ainda institutos que impedem a obtenção da verdade real, tais como o instituto da coisa julgada, da revelia e da preclusão, por exemplo. Enquanto que fora do processo a busca da verdade é livre e ilimitada. Admitimos aqui a verdade real como aquele *conhecimento* pleno da verdade e a verdade formal como aquele conhecimento obtido respeitando os limites procedimentais, implícitos ou explícitos, impostos pelo sistema processual.

Esta derradeira diferenciação encontra-se no cerne de nosso estudo, e em virtude de sua importância para o Direito, consideradas todas as premissas e conceitos filosóficos vistos até aqui, será objeto de desenvolvimento no tópico seguinte. O mesmo alerta se faz quanto à acepção

42 A VERDADE MATERIAL NO DIREITO TRIBUTÁRIO

de *processo*, pois será tratada de forma mais aprofundada em tópico apropriado.

1.2 Verdade formal e material

Michel Foucault, em suas célebres conferências,[26] relatou a história da formação do inquérito, do processo e o papel do juiz, do procurador e dos principais elementos que caracterizam o processo como hoje conhecemos.

Relata que na Grécia antiga surgiu o meio mais rudimentar de se resolverem litígios, enquanto disputa de interesses entre dois sujeitos. Dois guerreiros se defrontavam, por exemplo, para saber quem estava certo e quem estava errado. Quem havia violado o direito de quem. A solução da controvérsia estava no resultado de uma disputa entre ambos. Um lançava ao outro o seguinte desafio: "És capaz de jurar diante dos deuses que não fizestes o que eu afirmo?". O nascimento do litígio se dava com a ocorrência do dano, e a solução do litígio se dava mediante um procedimento, ou melhor, um processo que consistia num desafio entre as partes envolvidas ou, normalmente, entre as famílias envolvidas. Não havia aqui a figura do julgador, do aplicador da pena, enfim, o Estado (ou ente soberano) não participava da solução do litígio.

As tragédias gregas, tais como *Édipo-Rei* e *Antígona e Electra*, de Sófocles, são resumos da história do Direito Grego. Numa das tragédias gregas de Homero, denominada *Ilíada*, narra-se uma corrida de carros, em que houve contestação de um dos competidores, Menelau, que questionou a vitória de seu oponente, Antíloco. Tratava-se de uma corrida com um percurso de ida e volta. O ponto de retorno era sinalizado por um marco, e ao lado ficava uma espécie de fiscal de prova, para verificar se realmente os competidores passaram por ali. Mesmo com a presença de uma figura, que no processo de hoje seria denominada *testemunha*, a solução da controvérsia também foi obtida por meio de um desafio lançado. Menelau disse: "Põe tua mão direita na testa de teu cavalo; segura com a mão esquerda teu chicote e jura diante de Zeus que não cometestes irregularidade". Neste momento Antíloco, diante do desafio, renuncia a prova (testemunhal do fiscal de prova, no caso), renuncia a jurar e daí a "prova" contra si passa a ser a confissão tácita.

O importante a destacar desse primórdio de solução de conflitos é precisamente a ausência da figura do juiz como vemos hoje, mesmo que

---

26. *A Verdade e as Formas Jurídicas*, 3ª ed., Rio de Janeiro, Nau, 2009, p. 53.

OS "CONCEITOS" DE VERDADE   43

se admitisse a figura da testemunha, o soberano não tomava partido, ou seja, o Estado não tinha interesse em participar da questão.

Assim, havia uma espécie de *medida preliminar*, qual seja, a aceitação ou não de produzir a prova, ou melhor, aceitar ou não o desafio. Depois, a solução do conflito era vencer ou não o desafio. Nesta medida, a obtenção da Verdade dos fatos era irrelevante. Foucault relata que a mesma sistemática ocorreu em outras civilizações, como no Direito Germânico antigo e até mesmo se encontrava em fragmentos de textos da Idade Média (século XI),[27] onde o processo era somente *uma continuação regulamentada, ritualizada da guerra.*[28]

Em tempos como este, a autoridade, quando presente, apenas atestava a regularidade do procedimento, do jogo, do desafio em si, constatando que a luta, ou qualquer outro mecanismo de competição escolhido pelas partes para servir de prova de seu direito, se desenrolou de forma regular. Assim, a razão era sempre do mais forte ou do mais astuto.

Esse sistema de práticas processuais desaparece por completo no final do século XII e a justiça deixa de ser realizada por meio de um árbitro de jogos para consolidar-se como um poder superior que impõe a solução do litígio surgido entre os particulares. Esse poder superior manifestava-se na figura do procurador. Tratava-se do representante do soberano que surgiu para participar dos litígios de natureza criminal. Aqui, o simples fato de haver ocorrido um crime, justificava a presença do procurador. Nessa ocasião caracterizou-se então o interesse do poder político soberano na solução das controvérsias surgidas entre seus súditos, que pouco a pouco passou a assumir o lugar da vítima, tomando o lugar, portanto, da parte lesionada.

Nesse momento, em que a solução de litígios deixou de quedar-se na pessoa dos envolvidos (vítima e acusado), passa a envolver-se o poder político como terceiro interessado na solução, e em questões julgadas ainda mais importantes, como verdadeira "vítima" do dano. Surge então a figura da *infração* em substituição ao dano. Uma vez vítima, o poder político impõe a punição do Estado contra o indivíduo não em razão do dano, que não foi diretamente cometido contra o poder, mas uma infração caracterizada por produzir dano a outrem. Dessa forma, o Poder Judiciário passa naturalmente das mãos do particular para o Estado que,

---

27. Segundo Foucault, na alta Idade Média, a acumulação da riqueza, do poder das armas e da constituição do Poder Judiciário, causava também o reconhecimento do direito pelo mais forte sobre o mais fraco.

28. *A Verdade e Formas Jurídicas*, cit., p. 60.

44 A VERDADE MATERIAL NO DIREITO TRIBUTÁRIO

além de condenar o acusado a reparar o dano cometido contra o particular, passa a condenar ao pagamento de multas ao Estado. Daí nasceram o confisco e, ao mesmo tempo, nações inteiras, cujo patrimônio originou--se da transferência da propriedade do particular para o soberano, decorrente de pesadas condenações do Poder Judiciário.

Do século XVIII até o atual, principalmente depois da vitória da razão e do Iluminismo na Revolução Francesa, a atividade judicante alterou completamente seus objetivos. A disputa entre os litigantes passou a ser um debate lógico e o juiz se tornou um participante ativo na evolução do processo, de modo a formar seu julgamento à base de um racional convencimento diante das provas carreadas para os autos.[29]

Voltando ao tema da verdade no processo, que inicialmente era estabelecida por meio do resultado de jogos, agora se sofisticou com a intervenção do poder soberano, que já assumia o lugar da vítima. Essa transformação exigiu a busca da verdade por meios de prova da real ocorrência dos fatos.

Ainda na esfera criminal, existiam dois meios de obter as provas necessárias para o julgamento do acusado. Uma dessas formas, segundo Foucault, era o equivalente ao que hoje chamamos de *flagrante delito*. Uma coletividade da população, presenciando o delito, podia levar o acusado ao soberano e, desde que jurassem dizer a verdade, o acusado era reconhecido como criminoso.

Para aqueles casos em que não era possível o flagrante, surgiu então a figura do inquérito,[30] meio pelo qual as autoridades, notáveis, pessoas capazes de saber, em razão de sua riqueza, idade e posição social. Consultadas essas figuras, o poder soberano exercia seu poder judiciário fazendo perguntas, pois não tinha meios de acusar sem antes saber a verdade.

---

29. Humberto Theodoro Jr., "Prova – Princípio da verdade real – Poderes do juiz – Ônus da prova e sua eventual inversão – Provas ilícitas – Prova e coisa julgada nas ações relativas à paternidade (DNA)", *Revista Brasileira de Direito de Família*, vol. 3, Porto Alegre, IBDFAM/Síntese Editora, out.-dez./1999, p. 11.

30. Naqueles tempos a igreja já se utilizava do método inquisitório chamado *visitatio*, que consistia na visita institucional do bispo, percorrendo a diocese perguntando aos notáveis e idosos sobre seu conhecimento do fato (*inquisitio generalis*). Havendo indícios da ocorrência do fato delituoso, passava a apurar quem o cometeu (*inquisitio specialis*). A *visitatio* poderia ser interrompida a qualquer momento pela confissão do acusado. A figura do inquérito (*inquisitio*) remonta ao Império Carolíngio, em que os representantes do soberano tinham que solucionar um problema de impostos, costumes, propriedade ou de foro (*A Verdade e Formas Jurídicas*, cit., p. 68).

OS "CONCEITOS" DE VERDADE

O processo evoluiu do conceito privatístico que o primitivo Direito Romano forjara (*ordo iudiciorum privatorum*) para um caráter acentuadamente publicístico. A função da jurisdição deixara de ser apenas a de propiciar instrumentos aos litigantes para solução de seus conflitos, passando a desempenhar relevante missão de ordem pública na pacificação social sob o império da lei. Nesse processo moderno, o interesse em jogo é tanto das partes como do juiz, e da sociedade em cujo nome atua. Todos agem, assim, em direção ao escopo de cumprir os desígnios máximos da pacificação social. A eliminação dos litígios, de maneira legal e justa, é do interesse tanto dos litigantes como de toda a comunidade. O juiz, operando pela sociedade como um todo, tem até mesmo interesse público maior na boa atuação jurisdicional e na justiça e efetividade do provimento com que se compõe o litígio.

Por fim, o processo passou a especializar-se em razão da matéria tratada. No Brasil, por exemplo, temos codificado o processo penal militar, o processo penal civil e o processo civil, e de forma não codificada e esparsa, outras modalidades de processo judicial, tais como a execução fiscal, o processo trabalhista entre outros.

Toda essa constatação histórica revela que o processo, como conhecemos, nasceu da necessidade de provar a ocorrência de fatos imputados por alguns, em prejuízo de outros, em virtude de danos causados ou de interesses envolvidos.

"A medida da intervenção do Estado, portanto, se dá na medida da gravidade dos danos e dos interesses." Esta afirmação é absolutamente crucial para a presente tese. Voltaremos a ela ao tratar da chamada *teoria dos modelos de constatação* nos subitens seguintes e também nas considerações finais.

Durante algum tempo, a doutrina processual tentou distinguir a forma pela qual o processo civil e o penal lidavam com o tema da verdade. Sustentava-se que o processo penal trabalha com a verdade material, ao passo que o processo civil satisfazia-se com a verdade formal. A verdade formal, ao contrário da material, é aquela refletida no processo e juridicamente apta a sustentar a decisão judicial. Diversamente da noção de verdade material, aqui não há aquela necessidade de identificação precisa do conhecimento pleno dos fatos. Para alguns, o conceito de verdade formal identifica-se muito mais com uma "ficção" da verdade.[31]

---

31. Sérgio Cruz Arenhart, in Luiz Guilherme Marinoni (Coord.), *Comentários ao Código de Processo Civil*, vol. 5, t. 1, 2ª ed. ampl., São Paulo, Ed. RT, 2005, p. 55. Sobre as ficções, veja-se subitem correspondente neste trabalho.

46 A VERDADE MATERIAL NO DIREITO TRIBUTÁRIO

Habitualmente, em todos os ordenamentos que possuem em sua estrutura de Estado um Poder Judicial ou Judiciário, está a ideia de que o processo busca estabelecer se os fatos realmente ocorreram ou não. A verdade dos fatos no processo é tema altamente problemático e produz inúmeras incertezas ao se tentar definir o papel da prova nesse contexto.

Michele Taruffo identifica que existem basicamente dois motivos que geram essa problemática. O primeiro deles é justamente o estabelecimento da denominada verdade judicial ou formal, em contraposição à verdade material ou absoluta. A verdade formal seria estabelecida no processo por meio das provas e dos procedimentos probatórios admitidos pela lei. De outra banda, a verdade material é aquela ocorrida no mundo dos fatos reais, ou melhor, em setores de experiência distintos do processo, obtido mediante instrumentos cognitivos distintos das provas judiciais.

Nesse contexto, não é difícil definir o que vem a ser a verdade formal, pois é aquela obtida mediante o uso dos meios probatórios admitidos em lei. O problema é conceituar a verdade material, pois inicialmente chegamos ao seu conceito por mera exclusão. Qualquer outra "verdade" que não a formal é material. A verdade material, nesse sentido, é a que se aproxima mais daquele conceito de verdade absoluta visto anteriormente – para os que se utilizam dessa denominação –, pois admite outros meios de comprovação e cognição não admissíveis no âmbito do processo.

Obedecidas as regras do ônus da prova e decorrida a fase instrutória da ação, cumpre ao juiz ter a reconstrução histórica promovida no processo como completa, considerando o resultado obtido como verdade – mesmo que saiba que tal produto está longe de representar a verdade sobre o caso em exame. Com efeito, as diversas regras existentes no Código de Processo Civil tendentes a disciplinar formalidades para a colheita das provas, as inúmeras presunções concebidas *a priori* pelo legislador e o sempre presente temor de que o objeto reconstruído no processo não se identifique plenamente com os acontecimentos verificados *in concreto* induzem a doutrina a buscar satisfazer-se com outra "categoria de verdade", menos exigente que a verdade material.

É por isso que, ao admitir a adoção da *verdade material* como princípio regente do processo, os conceitos extraprocessuais tornam-se importantes, sobretudo os filosóficos, epistemológicos, que buscam definir como podemos conhecer a verdade. Mas não é só isso. A doutrina moderna tem reconhecido o chamado *princípio da busca da verdade*

OS "CONCEITOS" DE VERDADE

material, tornando-o relevante também para o Direito processual, na medida em que algumas modalidades de processo supostamente admitem sua aplicação de forma ampla.

Parte-se da premissa de que o processo civil, por lidar supostamente com bens menos relevantes que o processo penal, por exemplo, pode contentar-se com menor grau de segurança, satisfazendo-se com um grau de certeza menor. Seguindo esta tendência, a doutrina do processo civil passou a dar mais relevo à observância de certos requisitos legais da pesquisa probatória (através da qual a comprovação do fato era obtida), do que ao conteúdo do material de prova. Passou a interessar mais a forma que representava a verdade do fato do que se este produto final efetivamente representava a verdade. Mas, ainda assim, reconhecia-se a possibilidade de obtenção de algo que representasse a verdade, apenas ressalvava-se que o processo civil não estava disposto a pagar o alto custo desta obtenção, bastando, portanto, algo que fosse considerado *juridicamente* verdadeiro. Era uma questão de relação custo-benefício entre a necessidade de decidir rapidamente e decidir com segurança; a doutrina do processo civil optou pela preponderância da primeira.[32]

Nessa medida, a expressão "verdade material", ou outras expressões sinônimas (verdade real, empírica etc.) são etiquetas sem significado se não estiverem vinculadas ao problema geral da verdade.

A doutrina moderna do direito processual vem sistematicamente rechaçando esta diferenciação,[33] corretamente considerando que os interesses, objeto da relação jurídica processual penal, por exemplo, não têm particularidade nenhuma que autorize a inferência de que se deva aplicar a estes métodos de reconstrução dos fatos diverso daquele adotado pelo processo civil. Se o processo penal lida com a liberdade do indivíduo, não se pode esquecer que o processo civil labora também com interesses fundamentais da pessoa humana pelo que totalmente despropositada a distinção da cognição entre as áreas.

Na doutrina brasileira não faltam críticas para a adoção da verdade formal, especialmente no processo civil. Boa parte dos juristas desse movimento entende que desde o final do século XIX não é mais possível ver o juiz como mero expectador da batalha judicial, em razão de sua colocação eminentemente publicista no processo (processo civil inserido no direito público), conhecendo de ofício circunstâncias que até então

---

32. Veja-se: Sergio Cruz Arenhart e Luiz Guilherme Marinoni (*Comentários...*, cit., p. 56).

33. Michele Taruffo, *La Prova dei Fatti Giuridice*, Milão, Giufrè, 1992, p. 56.

48 A VERDADE MATERIAL NO DIREITO TRIBUTÁRIO

dependiam da alegação das partes, dialogando com elas e reprimindo condutas irregulares.[34]

Outro aspecto que dificulta ainda mais uma solução para o problema é o fato de que a única verdade que interessa é aquela ditada pelo juiz na sentença, já que fora do processo não há verdade que interesse ao Estado, à Administração ou às partes. A verdade no seu conteúdo mais amplo é excluída dos objetivos do processo, em particular do processo civil. A questão se agrava na medida em que toma força o movimento do "giro linguístico", reduzindo a verdade à sentença judicial, de forma indiscutível, sentença esta única linguagem competente para proferir a verdade no âmbito do processo.

José Manoel de Arruda Alvim Netto aponta que o juiz sempre deve buscar a verdade, mas o legislador não a pôs como um fim absoluto no processo civil. O que é suficiente para a validade da eficácia da sentença passa a ser a *verossimilhança* dos fatos.[35] O jurista reconhece a verdade formal no processo civil, mas salienta que quando a demanda tratar de bens indisponíveis, "(...) procura-se, de forma mais acentuada, fazer com que, o quanto possível, o resultado obtido no processo (verdade formal) seja o mais aproximado da verdade material (...)".

No direito processual civil brasileiro, o vocábulo *verossimilhança* aparece pela primeira e única vez no texto legal quando da reforma do Código de Processo Civil de 1994, como um dos requisitos para que o juiz conceda a chamada antecipação dos efeitos da tutela jurisdicional no processo.[36]

Segundo Taruffo, a origem da palavra *verossimilhança* vem da doutrina alemã (*Wahrscheinlichkeit*), traduzida para o Italiano para *Verosimiglianza* e para o Espanhol *Verosimilitud*. Esclarece que, para o Direito, a palavra foi mal interpretada desde sua adoção pelos italianos diretamente da concepção germânica, por meio de um equívoco que Taruffo atribui a Calamandrei.[37]

Calamandrei teria confundido *Verossimilhança* com *Probabilidade* e esta confusão produziu percebidos reflexos até hoje na doutrina italia-

---

34. Neste sentido Antonio Carlos de Araújo Cintra, Ada Pelegrini Grinover e Candido Rangel Dinamarco (*Teoria Geral do Processo*, 28 ed., São Paulo, Malheiros Editores, 2012, p. 73).

35. *Manual de Direito Processual Civil*, 14ª ed., São Paulo, Ed. RT, 2011, p. 932.

36. CPC, art. 273, *caput*.

37. *La Prueba de los Hechos*, Madrid, Trotta, 2002, p. 184.

OS "CONCEITOS" DE VERDADE 49

na e em toda aquela que a toma como ponto de partida para a interpretação do instituto em outros países. A verossimilhança é a "aparência da verdade", enquanto probabilidade é a "verdade aproximada". É certo que ambas não correspondem propriamente à verdade, mas não se confundem. Uma fotografia pode ser verossímil a um objeto, pois o representa muito bem. Se a medida de uma coisa é X, quando na realidade é Y, mas essa diferença é quase imperceptível, ou pouco relevante, podemos dizer que a medida X é verossímil. Um fato é verossímil a outro quando se supõe que seja similar, ocorrido nas mesmas condições.

Todavia, o próprio Taruffo, em outros trabalhos, parece confundir a verossimilhança com probabilidade, quando exemplifica como sendo *verossímil* a situação em que certo evento ocorra habitualmente num mesmo dia, é verossímil que o mesmo evento venha a ocorrer no mesmo dia nas semanas seguintes e até que – considerando as circunstâncias – tenha ocorrido nas anteriores também. Se o professor universitário costuma receber os seus estudantes nas quartas-feiras às dez da manhã, é verossímil que ele venha a recebê-los no mesmo dia e horário nas semanas posteriores, diz ele.[38]

Seja a verossimilhança entendida como "aparência da verdade" ou como "verdade aproximada", o fato é que o legislador admitiu que em maior ou menor grau a verossimilhança (ou a probabilidade) é suficiente para que o juiz sentencie o processo, mesmo consciente de que pode não ter encontrado a verdade dos fatos.

Miguel Reale sustentou a adoção do conceito de *quase-verdade* no Direito, pois a verdade *absoluta* dos fatos é inatingível e com isto o conceito de verdade não tem nenhuma utilidade prática. Ao trazer a clássica distinção kantiana entre "conhecer segundo conceitos" e "pensar segundo ideias" acrescentou o "pensar segundo conjecturas". Diz o autor: "De mais a mais, discutem até hoje os filósofos e cientistas no que tange a definição de verdade, e os conceitos que se digladiam não são mais do que conjecturas, o que demonstra que a conjectura habita o âmago da verdade, por mais que nossa vaidade de 'homo sapiens' pretenda sustentar o contrário".[39]

Luiz Marinoni e Sergio Arenhart reiteram que "jamais o juiz poderá chegar a esse ideal, ao menos tendo a certeza de que o atingiu. O máximo que permite sua atividade é chegar a um resultado que se assemelhe

---

38. *Simplemente la Verdad*, cit., p. 105.
39. *Verdade e Conjectura*, Rio de Janeiro, Nova Fronteira, 1983, p. 18.

50   A VERDADE MATERIAL NO DIREITO TRIBUTÁRIO

a verdade". Excluem portanto a possibilidade de que o juiz alcance a verdade substancial ou material.[40]

Diante do reconhecimento de tal diferenciação (verdade material *versus* verdade formal), ao mesmo tempo se reconhece que, em determinadas áreas do processo, a verdade material é almejada com mais afinco do que em outras. Naquelas áreas em que se considera a verdade material essencial para a solução da controvérsia, se diz que o *princípio da verdade material* rege a causa. O *princípio da verdade formal*, por outro lado, rege o processo em que não se considera essencial a busca da verdade real, contentando-se portanto com a verossimilhança ou a probabilidade.

Sobre a acepção de "princípio", falaremos mais adiante em tópico específico, mas já podemos dizer, admitindo que estejamos diante de genuíno princípio jurídico, o correto seria denominá-lo: "princípio *da busca* da verdade material" em contraposição ao "princípio *da busca* da verdade formal". Isto porque os vocábulos *princípio* e *verdade* não têm relação semântica direta. Se o objetivo do processo é apurar a verdade dos fatos para, aplicando a ele a norma jurídica correspondente, obter justiça,[41] a verdade é o fim almejado, enquanto sua *busca* passa a ser consequentemente princípio que o rege. Será esta concepção que adotaremos no presente trabalho de agora em diante, expressa ou implicitamente.

Dejalma de Campos, afirma que pelo princípio da verdade material, o magistrado deve descobrir a verdade objetiva dos fatos, independentemente do alegado e provado pelas partes, e pelo princípio da verdade formal, o juiz deve dar por autênticos ou certos todos os fatos que não forem controvertidos. Quanto a esses mesmos fatos, por este princípio, ele acatará as provas levantadas em cada uma das partes.[42]

Para James Marins, a busca da *verdade material* governa o procedimento e o processo da Administração Pública e opõe-se ao da verdade

---

40. *Prova*, 2ª ed., São Paulo, Ed. RT, 2011, p. 43. Os autores admitem, porém, que a verossimilhança é insuficiente para *apoiar todas as cogitações do direito probatório* e adotam a teoria do filósofo *Jurgen Habermas*, que compreende a verdade do fato como um conceito dialético, construída com base na argumentação, subsumida na máxima de que *a Verdade não se descobre, mas se constrói, através da argumentação linguística*. Sobre as teorias da verdade, veja-se o início deste capítulo.

41. Neste sentido, Luiz Guilherme Marinoni e Sergio Cruz Arenhart (*Prova*, cit., p. 36).

42. "Lições do processo civil voltado para o Direito Tributário", in Ives Gandra da Silva Martins e Eduardo Jobim (Coord.), *O Processo na Constituição*, São Paulo, Quartier Latin, 2008, p. 691.

OS "CONCEITOS" DE VERDADE

formal que preside o processo civil priorizando a formalidade processual probatória, por sua vez balizada no princípio da segurança jurídica e nas amarras legais impostas ao magistrado para o conhecimento e aceitação das provas no processo judicial. Em seguida acrescenta: "No processo judicial a convicção do juiz advém unicamente de elementos produzidos pelas partes em rígido sistema de preclusão". O autor reconhece a existência de correntes doutrinárias que admitem a adoção da verdade material no processo civil, mas afirma também que há grande dificuldade de meios para que o juiz assuma a condução da instrução probatória nesse caso.[43]

A predominância da busca da verdade material no âmbito do direito administrativo fica evidenciada nas palavras de Celso Antônio Bandeira de Mello, quando afirma: "Nada importa, pois, que a parte aceite como verdadeiro algo que não o é ou que negue a veracidade do que é, pois no procedimento administrativo, independentemente do que haja sido aportado aos autos pela parte ou pelas partes, a Administração deve sempre buscar a verdade substancial".[44]

Paulo Celso Bergston Bonilha ressalta que o julgador administrativo não está adstrito às provas e à verdade formal constante no processo e às provas apresentadas pelo contribuinte. Segundo ele, outras provas e elementos de conhecimento público ou que estejam de posse da Administração podem ser levados em conta para a descoberta da verdade.[45]

Ainda no âmbito do direito administrativo, há aplicação ampla do princípio da verdade material, mesmo que com outras denominações. Hely Lopes Meirelles chama de *princípio da liberdade de prova* aquele em que a Administração tem o poder-dever de conhecer de toda a prova de que tenha conhecimento, mesmo que não apresentada pelas partes litigantes. Assim como James Marins, Hely Lopes salienta que no pro-

43. *Direito Processual Tributário Brasileiro*, 4ª ed., São Paulo, Dialética, 2005, p. 178. Esclarece ainda que: "Isto não significa que a verdade formal não possa conter a verdade material, mas apenas a liberdade investigativa, os meios de averiguação dos eventos de interesse tributário (digilências administrativas como a fiscalização *in loco*) e as faculdades procedimentais e processuais conferidas à administração se apresentam como instrumentos mais apropriados para a aproximação com a Verdade material do que aquelas que são usualmente disponíveis no processo judicial".

44. *Curso de Direito Administrativo*, 29ª ed. rev. ampl., São Paulo, Malheiros Editores, 2012, p. 512. O autor se socorre da definição de Hector Jorge Escola, para quem o *princípio da verdade material* consiste na busca daquilo que *é realmente a verdade* independentemente do que as partes hajam alegado ou provado.

45. Paulo Celso Bergstrom Bonilha, *Da Prova no Processo Administrativo Tributário*, 2ª ed., São Paulo, Dialética, 1997, p. 76.

A VERDADE MATERIAL NO DIREITO TRIBUTÁRIO

cesso judicial o juiz cinge-se às provas indicadas, e no tempo apropriado, enquanto que no processo administrativo a autoridade processante pode conhecer das provas, ainda que produzidas fora do processo, desde que sejam descobertas e trazidas para este, antes do julgamento final.[46]

Luiz Eduardo Schoueri e Gustavo Emílio Contrucci de Souza, ao examinarem o tema no processo administrativo tributário, talvez o tenham realizado da forma mais aprofundada do que até então se fez na doutrina brasileira. Os autores esclarecem que uma das *nuances* do princípio da verdade material é que "não é possível que fato que não ocorreu, mas que não impugnado, ou com documentos de impugnação juntados num momento inoportuno, tenha-se por ocorrido". Tal conclusão deriva imediatamente da atividade fiscalizatória do lançamento, em que o estado declara a ocorrência da hipótese de incidência tributária.[47]

Os autores revelam a suma importância da verdade material no âmbito administrativo tributário,[48] mas por outro lado não reconhecem que a discussão tributária levada a cabo neste âmbito seja reconhecida propriamente como processo. Entendem que não há que se equiparar o processo judicial com o "processo" administrativo, e justamente por isso que o título do artigo destaca o termo entre aspas. Pontualmente, o objetivo do artigo foi rechaçar alterações pontuais da legislação federal, editadas à época com a finalidade de adotar no âmbito administrativo aspectos da preclusão, próprios do processo judicial, trazendo, indevidamente, segundo eles, o instituto da verdade formal para o "processo" administrativo.[49]

---

46. *Direito Administrativo Brasileiro*, 38ª ed., São Paulo, Malheiros Editores, 2012, p. 755. Em outra passagem da obra, o autor classifica o processo administrativo com base em duas espécies: o disciplinar e o tributário. Segundo ele, ambos, mesmo que usualmente tratados pela doutrina separadamente, possuem o mesmo núcleo de princípios.

47. "O princípio da verdade material no 'processo' administrativo tributário", in Valdir de Oliveira Rocha (Coord.), *Processo Administrativo Fiscal*, vol. 3, São Paulo, Dialética, 1998, p. 153. Sobre os fenômenos da incidência e do lançamento, veja-se capítulo seguinte.

48. "Enquanto o fisco não comprovar que os indícios por ele apresentados implicam necessariamente a ocorrência do fator gerador, estaremos diante de mera presunção simples, não de prova. Não terá, pois, o fisco cumprido seu ônus e a consequência é o dever do julgador considerar não comprovada a ocorrência do fato gerador e do nascimento da obrigação tributária" (Luis Eduardo Schoueri, *Distribuição Disfarçada de Lucros*, São Paulo, Dialética, 1996, pp. 112 e 125).

49. Concluem Luiz Eduardo Schoueri e Gustavo Emílio Contrucci de Souza "pela inconstitucionalidade do artigo 67 da Lei 9.532/97, na medida em que, incoerentemente e ao arrepio da verdade material, tenta fixar momentos nos quais a ativida-

OS "CONCEITOS" DE VERDADE 53

Em nosso modo de ver, não é a repulsa em reconhecer o processo administrativo como "processo" propriamente dito que evita a "contaminação" daquele pela verdade formal. É justamente o oposto; vamos reconhecer que a lide formada entre o Fisco e o contribuinte no âmbito administrativo pode sim denominar-se "processo" em seu sentido mais estrito e abarcar-se de todos os princípios processuais típicos que garantem o direito dos contribuintes em juízo. Vamos reconhecer também, ao final desse trabalho, que a razão de existir da verdade material não está vinculada à modalidade de "processo" em que a matéria se discute, mas sim à matéria tratada nele. Em outras palavras: a matéria tributária em si, independentemente do âmbito em que a lide entre contribuinte e Fisco seja travada, e mesmo que não se possa denominar uma ou outra de "processo", já é suficiente para que o princípio adotado seja o da busca pela verdade material em todos os casos. Nesta medida chegaremos à mesma conclusão que os autores, porém por razões diferentes, pois se a matéria tributária "atrai" o princípio da verdade material, a verdade formal é automaticamente inaplicável no âmbito administrativo e, mais ainda, no judicial.

1.3 A questão da prova

Probare é o verbo latino do qual deriva o termo *probatio*, origem da palavra *prova*. Este termo possui diversos significados entre nós, dentre os quais destacamos: ensaio (experimento), verificação, inspeção (como instrumento da ocorrência de algo), meio de aprovação ou confrontação (alguém ou algo colocado sob exame), argumento (enunciado sobre a ocorrência de algo), ou ainda confirmação (convencimento sobre a ocorrência de algo).

No âmbito do Direito, a *prova* é o meio pelo qual se pretende estabelecer se determinados fatos ocorreram ou não. No domínio do processo, o sentido da palavra prova não difere daquele da linguagem cotidiana, pois significa a atividade que os seus sujeitos realizam para demonstrar a existência dos fatos formadores dos seus direitos, ou o instrumento pelo qual se faz esta verificação, ou ainda o convencimento que se adquire a respeito da existência de determinado fato interessante para o Direito.[50]

---

de probatória pode ser produzida e tenta criar a preclusão pela não impugnação" ("O princípio da verdade material no 'processo' administrativo tributário", cit., p. 159).

50. No Brasil, a regulação e efeitos da prova são tradicionalmente tratados no âmbito do direito processual (civil, penal etc.). Contudo, no âmbito do Direito Civil,

54 A VERDADE MATERIAL NO DIREITO TRIBUTÁRIO

O objeto da prova é, portanto, o fato. Se o que se pretende provar no âmbito do processo é a ocorrência dos fatos alegados pelas partes, não poderia ser outro o seu objeto.[51] Num maior rigor científico, podemos dizer que o objeto da prova é o *enunciado* dos fatos. Evidentemente quando identificamos um fato mediante o uso dos meios de prova não estamos nos referindo a identificar um fato enquanto realidade empírica, senão enunciados sobre fatos que supostamente ocorreram nessa mesma realidade. No processo, o fato é na verdade *o que se diz* a seu respeito, ou seja, a sua enunciação. Por isso, o objeto da prova é mais precisamente o "enunciado do fato". Neste sentido afirma Michele Taruffo que: "Lo que se construye o se define en función de conceptos, valores o normas son enunciados relativos a hechos del mundo real o, en el caso de hechos particularmente complejos, versiones de segmentos de experiencia o de sectores de la realidad, que tienen alguna relevancia en el juicio".[52]

Ao lado do objeto da prova está a sua finalidade. Partimos da premissa de que, sendo o objeto da prova a verificação da ocorrência do fato, a finalidade daquela é encontrar a verdade, ou seja, identificar, de maneira descritiva, a forma e condições pelas quais o fato realmente aconteceu. Habitualmente se fala em *descrições* dos enunciados para definir ou reconstruir os fatos, por parte das testemunhas, das partes ou do juiz.

Ainda em respeito ao rigor científico necessário, os enunciados *descritivos* diferem dos enunciados *valorativos*. Num processo cuja matéria se refere a acidente de trânsito, uma coisa é afirmar que: "O veículo se encontrava em velocidade excessiva"; outra é dizer: "O veículo estava acima dos 100 quilômetros por hora". O primeiro enunciado é de valor

o tema passou a ser tratado com particular intensidade tanto pela legislação processual como pela de direito material, a partir do Código Civil de 2002. José Carlos Barbosa Moreira aponta que este fenômeno ocorre também em outros países, como Itália, França e Portugal, mas que a tendência é a concentração no Direito Processual. Curiosamente, no Brasil, acabou ocorrendo o contrário (*Temas de Direito Processual*, Nona série, São Paulo, Saraiva, 2007, pp. 141-142).

51. Antônio Carlos de Araújo Cintra, Ada Pellegrini Grinover e Candido Dinamarco salientam que constituem objeto da prova as *alegações de fato* e não os *fatos alegados*. Destacam também que não são todos os fatos que estão sujeitos a prova. Excetuam-se os fatos notórios, os impertinentes, os incontroversos, dos cobertos por presunções legais e os impossíveis (*Teoria Geral do Processo*, cit., p. 386).

52. "O que se constrói ou se define em função de conceitos, valores ou normas são enunciados relativos a fatos do mundo real ou, no caso de fatos particularmente complexos, *versões* de segmentos de experiência ou de setores da realidade, que têm alguma relevância em juízo" (tradução e destaque no original nossos) (*La Prueba de los Hechos*, cit., p. 114).

OS "CONCEITOS" DE VERDADE 55

e o segundo é descritivo do fato. Este último está sujeito a prova, o primeiro não. Isto não significa que os enunciados de valor sejam completamente imprestáveis no processo. Um enunciado de valor emitido por um perito, por meio de laudo pericial, será relevante, mas o mesmo enunciado emitido por uma testemunha ordinária (que não se apresente como perito, por exemplo) não será relevante.

Sergio Cruz Arenhart e Luiz Guilherme Marinoni se dedicam ao estudo da prova de maneira particular. Em sua obra *Prova*, partem da teoria de Jürgen Habermas para dizer que a função da prova não é reconstruir o fato, mas sim convencer o juiz da validade das proposições fáticas formuladas inicialmente. A prova é meio de argumentação daquele que quer fazer valer sua afirmação. O sistema elege os meios de prova aceitos em juízo, cabendo às partes, o seu melhor uso. Aquele que melhor se utilizar dos meios de prova, supostamente convencerá o juiz, e sairá vencedor.[53]

Fabiana Del Padre Tomé adota a mesma linha de entendimento, fundada nas concepções de verdade de Richard Rorty. Segundo ela, "provar" não é demonstrar a verdade dos fatos, mas determinar ou fixar formalmente os mesmos fatos mediante procedimentos determinados e, com base na teoria da linguagem, o Direito vai não apenas dizer que determinado evento ocorreu, mas construir o fato jurídico. "A verdade não se descobre: inventa-se, cria-se, constrói-se".[54]

Quanto ao sentido que ao vocábulo (prova) é dado pelo Direito, e até mesmo seu objeto, não se notam grandes controvérsias na doutrina. Contudo, sob o ponto de vista da verdade, a finalidade da prova passa a ter sentidos diametralmente opostos. Para alguns, a finalidade da prova é *reconstruir* os fatos, para outros, é *construí-los*. Esta diferença é crucial, na medida em que os *construtores* dos fatos não têm compromisso com a verdade. A verdade será aquela que convencer melhor o juiz, ou ainda, o "dono da verdade" será o que construir o fato de maneira mais convincente, desde que atenda às regras e prazos processuais.

Susan Haack, uma das maiores críticas das ideias de Richard Rorty, dá a ele, e a outros que compartilham de suas conclusões, o predicado *new cynics*, ou para nós, os *novos cínicos*, para quem a verdade é somente aquilo com que estamos de acordo; falar dela passa a ser absoluta perda de tempo.[55]

---

53. *Prova*, cit.

54. *A Prova no Direito Tributário*, cit., pp. 16 e 35.

55. *Manifesto of a Passionate Moderate. Unfashionable Essays*, Chicago, University of Chicago Press, 1998, p. 65. Trecho original: "Rortyesque dilettantism,

56   A VERDADE MATERIAL NO DIREITO TRIBUTÁRIO

O correto uso da linguagem é fundamental para a solução de uma demanda. Uma história mal escrita, cheia de erros de gramática e sintaxe pode inclusive torná-la impossível de se entender. A relevância dos meios de prova se determina não só sobre a capacidade de alguém em proporcionar informações sobre o que é verdadeiro ou falso (perito ou não, suspeito ou não), mas também narrar uma história em termos valorativos ou descritivos significa narrar uma história diferente e uma delas poderá não ser objeto de prova por esta razão.

Michele Taruffo lembra que o contexto de um processo nada mais é do que uma *narração homogênea dos fatos*, pois abarca uma realidade que compreende número variável de histórias relatadas por diferentes sujeitos, de diferentes formas e com diferentes propósitos. Não se trata apenas da mesma história contada de ângulos diferentes. Sabemos que um mesmo objeto pode ter infinitas descrições, pois infinitos são os pontos de vista em que o sujeito pode se colocar. Mas não é isso a que nos referimos aqui; no processo, a história é sobretudo contada de forma "adversária". Os advogados estão em contraposição, o que, aliás, perfaz a situação típica de controvérsia processual, justificadora da presença do Estado-juiz.

Por essa razão, é preciso analisar a perspectiva dos principais *narradores* no processo, quais sejam: os advogados, as testemunhas e o juiz.

Os advogados têm por objetivo claramente ganhar sua causa e, em geral, são livres para contar o que considere mais vantajoso aos interesses de seus clientes. Isto faz com que, não raras vezes, a narração do advogado perante o juiz inclua manipulações dos fatos, o que a torna enganosa. Alguns países,[56] como o Brasil, adotam em sua legislação processual o chamado "dever de verdade" ou "dever de veracidade" dos sujeitos no processo, inclusive prevendo sanções processuais aos mesmos. Além de tais dispositivos serem de redação vaga e de difícil aplicação, o dever de sigilo profissional dos advogados somado ao consolidado direito dos acusados em geral de não produzir prova contra si mesmos no âmbito do processo, fazem com que a eficácia de tais dispositivos seja no mínimo bastante limitada. Isto tudo, aliado à questão

leaving room only for conversation, fake reasoning, can do justice neither to science nor to literature." Tradução nossa: "O diletantismo Rortyano, cá entre nós, falso raciocínio, não faz jus nem à ciência tampouco à literatura."

56. Na Itália, o art. 14 do Código Deontológico Forense. Na Ordenação Processual Alemã, o art. 138 (*Wahreitspflicht*). No Brasil, o art. 14 do Código de Processo Civil dispõe: *"São deveres das partes e de todos aqueles que de qualquer forma participam do processo: I – expor os fatos em juízo* conforme a verdade" (grifo nosso).

OS "CONCEITOS" DE VERDADE

do "ônus da prova", segundo o qual, via de regra, cabe à parte provar o que alega e ao juiz acolher ou não a versão apresentada pelas partes com base nas provas admitidas por ele.[57] Podemos concluir então que os advogados expressam não propriamente a verdade, mas uma *pretensão de verdade*.

A testemunha é o narrador por excelência. Supõe-se que a testemunha tenha conhecimento dos fatos e que os relate. No sistema da *civil law*, a testemunha dirige-se ao juiz, respondendo suas perguntas e as perguntas formuladas pelos advogados. Michelle Taruffo compara o depoimento das testemunhas a um mosaico, pois a reconstrução dos fatos a partir do relato da testemunha se dá de forma fragmentada, competindo às partes e ao juiz colocá-los numa sequência cronológica homogênea.[58] No sistema da *common law*[59] se passa algo semelhante, com a diferença de que as perguntas são feitas diretamente pelos advogados utilizando a sistemática conhecida como *direct and cross-examination*. Mais do que a narração dos advogados, as testemunhas expressam uma *forte* pretensão de verdade, dada inclusive sob juramento e sob pena de crime de perjúrio, adotado nos dois sistemas jurídicos mencionados.

O que se espera de fato da testemunha é que ela relate uma história sem preocupação de entreter o tribunal ou de conter cunho argumentativo, mas que contenha uma história verdadeira.

Ao término do processo, cabe ao juiz narrar definitivamente o fato na sentença. Neste momento, o juiz se depara com narrações geralmente conflitantes e divergentes dos advogados, das testemunhas e até dos peritos. Contudo, existem duas características que diferenciam sua narração

---

57. Segundo Pontes de Miranda: "Cada parte pode alegar o que lhe parece conveniente à obtenção da sentença favorável. Para isso, tem de provar o que disse, para que, com exame das alegações de todas as partes e do que ficou provado. Talvez só em parte tenha razão um dos litigantes, ou nenhum deles tenha" (*Código de Processo Civil Comentado*, t. I, atual. Sérgio Bermudez, Rio de Janeiro, Forense, 2008, p. 257).

58. Quanto a esta metáfora, faz alusão a R. Burns e P. Gewirtz (*Simplemente la Verdad*, cit., p. 63).

59. José Carlos Barbosa Moreira explica que, no ocidente, é usual a comparação entre duas *famílias jurídicas*: os ordenamentos romano-germânicos (*civil law*) e anglo-saxão (*common law*). A primeira família constitui-se pelos países cujo sistema jurídico é de base romana, influenciada pela cultura jurídica dos povos germânicos que invadiram o império romano. Aqui estão a maioria dos países europeus e suas respectivas colônias, incluído a América Latina. A segunda família é composta do sistema inglês e seus filiados, com ênfase ao sistema norte-americano (*Temas de Direito Processual*, Nona série, cit., p. 40).

58 A VERDADE MATERIAL NO DIREITO TRIBUTÁRIO

das demais: a) a narração dos fatos pelo juiz se dá por meio de enunciados descritivos, não valorativos; b) a narração é neutra e *suprapartes*, pois não há pretensão particular, além de ditar uma solução justa. Aqui há diferença significativa na atividade do juiz nos sistemas da *civil* e da *common law*. Na *common law* o juiz preside o processo mas a decisão é dos jurados, e estes não necessitam justificá-la. Ou seja: os julgadores aqui não produzem nenhuma espécie da narração dos fatos. Já no sistema da *civil law*, o juiz decide a causa e suas decisões devem ser escritas, motivadas e fundamentadas, seja por obrigação legal ou até mesmo comando constitucional nesse sentido. A narração do juiz acolherá a de um ou mais sujeitos do processo, ou ainda não acolherá nenhuma delas. Em todos os casos, sua decisão deverá ser fundada nas provas trazidas pelas partes ao processo. Se nenhuma das narrativas for suficiente para a convicção do juiz, este emitirá uma narração diferente, que terá conteúdo "positivo" caso as provas disponíveis o permitam, ou "negativo" caso nem as provas nem as narrações sejam convincentes. Neste último caso sua decisão será para dizer que os fatos determinados não podem ser tomados como verdadeiros.

Como vemos, o processo é formado por narrações dos seus diversos sujeitos, com o objetivo de convencer o juiz, que emitirá a narração final sobre a verdade dos fatos. Não se pode confundir uma *narração verdadeira* com uma *boa narração*.

Para ilustrar a diferença, tomemos quatro exemplos:

1ª situação: narração boa e falsa

Michele Taruffo faz referência às conhecidas novelas de John Grishan[60] para dizer que são contos que não têm nenhuma pretensão de serem tomados como verdadeiros, apesar de que muitos dos enunciados contidos nas novelas são efetivamente verdadeiros. Assim, as novelas contêm boas narrações, mas sabe-se que provavelmente são falsas.

2ª situação: narração má e falsa

É o típico caso das novelas literárias mal contadas. São histórias que, além de não terem qualquer pretensão de serem tomadas como verdadeiras pelos leitores, mesmo que contenham enunciados verdadeiros, sequer cumprem os requisitos mínimos de uma boa narração, e por isso são também más narrações.

---

60. *Simplemente la verdad*, cit., p. 83.

OS "CONCEITOS" DE VERDADE

3ª situação: narração boa e verdadeira

É o típico caso dos eventos históricos que marcaram a humanidade e que são contados por historiadores, com riqueza de detalhes, numa construção linguística coerente e persuasiva. O processo também pode conter narrações boas e verdadeiras, se estiverem bem construídas sob um ponto de vista narrativo, que estejam fundamentadas nas provas disponíveis de forma apropriada, correspondendo então à verdade dos fatos.

4ª e última situação: narração má e verdadeira

É o caso de um evento histórico mal escrito, seja por desdém às regras de gramática, seja pela falta de cuidado com a cadeia cronológica dos fatos ou pela falta de coerência e conexão entre as afirmações, mas não deixa de ser verdadeira a narração, pois o fato ocorreu realmente. No âmbito do processo, isto frequentemente acontece, pois em determinado caso pode haver incoerência na narração das partes; as provas disponíveis são vagas e inconclusivas, mas o fato ocorreu na realidade empírica.

Numa perspectiva unicamente literária, a 1ª, 2ª e 3ª situações poderiam concorrer ao um concurso literário, pois o que se objetiva aí é avaliar a "melhor história", independentemente da veracidade ou não das afirmações contidas no texto. Ademais, qualquer preocupação com a verdade seria contraproducente, pois exigiria uma alta gama de referências e provas exigidas para a confirmação de uma história. Obviamente, para o concurso, a 4ª opção seria descartada imediatamente.

Sob o ponto de vista da reconstrução histórica, onde a busca da verdade dos fatos é fundamental, a 3ª situação seria a mais adequada, sem, contudo, dispensar a 4ª situação, pois mesmo defeituosas sob o ponto de vista narrativo, merecem valoração em virtude de sua veracidade.

Agora, sob o ponto de vista do processo, não se pode negar que a melhor narração será a referida na 3ª situação. Porém, para os advogados, considerando sua missão de ganhar a causa, a 1ª situação será a mais importante. A boa narração, mesmo que falsa, pode ser bastante útil para o advogado, desde que tenha o poder de persuasão suficiente para convencer o juiz.

Nesta medida, a escolha da 1ª situação é perfeitamente aceitável no âmbito do processo, a depender da postura do juiz. Se este não tem nenhum compromisso com a verdade, bastará que a história seja convincente. Por outro lado, havendo compromisso do juiz com a verdade, a escolha da 1ª situação será precipitada e a escolha correta será pela 3ª situação.

A questão que se põe aqui é: o que acontece se o processo não contém a situação ideal (3ª situação: narração boa e verdadeira), mas apenas as situações 1ª (narração boa e falsa) e 4ª (narração má e verdadeira)? Pode o juiz considerar esta última? Em outras palavras: uma parte apresenta uma versão bem elaborada linguisticamente, porém falsa; a outra parte, o oposto, isto é, má versão dos fatos, mas com narrativas verdadeiras.

Imagine-se outro exemplo hipotético.

1. O sujeito A cometeu uma ação X;

2. A ação X afetou o sujeito B; e

3. O sujeito B sofreu um dano.

Para que a narração seja boa e verdadeira, não é forçoso supor que no decorrer do processo se produziram provas suficientes para que fosse formado um claro convencimento do juiz acerca dos três fatos, ou seja, ficou suficientemente comprovado que A cometeu a ação X, que causou danos a B, isto é, os fatos 1, 2 e 3 ficaram provados.

Imaginemos, todavia, que um desses fatos não tenha sido evidenciado no processo; que não estivesse claro para o juiz, por exemplo, o nexo de causalidade entre a ação X e o dano sofrido por B (fato 2). Numa situação normal (verdade formal) o juiz preencheria o vazio deixado pelas partes, dizendo que em situações normais análogas haveria um nexo de causalidade entre os fatos 1 e 3, e com isto poderia emitir uma narração coerente, plausível e completa a respeito dos fatos, para concluir que A deve reparar o dano de B. A adoção dessa postura pelo juiz não raro pode admitir como válida a 3ª situação acima exposta, ou seja: a narração pode ser boa, porém falsa.

Fica evidente que as provas apresentadas pelas partes no processo podem conduzir frequentemente a *boas narrações falsas* e *más narrações verdadeiras*, e sua consideração vai depender da postura do juiz. Aplicado o princípio ordinário, da verdade formal (também conveniente aos advogados e sua formação argumentativa), a regra será a aceitação da primeira. Aliado a tudo isso, a boa narração (verdadeira ou não) será mais que suficiente àqueles que pregam o construtivismo suportado pela teoria da linguagem. Esta, vista sob esse prisma, ao não reconhecer a distinção (verdade material x verdade formal), acaba por adotar, inadvertidamente, a última categoria.

Mais uma vez é preciso considerar o recorrente paradoxo da verdade "absoluta". No início desse trabalho, assumimos pontualmente posição no sentido de rejeitar a diferenciação entre verdade absoluta

OS "CONCEITOS" DE VERDADE 61

e relativa, pois dessa forma estaríamos traindo nossas premissas e admitindo duas verdades. Naturalmente admitimos a grande dificuldade de encontrar, ou reconstruir, a verdade dos fatos tal como se deram na realidade empírica. Também não somos ingênuos a ponto de admitir uma relação imediata e automática entre a linguagem e o mundo do ser, ou o pensamento e o mundo do ser, mas por outro lado não podemos admitir a vigência de questões como as do dilema de Descartes: "– Será que estamos acordados ou estamos na verdade todos sonhando?" Temos que admitir como ponto de partida, pelo menos, a existência de um mundo real.

Partindo dessa premissa básica, veremos que é sobre este mundo real que tratam os enunciados, e os enunciados serão verdadeiros ou falsos, *se, e somente se*, verificarmos sua correspondência com mundo real.[61]

Seja qual for a intensidade com que a verdade seja almejada no processo, é incontroverso que a prova constitui-se no meio eleito pelos sistemas jurídicos em geral pelo qual a mesma se apura, se reconstrói, ou até se constrói ou se cria.[62]

Mesmo diante da flagrante importância da apuração dos fatos no processo, observa-se certo desdém da doutrina tributária quando se trata de matéria de fato, sob a alegação de que a maioria da matéria tributária resume-se à discussão de questões meramente de Direito. Sempre é bom lembrar que o juiz, no entanto, descobre a verdade por meio do chamado juízo de subsunção, ou seja, aplica aos fatos (hipóteses de incidência) a norma tributária mais apropriada.[63]

Mesmo nas questões cíveis, entre particulares, onde o tempo gasto pelo operador do Direito na apuração dos fatos é maior, não há preocupação do estudo detido dos princípios que estabelecem a exposição dos mesmos no processo. Willian Twining, professor emérito de jurisprudência na Universidade de Londres, menciona que: "90 per cent of lawyers spend 90 per cent of their time handling facts and that this ought to be

61. Veja-se estudo aprofundado da teoria da correspondência (semântica) de Alfred Tarski, no subitem 1.1 deste capítulo.

62. Fabiana Del Padre Tomé (*Prova no Direito Tributário*, cit., p. 175) distingue a concepção *cognocente* da *persuasiva*, no tocante à função da prova no processo. Esta, adotada por ela, refere a que a prova tem por finalidade persuadir o juiz a construir a verdade. A primeira concepção, que todavia, adotamos no presente trabalho, é no sentido de que a prova tem por função descobrir a verdade; reconstruindo-a, portanto.

63. Veja-se estudo aprofundado do fenômeno da incidência tributária no capítulo 2 deste trabalho.

62 A VERDADE MATERIAL NO DIREITO TRIBUTÁRIO

reflected in their training. If 81 per cent of lawyer time is spent on one thing, it follows that 81 per cent of legal education ought to be devoted to it. (...). I propose that we base our curriculum on this principle and that we call our degree a 'Bachelor of Facts'".[64]

Quando Twining sugere que o Bacharel em Direito seja denominado "Bacharel dos Fatos", concorda também que os números que ele mesmo cita podem ser exagerados e que uma pesquisa aprofundada poderia demonstrar um percentual menor. Mesmo assim, o sistema da *common law* britânico, anglo-saxão antes de tudo, é fundado em precedentes judiciais. Para eles, *law* significa *precedente* e *statutory law* significa norma emanada pelo congresso, pelo parlamento. Assim, o estudo do Direito no sistema da *common law* já é voltado para a análise dos fatos concretos, por excelência, e ainda assim o autor julga seu sistema extremamente dedicado ao direito positivo (*statutory law*). Cremos que, considerada essa constatação, os percentuais brasileiros não seriam tão diferentes, pois o sistema da *civil law* é marcado pelo estudo detido da teoria da norma.

Não é só à comprovação da efetiva incidência do conceito de fato ao conceito de norma (subsunção) que se dedica o operador do Direito. Cada vez mais o estudo detido dos fatos é relevante também para o direito tributário. Vejam-se, por exemplo, todas as questões que envolvem a responsabilidade dos sócios e administradores de empresas quanto às dívidas tributárias contraídas por estas. É o estudo dos fatos (atos ou omissões cometidos pela pessoa do sócio) que estabelecerá se há ou não sujeição tributária pessoal. Outro exemplo é a elisão fiscal, seja no âmbito nacional ou internacional, por meio de operações societárias diversas. Diante da franca tendência na adoção da teoria germânica da jurisprudência dos interesses em matéria fiscal,[65] o estudo do fato e a reconstrução da verdade tomam relevância absoluta (inimaginável até o final do século XX) nos chamados planejamentos tributários. Diante dessa constatação, a doutrina recente passou a dedicar-se ao estudo específico da prova em matéria tributária, seja na esfera administrativa ou judicial.[66]

---

64. *Rethinking Evidence. Exploratory Essays. Talking facts seriously*, 2ª ed., London, Cambrige University Press, 2006, p. 14: "(...) 90% dos advogados passam 90% do seu tempo analisando os fatos, e isso deve ser refletido na sua formação. Se 81% do tempo do advogado é gasto com uma coisa, segue-se que 81% do ensino jurídico deve ser dedicado a ela. (...). Proponho que embasemos nosso currículo sobre esse princípio e que chamemos de nosso grau de 'Bacharel dos Fatos'" (tradução nossa).

65. Sobre esse tema, veja-se capítulo 3 do presente trabalho.

66. Dentre eles, destacamos: Paulo Celso Bonilha (*Da Prova no Processo Administrativo Tributário*, cit.), Patricia Del Padre Tomé (*A Prova no Direito Tributá-*

OS "CONCEITOS" DE VERDADE

No processo judicial brasileiro existem unicamente dois ritos especiais previstos em lei para tratar de matéria tributária. São eles: a Lei de Execuções Fiscais e a Lei da Medida Cautelar Fiscal.[67] Fora estes dois regimes, as demais controvérsias surgidas em juízo entre o Fisco e o contribuinte são resolvidas no âmbito do processo civil. A Lei de Execuções Fiscais, inclusive, prevê em seu art. 1º a aplicação subsidiária do Código de Processo Civil nas hipóteses lacunosas da lei especial.

Assim, até que haja um regime processual especial para dirimir tal classe de conflitos, é o processo civil e seus procedimentos que nos servem de referência em matéria de prova, ao menos na esfera judicial. Na esfera administrativa, temos uma sistemática também inspirada na estrutura do Poder Judiciário, cujo sistema de provas tem se assemelhado cada vez mais. José Eduardo Soares de Melo observa que não há uniformidade de tratamento de matéria probatória na legislação reguladora do processo administrativo, mas salienta a aplicação subsidiária do Código de Processo Civil em matéria probatória.[68]

Os meios de prova admitidos no âmbito do processo civil estão positivados. São eles: o depoimento pessoal, a confissão, a exibição de documento ou coisa, a prova documental, a prova testemunhal, a prova pericial e a inspeção judicial.[69] Já no âmbito do processo administrativo, em razão do princípio da informalidade,[70] todos aqueles meios inerentes ao processo civil têm lugar no processo judicial e administrativo tributário, sendo que alguns têm sido "adaptados"[71] à realidade da relação

---

rio, cit.), Susy Gomes Hoffmann (*Teoria da Prova no Direito Tributário*, Campinas, Copola, 1999) e Danilo Knijnik (*A Prova nos Juízos Cível, Penal e Tributário*, Rio de Janeiro, Forense, 2007) entre outros.

67. Leis 6.830/1980 e 8.397/1992, respectivamente.

68. "Instrução probatória no processo administrativo de natureza tributária – amplitude e limites", in Reinaldo Pizolio (Coord.), *Processo Administrativo Tributário*, São Paulo, Quartier Latin, 2007, p. 119.

69. CPC, Arts. 342 ao 443.

70. James Marins (*Direito Processual Tributário Brasileiro*, 4ª ed., 2005, pp. 185 e 194) aponta o princípio da *ampla instrução probatória* no âmbito do processo administrativo tributário e, também, outro princípio reconhecido por ele, o do formalismo moderado, ou *informalidade a favor do administrado* que, ao nosso ver, amplia ainda mais os meios de prova nesse âmbito processual, pois afasta o formalismo do processo civil neste particular. Entendemos que, nesta mesma linha de raciocínio, desde que não haja ofensa direta à Constituição Federal – quanto ao uso de provas ilícitas, por exemplo –, todos os demais meios de prova devem ser admitidos, desde que úteis na descoberta da verdade material.

71. O processo administrativo é regulado no âmbito de cada *ente tributante*. Assim, tanto na esfera federal, como nas estaduais e municipais, cada um possui leis

64 A VERDADE MATERIAL NO DIREITO TRIBUTÁRIO

jurídica tributária. Exemplo disso é a inspeção judicial, que no âmbito administrativo pode refletir-se na chamada "diligência fiscal", em que o julgador pode determinar a realização de diligências no estabelecimento do contribuinte para certificar-se da realidade dos fatos narrados.

Toda essa sistemática, mais ou menos flexível em razão da esfera de discussão, tem como fundamento de validade a Constituição Federal do Brasil, que em seu art. 5º, inciso LV, prevê: "aos litigantes, em processo judicial ou administrativo, e aos acusados em geral são assegurados o contraditório e ampla defesa, com os meios e recursos a ela inerentes".

Acima de ser a prova instrumento *processual*, ela é elevada ao *status* de garantia constitucional, na medida em que está inserida nos preceitos do princípio da ampla defesa, como um dos *meios* inerentes ao seu exercício, inclusive no âmbito administrativo. Sobre a equiparação entre processo judicial e administrativo, trataremos com mais detalhe nos capítulos seguintes, mas desde já podemos dizer que o processo administrativo terá a seu dispor – no mínimo e no que couber – os mesmos meios de prova previstos em juízo.

O processo prevê os meios de prova admissíveis. As partes fazem uso dos mesmos para apresentar ao julgador a comprovação de suas alegações, cabendo a este avaliar a importância e relevância de cada uma delas no contexto do processo, no que a doutrina convencionou chamar de "valoração da prova", a fim de emitir a sua narração final dos fatos.

São três os sistemas de valoração das provas, utilizados pelos ordenamentos processuais atuais: 1) o sistema da *prova legal*, em que a lei estabelece de forma detalhada e taxativa o valor a ser atribuído pelo juiz a cada meio de prova; 2) o sistema *secundum conscientiam*, no qual o juiz tem integral liberdade de avaliar as provas; e, finalmente, 3) o sistema da *persuasão racional*, ou também chamado de *livre convencimento*, em que o juiz tem liberdade para avaliar cada prova, mas dentro de determinados critérios racionais. Este último sistema foi adotado no Brasil.

Como vemos, o direito probatório tem como ponto de convergência o juiz, que além de ser o último narrador dos fatos, tem razoável liberdade para valorar as provas que, não raramente, são conflitantes entre si. A valoração de uma sobre a outra elimina o conflito, mas ao mesmo tempo descarta uma em prol de outra. Considerando que o sistema que adotamos não é de todo fechado (tampouco completamente aberto)

regulando o seu processo administrativo e as provas admitidas no mesmo, dentro da esfera de suas competências tributárias. A forma de discriminação dessas competências será objeto de estudo mais detalhado no capítulo seguinte.

OS "CONCEITOS" DE VERDADE 65

quanto à valoração das provas pelo julgador, esses *critérios racionais* a que se subordina o juiz precisam ser entendidos claramente.

Neste contexto, a valoração da prova passa a ser o ponto máximo do processo, o momento em que se define qual é a verdade dos fatos. É por esta razão que trataremos do tema – *papel do juiz na busca da verdade* – em subtópico específico do capítulo seguinte.

1.4 A questão das presunções, indícios e ficções

A prova pode ser classificada como direta ou indireta, na medida em que se refira ou não, diretamente, ao fato sujeito a ela. Se o documento referir-se ao fato, ou a testemunha relatar especificamente a respeito do fato que se pretende descobrir, diz-se que se está diante de prova *direta*. Ademais, a prova direta é sempre a mais desejável e apropriada no processo, por referir-se diretamente ao fato controverso.

A prova direta é a mais simples situação a respeito de uma hipótese sobre o fato, em que este fato refere-se diretamente à hipótese. O objeto e o resultado da prova podem ser expressados em uma posição que coincide, em seu conteúdo, com a que constitui a hipótese do fato. A eficácia dessa prova pode ser negativa também, na medida em que ela demonstra diretamente que o fato não ocorreu, ou não corresponde ao narrado pela parte adversa.

Muitas vezes, porém, existem outros eventos estranhos ao fato *probando*, que podem servir ao juiz para o convencimento sobre a verdade no processo. A prova que se refira a este fato, chamado de *fato auxiliar* ou *fato base*, é também chamada de prova *indireta* ou *lógica*.[72] Tal prova passa a ser relevante para o juiz, especialmente quando se dispõe apenas de uma única prova que demonstra a essência de um fato diverso daquele fato *probando*, mas a partir da proposição que descreve este outro fato, com base nos elementos de confirmação advindos desse fato secundário. É possível por meio deste concluir-se pela ocorrência do fato principal.

Para Luiz Marinoni e Sergio Arenhart, "partindo-se da convicção da ocorrência de determinado fato, pode-se, por dedução lógica, inferir a existência de outro, pois comumente um decorre do outro, ou ambos

---

72. Arruda Alvim, *Manual de Direito Processual Civil*, cit., p. 1.053. Esclarece o autor que prova direta seria, rigorosamente, apenas a *inspeção judicial*, pois os demais meios de prova sempre serão indiretos, na sua essência. O documento refere-se ao fato. A testemunha refere-se ao fato e assim por diante. Neste sentido, a inspeção judicial é o contato direto do juiz com o fato, e por isso seria o meio de prova direta, por excelência.

66 A VERDADE MATERIAL NO DIREITO TRIBUTÁRIO

devem acontecer simultaneamente". Michele Tafuffo também menciona a chamada "regra de inferência", ao denominar o critério adotado pelo juiz ao utilizar do fato provado, para concluir a ocorrência (ou não) do fato *probando*.

É nesse universo que se encontram as *presunções* e os *indícios*. São típicos casos de provas indiretas e se constituem num procedimento lógico-jurídico, admitido por diversos sistemas processuais,[73] inclusive o brasileiro, para provar determinado fato principal, cuja prova direta inexiste, e que, com base na ocorrência de fatos auxiliares, considera-se (presume-se) também ocorrido.

Alguns autores tratam os indícios e as presunções como sinônimos.[74] Todavia, nos parece que há diferenças fundamentais entre os dois institutos. O vocábulo "indício" é proveniente do latim dicare, indicare, ou seja, indicar. Indício é o fato conhecido, que, por esforço intelectual, indica, sugere, o fato *probando*, tendo com o último relação de causa ou efeito. O indício é aquele fato auxiliar sobre o qual a pretensão irá se firmar, mediante inferência do julgador.

O vocábulo "presunção", a seu turno, também tem origem latina (*praesumptio*) e significa pressupor, imaginar, supor, prever, conjecturar, basear-se em probabilidades. No sentido coloquial, não jurídico, pode-se ainda encontrar a expressão utilizada para denotar vaidade, orgulho (*pessoa presunçosa*).

Salientando a diferença entre presunção e indício de forma ainda mais rigorosa, Moacyr Amaral dos Santos, socorrendo-se do pensamento de Câmara Leal, afirma que o indício é o fato conhecido do qual, em virtude do princípio da *causalidade*, se induz o fato desconhecido, ao qual se atribui a função de causa e efeito em relação ao fato conhecido. A presunção, por sua vez, tem fundamento no princípio da *identidade*, pois do fato conhecido induzimos diretamente o fato desconhecido, que em virtude de certas circunstâncias costumam verificar-se em casos idênticos. Segundo ele, a prova indiciária tem grande aplicação na apuração do dolo, fraude, simulação e, em geral, dos atos de má-fé.[75]

As presunções dividem-se em comuns e legais.

73. Na Itália, por exemplo, a presunção simples é prevista expressamente no art. 2.727 do Código Civil italiano (veja-se Michele Taruffo, *La Prueba de los Hechos*, cit., p. 471).

74. Veja-se De Plácido e Silva, *Vocabulário Jurídico*, cit.

75. *Prova Judiciária no Cível e Comercial*, vol. 1, 5ª ed. atual., São Paulo, Saraiva, 1983, p. 83.

OS "CONCEITOS" DE VERDADE 67

As presunções comuns, também chamadas de presunções *hominiss* (do homem) ou *simples*, são aquelas que se fundam em acontecimentos ordinários, do dia-a-dia, das quais o juiz deduz a ocorrência do fato *sub judice* também na sua condição de homem comum, agindo com prudência e discernimento. Considerando a liberdade do juiz, decorrente da sua livre apreciação da prova, as presunções *hominiss* são vagas, pois a única medida para que o juiz deduza a ocorrência de um fato, pela ocorrência de outro, é sua racionalidade, sua experiência.

Daí a dificuldade na valoração das presunções *hominiss* como meio de prova. A doutrina, segundo Arruda Alvim,[76] estabelece alguns critérios para que o juiz, com base nos fatos indiciários, acolha a presunção. Em primeiro lugar, o juiz deve identificar nos fatos indiciários a alta intensidade provocativa de sua convicção (gravidade). Em seguida, o juiz necessita extrair consequências claras e precisas e, acima de tudo, possíveis desse fato (precisão) e, por fim, deve reunir outros indícios que possam conduzi-lo à mesma conclusão (concordância).

Diante de sua vacuidade, a presunção simples é admitida com mais frequência naqueles casos em que o fato não é perceptível a olho nu, tais como os que levam em conta a vontade subjetiva da pessoa, por exemplo, quando há a necessidade de provar a ocorrência de dolo, fraude ou simulação.

Em matéria tributária, a presunção *hominiss* é de questionável aplicação, em virtude da natureza *ex lege* da obrigação tributária, por sua vez derivada diretamente do princípio da legalidade. Salvo raras exceções, a responsabilidade tributária é objetiva; sua obrigação com o Fisco independe de sua vontade do particular. Apenas naqueles casos em que o dolo, fraude, simulação ou má-fé são determinantes para verificar a ocorrência, ou não, do nascimento da obrigação tributária, esta classe de presunção seria admissível.

É o que pensa Maria Rita Ferragut,[77] acrescentando que, em virtude da sistemática de constituição do crédito tributário pelo procedimento do lançamento, em que a autoridade identifica a ocorrência da hipótese legal de incidência do tributo (ou da multa) e atribui ao administrado o dever de recolher o tributo (ou a penalidade), a utilização da presunção *hominiss* cabe, neste caso, ao agente da fiscalização. À parte, cabe defender-se, produzindo eventual prova negativa do fato presumi-

---

76. *Manual de Direito Processual Civil*, cit., p. 1.057.

77. *Presunções no Direito Tributário*, 2ª ed., São Paulo, Quartier Latin, 2005, p. 194.

68 A VERDADE MATERIAL NO DIREITO TRIBUTÁRIO

do e, caso convertida a cobrança em execução fiscal, pela via do Poder Judiciário, caberá ao juiz acolher ou não a pretensão do Estado, sem ele próprio estabelecer qualquer presunção, pois sua atividade é de mero executor da dívida.

Contudo, ao referir-se às presunções simples, em relação ao princípio da verdade material, a autora admite que tanto a prova direta como a indireta (mediante presunção, neste caso) não são suficientes para a descoberta da verdade, pois esta, no seu conteúdo absoluto, é inatingível. Aliás, em virtude de seu pendor ao movimento do giro linguístico, sequer admite que a verdade esteja sujeita à descoberta. Seu raciocínio é então o seguinte: se a prova direta não tem importância maior que a indireta, pois ambas nunca atingirão o objetivo ideal, ambas são igualmente admitidas, com o mesmo valor.

Nas primeiras linhas desse capítulo tivemos a oportunidade de adotar a imprestabilidade do conceito de verdade absoluta, no sentido de verdade filosófica ou utópica. Acreditamos que a verdade é sim passível de ser descoberta. Advertimos, novamente, que não é possível "reviver o fato ocorrido no passado", mas é possível descrevê-lo com precisão suficiente para dizer, sob o ponto de vista jurídico, que o mesmo produziu ou não os efeitos previstos.

Diante disso, a prova direta é a mais adequada para a comprovação da ocorrência dos fatos, e a presunção simples, em matéria tributária, pode ser admitida unicamente naqueles casos que envolvem a vontade do sujeito, e com todas as ressalvas, em virtude da atividade plenamente vinculada da fiscalização à lei, para a cobrança do tributo.

De outro lado, é preciso lembrar que as presunções simples têm como base a aplicação das chamadas "regras de experiência do juiz" no processo judicial. Em razão de sua função eminentemente jurisdicional, o juiz é dotado de poderes e deveres diferenciados daqueles dos cidadãos comuns, inclusive dos demais agentes da Administração Pública. Por isso, é altamente questionável a atribuição de presunções por parte de agentes do Fisco por ocasião do lançamento. Isso sem mencionar que a presunção *hominiss* só é admissível quando o fato é suscetível de prova testemunhal.[78]

Há aqueles que sequer admitem a presunção simples como meio de prova, a rigor, pois tal presunção consiste apenas num processo mental

---

78. Já observava Moacyr Amaral dos Santos (*Prova Judiciária no Cível e Comercial*, vol. 1, 5ª ed. atual., São Paulo, Saraiva, 1983, p. 83) antes mesmo da edição do art. 230 do Código Civil brasileiro de 2002.

OS "CONCEITOS" DE VERDADE   69

que leva o juiz, a partir do fato A, concluir também pela prova do fato B. Neste sentido, o juiz não estaria valorando a presunção, mas sim o fato conhecido que o levou a estabelecer a conexão com o fato a ser provado.[79]

José Carlos Barbosa Moreira é conclusivo com relação ao tema, ao afirmar que a presunção simples não é fonte da prova, como o documento ou a testemunha; não é meio de prova, como a perícia; também não é correto afirmar que o juiz recebe a informação por meio dos sentidos, como ocorre com a confissão. Diz ele: "Decerto, a presunção ministra ao órgão judicial o conhecimento acerca de um fato; mas ela o faz de maneira absolutamente peculiar: mediante raciocínio a partir de um indício".[80]

A par da presunção *hominiss*, temos as chamadas presunções *legais*. São aquelas das quais a lei (e não o juiz) deduz um fato. Tal presunção se subdivide basicamente em presunções *absolutas* ou *peremptórias* (*iuris et iure*) e presunções relativas ou condicionais (*iuris tantum*).

Por presunção absoluta se entende a consequência que a lei expressamente deduz de certo atos ou fatos, estabelecendo-a como verdade, ainda que haja prova em contrário. Típico exemplo da presunção absoluta é o instituto da "coisa julgada" em que a lei determina que, após a decisão judicial irrecorrível, não há mais como provar – positiva ou negativamente – o fato controverso naquele processo.

Outra é a presunção legal relativa, que assim como a absoluta, decorre de previsão legal, porém admite prova em contrário. É o caso, por exemplo, da *Inscrição em Dívida Ativa*, da qual se extrai a Certidão de Dívida Ativa (CDA), emitida de forma unilateral pelo Fisco e que objetiva instruir a cobrança do crédito tributário em juízo, que goza de presunção legal de liquidez e certeza. Tal certidão deve conter os principais dados da dívida, tais como a identificação do contribuinte, o valor e forma de apuração do débito, entre outros. O contribuinte pode afastar tal presunção, desde que produza prova em contrário, desconstituindo a liquidez e/ou a certeza do mesmo.[81]

---

79. Carlos Alberto Álvaro de Oliveira, "Presunções e ficções no direito probatório", *Revista de Processo* 196, São Paulo, Ed. RT, jun. 2011.

80. *Temas de Direito Processual*, Nona série, cit., p. 153.

81. Prevê o Código Tributário Nacional no seu art. 204 que: "A dívida regularmente inscrita goza da presunção de certeza e liquidez e tem o efeito de prova pré-constituída. Parágrafo único. A presunção a que se refere este artigo é relativa e pode ser ilidida por prova inequívoca, a cargo do sujeito passivo ou do terceiro a que aproveite".

70 A VERDADE MATERIAL NO DIREITO TRIBUTÁRIO

Até aqui vimos as presunções como *meio de prova* da ocorrência dos fatos. Mas será que tal mecanismo pode ser utilizado para a criação de obrigações tributárias? Tal questão é relevante na medida em que é a lei que cria o tributo, e se a lei pode ou não, por meio de presunção, estabelecer (pressupor) a ocorrência de um fato econômico, em virtude da ocorrência de outro fato econômico nela previsto. É preciso lembrar que o Código Tributário Nacional, em seu art. 110, prevê que a lei tributária não pode alterar a definição, o conteúdo e o alcance de institutos, conceitos e formas de direito privado, utilizados, expressa ou implicitamente, pela Constituição Federal, pelas Constituições dos Estados, ou pelas Leis Orgânicas do Distrito Federal ou dos Municípios, para definir ou limitar competências tributárias.

O direito tributário é permeado de presunções. Não foi à toa que Alfredo Augusto Becker apontou que o legislador, ao prever as hipóteses de incidência do tributo, escolhe fatos-signo *presuntivos* de riqueza. Becker é definitivo ao afirmar que os signos presuntivos são genuínas presunções *iuris et de iure*. Exemplifica o caso do Imposto sobre a Renda, em que a lei buscou não a renda propriamente, mas as *vias de acesso* à renda, isto é, a avaliação indireta da renda. Compara tal fenômeno a um arquipélago, pois apenas os *prolongamentos* da renda emergem no mundo jurídico. Citando L. Trotabas, sustenta que o contrário, ou seja, a avaliação direta da base econômica seria uma forma arcaica, bárbara e frequentemente menos segura para a descoberta da verdade.[82]

Entendemos, porém, que o uso das presunções deve ser visto com reservas, quando se trate de estabelecer o antecedente da norma tributária, especialmente o núcleo da norma, consubstanciada no critério material da hipótese e sua correspondente base de cálculo. Tal reserva é justamente balizada pela limitação legal contida no art. 110 do CTN.

Por outro lado, a questão da presunção é relevante na medida em que o julgador no processo administrativo, ou o juiz no processo judicial, utilizam de presunções para apurar a verdade dos fatos controversos no processo, mesmo que esses fatos em si correspondam a presunções, ocorridas na seara da relação jurídica nas suas dimensões estática (ocorrência das hipóteses de incidência no mundo concreto) ou dinâmica (procedimento do lançamento).[83] Mais adiante, pretendemos estabelecer quais os limites para tal atribuição, na apuração da verdade no processo tributário.

---

82. *Teoria Geral do Direito Tributário*, 3ª ed., São Paulo, Lejus, 1998, p. 505.
83. Veja-se subitem dedicado à relação jurídica tributária no capítulo seguinte.

OS "CONCEITOS" DE VERDADE

Fator de igual importância é a afirmação, frequente, de que a presunção relativa (*iuris tantum*) em matéria tributária tem o condão, especialmente, de inverter o chamado *ônus da prova*. É o que se dá, por exemplo, naquele caso previsto no CTN, que concede ao crédito tributário inscrito em dívida ativa a presunção de liquidez e certeza, admitida prova em contrário por parte do contribuinte.[84]

Em nosso sistema processual civil o ônus de provar é atribuído de maneira taxativa, sendo que, via de regra,[85] compete ao autor da demanda o ônus de provar o fato constitutivo de seu direito, e ao demandado cabe a prova do fato impeditivo, modificativo ou extintivo do direito invocado pelo autor.

Esta distribuição legal do ônus da prova prevê exceção nos casos de eventual *convenção* entre as partes sobre a distribuição das provas, que não podem versar sobre direitos indisponíveis, como também não pode tal convenção acarretar ônus excessivo, insuportável, a qualquer das partes. Exceto por este dispositivo, de aplicação prática absolutamente remota, o sistema flagrantemente adotou uma estrutura inflexível de distribuição de provas e de ausência de discricionariedade do magistrado quanto a essa distribuição. Ao juiz é limitado determinar a produção de provas de ofício apenas quando a prova for insuficiente para o seu convencimento.

Arruda Alvim, citando Paulo Cesar Pinheiro Carneiro, menciona que parte da doutrina processual argumenta ser injustificável tal inflexibilidade na distribuição das provas, sustentando que o juiz deve ter discricionariedade para redistribuir o ônus probatório sempre que verificasse a dificuldade ou impossibilidade de uma das partes, desincumbindo as partes do ônus, mesmo que atribuído legalmente. O autor citado por Arruda Alvim argumenta ainda que: se a lei proíbe, no campo do direito disponível, que a convenção das partes resulte em ônus excessivo ou inexequível, como admitir que o legislador o faça?[86]

Por fim, em matéria de presunções, é preciso citar aquela presunção que de certa forma limita a aplicação de todas as demais presunções contrárias ao contribuinte. Trata-se da presunção constitucional de inocência. De acordo com o art. 5º, inciso LVII, da CF/1988, "ninguém será considerado culpado até o trânsito em julgado de sentença penal condenatória". Desse dispositivo conclui-se que: não somente na esfera penal

---

84. CTN, art. 204.

85. Art. 333, incisos I e II, do Código de Processo Civil – CPC.

86. Arruda Alvim, *Manual de Direito Processual Civil*, cit., p. 972 e nota 26.

72 A VERDADE MATERIAL NO DIREITO TRIBUTÁRIO

o mesmo é invocável, mas também em todo o caso que houver *acusado*. No direito tributário, a imposição das sanções tributárias sujeita-se ao regime das sanções penais e, ao receber uma autuação fiscal, o contribuinte passa a ser *acusado* do cometimento de ilícito tributário que o sujeita à limitação do exercício pleno do seu direito de propriedade, de forma compulsória.[87]

A par das presunções, temos consagrado o uso das *ficções* jurídicas, igualmente relevantes para o presente estudo.

Filosoficamente, o tema das ficções foi tratado por Hans Vaihinger, na sua teoria denominada "Filosofia do *Como Se*", ou *ficcionismo*. Segundo ele, se desconhecemos algo e queremos iniciar a busca da verdade, partimos *como se* tal situação fosse assim. Ou então: já conhecemos algo, mas não sabemos como lidar com tais fatos, de forma consciente criamos uma realidade para que, a partir dela, lidemos com aquilo que de maneira cotidiana seria insolúvel. Para Vaihinger, nenhum sistema filosófico relacionou de forma satisfatória o desconhecido (mundo do movimento) e o mundo da realidade criado pelo mundo da consciência. A maioria dos sistemas procura aproximar o mundo real do ideal, sem sucesso.[88] A Filosofia do *Como Se* procura demonstrar como a *aparência* ou o *conscientemente falso* desempenham fundamental papel no mundo real e a forma como o ser humano opera intencionalmente através de *representações* ou *juízos conscientemente falsos*.

A teoria das ficções ou o mundo do *como se* não vai se preocupar se algo é ou não é uma cadeira, ou é uma representação de cadeira, ou se é algo que eu tomo como cadeira porque minhas sensações contaminaram o conteúdo do objeto, mas trabalha *como se* aquele objeto fosse uma cadeira e a partir daí estabelece a vida prática, a depender do que queremos daquela cadeira, de quanto a cadeira é importante para um novo entendimento ou apenas de como a utilizamos para um outro fim.

Significativa expressão dessa dupla realidade está no mundo do Direito: ou estaremos diante de algo que existe para o real, mas não existe para o Direito, e então o sistema tem que resolver de forma nomodinâmica,[89] ou estaremos diante de algo que nunca existiu, mas

---

87. No mesmo sentido, Roque Antonio Carrazza (*Curso de Processo Administrativo Tributário*, 28ª ed., São Paulo, Malheiros Editores, 2012, pp. 527-528).

88. Francisco de Assis e Silva, *O Conceito de Ficção Jurídica na Teoria do "Como Se" de Hans Vaihinger*, São Paulo, Instituto Kora, 2012, p. 163.

89. Critério antônimo à *nomoestática*, citada diversas vezes por Kelsen (*Teoria Pura do Direito*) para significar o estudo do Direito *aprioristicamente*, sem considerar os eventos sociais ocorridos após a aplicação da lei ao caso concreto.

OS "CONCEITOS" DE VERDADE 73

precisa existir. Em ambos os casos, o Direito vai se dinamizar para dar satisfação à vida prática, sempre atuando *como se* alguma coisa fosse desse ou daquele jeito. E isso ocorre sempre com vistas a uma finalidade prática. Articular através das ficções significa não querer compreender o mundo cogitando sobre os mistérios de sua existência ou daquilo que nele existe, mas sim atuando de forma pragmática para que a vida ou uma descoberta seja possível.

Clássico exemplo de ficção no Direito é o instituto da *pessoa jurídica*, que não existe no mundo real, como a pessoa física, mas foi criada para viabilizar a independência daquele patrimônio vertido para a realização de determinado objetivo social ou econômico, do restante do patrimônio das pessoas físicas que se reuniram para este fim.

Para Pérez de Ayala: "En síntesis, la ficción jurídica existe siempre que la norma trata algo real ya como distinto, siendo igual, ya como igual siendo diferente, ya como inexistente, habiendo sucedido, ya como sucedido, siendo inexistente, aún con consciencia de que, naturalmente, no es así".[90]

Cristiano Carvalho, que se dedicou ao estudo do tema no direito tributário brasileiro, menciona que as ficções jurídicas são consideradas "entidades puramente linguísticas, não tendo existência concreta, localizável no tempo e no espaço". Partindo dessa premissa, conceitua ficção como *atos de fala*, que propositadamente não vinculam aspectos da regra à realidade jurídica, de modo a poder gerar efeitos que não seriam possíveis de outra forma. Seria para ele uma *desvinculação normativa* entre o real e o Direito.[91]

As ficções jurídicas são frequentemente comparadas com as presunções legais, pois têm o mesmo efeito prático: o de possibilitar o enquadramento de novos fatos num regime jurídico já existente. Para Alfredo Augusto Becker, há uma diferença radical entre a ficção e a presunção. Na ficção, a lei estabelece como verdadeiro um fato que é provavelmente (ou seguramente) falso. Neste sentido, a ficção parte de uma falsidade. A presunção, por outro lado, parte de uma verdade.[92] Contudo, esclarece

---

90. "Em resumo, sempre haverá ficção quando a norma trate algo real como sendo distinto, algo igual, como sendo diferente, algo inexistente, mesmo que tenha ocorrido, algo ocorrido, como sendo inexistente, ainda que com a consciência de que, naturalmente, não é assim" (tradução nossa) (José Luis Pérez de Ayala, *Las Ficciones en el Derecho Tributario*, Madrid, Editorial de Derecho Financiero, 1970, p. 16).

91. *Ficções Jurídicas no Direito Tributário*, cit., pp. 67 e 222.

92. Da mesma forma, Aloisio Surgik entende que a diferenciação possui apenas *caráter teórico*, pois as consequências jurídicas dos institutos é idêntica ("Presunção

74 A VERDADE MATERIAL NO DIREITO TRIBUTÁRIO

que tal distinção se dá apenas no plano pré-jurídico, pois servem apenas de *elemento intelectual* ao legislador para construir a regra jurídica que contenha presunções ou ficções. Uma vez criada a norma, desaparece a distinção, pois nesse momento ambos entram no mundo jurídico como *verdades* (realidades jurídicas).

Pela mesma razão que não é relevante para nós a presunção legal, mas sim aquela estabelecida pelo juiz no curso do processo (presunção *hominis*), importa-nos saber se é possível o instituto das ficções aplicado pelo juiz.

A doutrina não classifica as ficções da mesma forma que as presunções. Não há menção, por exemplo, a "ficções *hominis*". Alguns doutrinadores admitem a chamada ficção jurisprudencial e até a doutrinária, mas uma coisa é admitir a utilização de um determinado fato auxiliar para presumir o fato desconhecido, diversamente é criar um fato simplesmente para resolver a controvérsia, sem que tal medida esteja prevista em lei. Desta forma, a ficção jurisprudencial reverte-se em explicações que encobrem uma deficiência, seja no sistema de provas, seja na fundamentação jurídica.[93]

Há quem confunda a analogia com a ficção, possibilitando, em tese, a utilização deste instituto pelo juiz no processo. Hans Kelsen já alertou sobre o risco de o juiz deter poder para decidir segundo seu livre-arbítrio, quando a norma existente no sistema seja insatisfatória para resolver a questão. Em outras palavras: quando se considere que não há norma no sistema aplicável ao caso. Para ele não há lacunas (próprias) no Direito, pois mesmo que o legislador tenha deixado de prever algo expressamente (o que ele chama de *lacunas técnicas*), o próprio sistema dá a solução para a questão, sem a necessidade de estabelecer ficções.[94]

absoluta e relativa", in *Enciclopédia Saraiva do Direito*, vol. 60, São Paulo, Saraiva, 1977, p. 398).

93. É a posição adotada por Leonardo Sperb de Paola ao citar as classificações – *doutrinária* e *jurisprudencial* – mencionadas por Perelmann, Gény, Delgado--Ocando e Foriers (*Presunções e Ficções no Direito Tributário*, Belo Horizonte, Del Rey, 1997, p. 84).

94. Seu estudo originou-se do modelo adotado pelo Código Civil suíço, que em seu texto prevê: "A lei aplica-se a todas as questões jurídicas para as quais contenha, segundo a sua letra ou interpretação, um preceito. Na hipótese de não ser possível encontrar na lei qualquer prescrição, deve o juiz decidir de acordo com o direito consuetudinário e, *na falta deste, segundo a norma que ele, como legislador, teria elaborado*" (grifamos). Quanto à possibilidade de solução para questões como esta, cita exemplo hipotético em que a lei determina que um órgão seja criado por eleição, mas não estabelece o processo eleitoral respectivo. Não há lacuna neste caso, pois

OS "CONCEITOS" DE VERDADE 75

Nosso ordenamento jurídico, todavia, admite a existência de lacunas na lei e prevê que a solução do impasse seja obtida por meio do chamado método de *integração* da norma. No campo do direito tributário, essa sistemática está prevista no art. 108 do CTN, que prevê, na ausência de disposição expressa, que a autoridade competente para aplicar a legislação tributária utilizar-se-á do método da analogia para suprir tal lacuna, seguida, caso não seja suficiente, da utilização dos princípios gerais de Direito aplicáveis e da equidade. A par de toda a crítica dos positivistas acerca da existência ou não das lacunas no Direito, a analogia é amplamente admitida no direito tributário, desde que dela não decorra a exigência de tributo não previsto em lei, e desde que haja insuficiente expressividade nas palavras da lei e notável semelhança entre o caso emergente e a hipótese para comparação.[95]

Ao contrário das ficções, a analogia aproxima *situações* semelhantes, uma delas prevista em lei, outra não, que comungam de uma identidade em face dos valores e finalidades contidos na norma. Porém, a analogia é um recurso de integração da norma, enquanto a ficção é a norma em si.

Insistindo na possibilidade de utilização das ficções pelo juiz na solução da controvérsia em concreto, há quem mencione, por exemplo, o julgamento pelo Supremo Tribunal Federal que viabilizou o casamento de homens com homens e mulheres com mulheres, a chamada "união homoafetiva".

Francisco de Assis e Silva entende que a solução de impasses como esse (equiparação entre a união estável e a união homoafetiva) é possível por meio da utilização da ficção jurídica.[96] Ao afirmar isso, Assis e Silva quis referir-se à união de pessoas do mesmo gênero, que foi submetida

qualquer método eleitoral (por maioria absoluta ou relativa, secreta ou aberta etc.) será legal. Noutro exemplo extremo, em que uma assembleia, para estar em exercício, tem que ser convocada pelo seu presidente, mas ao mesmo tempo determina que ela deve eleger seu presidente. Neste caso há um contrassenso, não uma lacuna, decorrente da frequente impropriedade em que as leis são elaboradas pelo legislador, enquanto ser humano falível.

95. Compartilha desse entendimento Ricardo Lobo Torres, acrescentando que *analogia* é, por sua vez, confundida com *interpretação extensiva*. Esclarece ainda que esta última se aplica apenas diante da chamada lacuna *intra legem* (enumerações exemplificativas da lei), enquanto que a analogia aplica-se, por exclusão, aos casos de lacuna *praeter legem* (*Normas de Interpretação e Integração do Direito Tributário*, 4ª ed. rev. atual., Rio de Janeiro, Renovar, 2006, pp. 104-108).

96. Francisco de Assis e Silva, *O Conceito de Ficção Jurídica na Teoria do "Como Se" de Hans Vaihinger*, cit., p. 161.

76 A VERDADE MATERIAL NO DIREITO TRIBUTÁRIO

ao exame do STF.[97] Este, de acordo com o raciocínio do autor, acabou por *engendrar* verdadeira ficção jurídica, ao tratar o homem *como se* mulher fosse (para a união de dois homens) e a mulher *como se* homem fosse (para a união de duas mulheres), para fins de aplicação do art. 1.723 do Código Civil brasileiro.[98] Sem tal ficção, não seria possível que os efeitos contidos nesse dispositivo (relativos à união estável) atingissem a união homoafetiva.

Roque Carrazza é assertivo ao dizer que a ficção, conquanto possa restringir direitos, não pode transformar um inocente num culpado, ou um alheio à hipótese de incidência num contribuinte. O autor chama a ficção de *mentira técnica* e cita Jhering para fazer uma feliz afirmação: "A ficção contorna dificuldades ao invés de resolvê-las".[99]

Percorrendo a mesma linha de raciocínio que utilizamos alhures, para afirmar que a presunção simples (*hominis*) deve ser utilizada com reservas, apenas para casos de apuração de fatos *não aparentes*, relacionados à conduta subjetiva do contribuinte (sonegação, responsabilidade pessoal do sócio por dívidas tributárias, por exemplo), com maior fundamento afirmamos que a utilização de ficções *jurisprudenciais* não é compatível com nosso sistema de direito tributário. Seja em decorrência do princípio constitucional da estrita legalidade tributária, seja em virtude do princípio constitucional da separação de Poderes, não pode o Poder Judiciário ou o Poder Executivo adotar ficções jurídicas não previstas expressamente em lei.[100]

É irrelevante para o desenvolvimento deste trabalho o fato de que as presunções ou ficções legais são ou não admissíveis para a instituição de tributos, ou algum dos aspectos da norma tributária, ou ainda para a criação de obrigações tributárias acessórias. Isto porque estamos analisando a busca da verdade material no "processo". Significa dizer que neste estágio da relação jurídica (*crítica*) já há controvérsia estabelecida, e cabe ao julgador apurar, buscar o que de fato ocorreu. Em outras

---

97. Ação Direta de Inconstitucionalidade 4.277 e Arguição de Descumprimento de Preceito Fundamental 132, julgados pelo Plenário do Tribunal em 4 e 5.5.2011.

98. CC, art. 1.723: "É reconhecida como entidade familiar a união estável entre o homem e a mulher, configurada na convivência pública, contínua e duradoura e estabelecida com o objetivo de constituição de família".

99. *Curso de Direito Constitucional Tributário*, cit., p. 530.

100. Eduardo Bottallo afirma que no plano estritamente processual, não se admite o emprego da ficção como meios probatórios, em razão da inexistência de correlação lógica entre o fato conhecido e o fato fictício (*Curso de Processo Administrativo Tributário*, 2ª ed., São Paulo, Malheiros Editores, 2009, p. 104).

OS "CONCEITOS" DE VERDADE

palavras: se a hipótese de incidência contiver aspectos baseados em presunções ou ficções, restará – no âmbito do processo – descobrir se tal fato indiciário aconteceu realmente ou não. Aqui, o objeto da prova será a ocorrência do fato auxiliar, que nesse sentido, assumirá a posição principal da discussão.

Em qualquer caso, em razão do princípio da busca da verdade material, sustenta-se que a utilização de qualquer meio indireto de prova, em matéria tributária, ocorra de forma subsidiária, ou seja, apenas naqueles casos em que a prova direta for absolutamente impossível de ser obtida.

1.5 Síntese conclusiva do capítulo

O objeto da ciência pode ser tomado em dois sentidos: o formal e o material. Nessa acepção, as ciências se distinguem umas das outras não pelo seu objeto material, mas sim pelo objeto formal. O material seria o objeto em si (exemplo: a verdade). O objeto formal seria a forma pela qual se encara o objeto material (enfoque filosófico, jurídico, sociológico etc.).

O conhecimento atingido pela Filosofia é amplo, pois está totalmente livre de laços que o prendem a outros elementos. A Filosofia conhece o ser enquanto ser. Dessa forma, todas as ciências precisam partir do ser enquanto essência, para então conhecê-lo sob o seu ponto de vista particular, relativo.

A verdade pode ser vista pela Filosofia de formas diferentes. A pergunta a ser respondida seria: qual o significado da palavra "verdade"? Ou ainda: qual a definição da palavra "verdade". Estas perguntas são amplas e buscam a melhor relação entre a expressão linguística e o que elas realmente significam, sob o ponto de vista estritamente semântico. No aspecto metafísico, ontológico, teríamos que perguntar: qual é a essência da verdade? Esse questionamento é amplamente utilizado para objetos corpóreos, o que não é o caso, por exemplo, da verdade em si. Em último lugar, podemos destacar a análise epistemológica da verdade. Nesse sentido, a pergunta formulada seria: como podemos conhecer a verdade? Em razão das distinções anteriores, nos parece mais adequado buscar a resposta à questão epistemológica, que mais à frente será aquela verdade relevante para o Direito.

Entre os gregos nasceu a Teoria Aristotélica da Verdade, hoje denominada Teoria da *Verdade por Correspondência*. Esta teoria teve tamanha aceitação entre os filósofos que, desde sua concepção até os dias atuais, tem sido a base para as demais teorias da verdade, seja como

78 A VERDADE MATERIAL NO DIREITO TRIBUTÁRIO

ponto de partida para aqueles que pretendem refutá-la, seja para os que tentam, de alguma forma, aprimorá-la.

Concepção que tem tomado força entre os filósofos contemporâneos é a concepção neopositivista surgida do chamado "Círculo de Viena" (*Wiener Kreis*). No Brasil, expressão dessa corrente filosófica é representada firmemente por Paulo de Barros Carvalho, que adotou a chamada teoria da *linguagem científica*.

Esta teoria sofre fortes críticas, especialmente dos pragmáticos, em virtude da dificuldade em admitir como verdade apenas a linguagem, sem realizar uma conferência da linguagem com a realidade física. O enunciado em si é tomado como a verdade, posto que sequer o próprio fato mereça a acepção de fato em sentido estrito sem que tenha sido vertido em linguagem, de acordo com nosso sistema jurídico. O fato, não vertido em linguagem, seria mero *evento*. Os avessos a esta ideia sustentam que a linguagem é sim necessária para transmitir a verdade de forma inteligível, mas não se confunde com a verdade em si, que necessita de correspondência com o mundo físico.

Os fatos não vertidos em linguagem não produzem qualquer efeito jurídico, mas também reconhecendo que apenas a linguagem em si, dissociada da metalinguagem, dissociada da satisfação do primeiro enunciado pela realidade fenomênica, a teoria que melhor parece adequar-se ao presente trabalho é a teoria semântica de Alfred Tarski, que alia a teoria da linguagem com a teoria aristotélica da verdade por correspondência. Essa definição tem que implicar na seguinte assertiva:

"X é verdadeiro se, e somente se, p".

A par das diversas outras concepções de verdade existentes na filosofia, podemos dizer que existem dois grandes *agrupamentos*, outras duas *classificações* de verdade que, dentre as diversas possíveis classificações, nos interessam em particular: a) a distinção entre verdade absoluta e verdade relativa e, finalmente, b) a distinção entre verdade formal e material.

A verificação da verdade dos fatos pretéritos, aqueles não sujeitos a repetição, como os fenômenos químicos experimentados em laboratório, por exemplo, é possível de acordo com as opções de conhecimento da verdade escolhidas por aqueles que se ocupam de sua descoberta. Não é a verdade que é ou não relativa, mas sim o *conhecimento* da verdade que pode ser relativo de acordo com o contexto de sua investigação, com a quantidade e qualidade dos dados disponíveis àqueles que buscam conhecê-la.

OS "CONCEITOS" DE VERDADE

A segunda classificação de verdade, mais comum para o Direito do que para a Filosofia, é a distinção entre verdade formal (ou processual) e verdade material (ou substancial ou, ainda, real).

A primeira concepção dessa diferença se faz para aqueles que entendem a verdade formal como sendo a verdade do processo, por excelência. A verdade material sempre estaria situada fora do processo. A justificativa para isso está no fato de que o sistema de provas admitidas para a busca da verdade é restrito e o processo aceita ainda institutos que impedem a obtenção da verdade real, tais como o instituto da coisa julgada, da revelia e da preclusão, por exemplo, enquanto que fora do processo a busca da verdade é livre e ilimitada. Admitimos aqui a verdade real como aquele *conhecimento* pleno da verdade e a verdade formal como aquele conhecimento obtido respeitando os limites procedimentais, implícitos ou explícitos, impostos pelo sistema processual.

O processo evoluiu do conceito privatístico que o primitivo Direito Romano forjara (*ordo iudiciorum privatorum*) para um caráter acentuadamente publicístico. A função da jurisdição deixara de ser apenas a de propiciar instrumentos aos litigantes para solução de seus conflitos, passando a desempenhar relevante missão de ordem pública na pacificação social sob o império da lei. Nesse processo moderno, o interesse em jogo é tanto das partes como do juiz e da sociedade em cujo nome atua. Todos agem, assim, em direção ao escopo de cumprir os desígnios máximos da pacificação social. A eliminação dos litígios, de maneira legal e justa, é do interesse tanto dos litigantes como de toda a comunidade. O juiz, operando pela sociedade como um todo, tem até mesmo interesse público maior na boa atuação jurisdicional e na justiça e efetividade do provimento com que se compõe o litígio.

A doutrina moderna do direito processual vem sistematicamente rechaçando esta diferenciação, corretamente considerando que os interesses, objeto da relação jurídica processual penal, por exemplo, não têm particularidade nenhuma que autorize a inferência de que se deva aplicar, a estes, método de reconstrução dos fatos diverso daquele adotado pelo processo civil. Se o processo penal lida com a liberdade do indivíduo, não se pode esquecer que o processo civil labora também com interesses fundamentais da pessoa humana pelo que totalmente despropositada a distinção da cognição entre as áreas.

Pelo princípio da verdade material, o magistrado deve descobrir a verdade objetiva dos fatos, independentemente do alegado e provado pelas partes, e pelo princípio da verdade formal, o juiz deve dar por autênticos ou certos todos os fatos que não forem controvertidos. Quanto a

80 A VERDADE MATERIAL NO DIREITO TRIBUTÁRIO

esses mesmos fatos, por este princípio, ele acatará as provas levantadas por qualquer uma das partes.

A matéria tributária em si, independentemente do âmbito em que a lide entre contribuinte e Fisco seja travada, e mesmo que não se possa denominar uma ou outra de "processo", já é suficiente para que o princípio adotado seja o da busca pela verdade material em todos os casos. Nesta medida em que a matéria tributária "atrai" o princípio da verdade material, a verdade formal é automaticamente inaplicável no âmbito administrativo e, mais ainda, no judicial.

O objeto da prova é o fato. Se o que se pretende provar no âmbito do processo é a ocorrência dos fatos alegados pelas partes, não poderia ser outro o seu objeto. Num maior rigor científico, podemos dizer que o objeto da prova é o *enunciado* dos fatos. Evidentemente quando identificamos um fato mediante o uso dos meios de prova não estamos nos referindo a identificar um fato enquanto realidade empírica, senão enunciados sobre fatos que supostamente ocorreram nessa mesma realidade. No processo, o fato é na verdade *o que se diz* a seu respeito, ou seja, a sua enunciação. Por isso, o objeto da prova é mais precisamente o "enunciado do fato".

Ao término do processo, cabe ao juiz narrar definitivamente o fato na sentença. Neste momento, o juiz se depara com narrações geralmente conflitantes e divergentes dos advogados, das testemunhas e até dos peritos. Contudo, existem duas características que diferenciam sua narração das demais: a) a narração dos fatos pelo juiz se dá por meio de enunciados descritivos, não valorativos; b) a narração é neutra e suprapartes, pois não há pretensão particular, além de ditar uma solução justa.

As provas apresentadas pelas partes no processo podem conduzir frequentemente a *boas narrações falsas* e *más narrações verdadeiras*, e sua consideração vai depender da postura do juiz. Aplicado o princípio ordinário, da verdade formal (também conveniente aos advogados e sua formação argumentativa), a regra será a aceitação da primeira. Aliado a tudo isso, a boa narração (verdadeira ou não) será mais que suficiente àqueles que pregam o construtivismo suportado pela teoria da linguagem. Esta, vista sob esse prisma, ao não reconhecer a distinção (verdade material x verdade formal), acaba por adotar, inadvertidamente, a última categoria.

São três os sistemas de valoração das provas, utilizados pelos ordenamentos processuais atuais: 1) o sistema da *prova legal*, em que a lei estabelece de forma detalhada e taxativa o valor a ser atribuído pelo juiz

OS "CONCEITOS" DE VERDADE

a cada meio de prova; 2) o sistema *secundum conscientiam*, no qual o juiz tem integral liberdade de avaliar as provas e, finalmente, 3) o sistema da *persuasão racional*, ou também chamado de *livre convencimento*, em que o juiz tem liberdade para avaliar cada prova, mas dentro de determinados critérios racionais. Este último sistema foi adotado no Brasil.

A prova pode ser classificada como direta ou indireta, na medida em que se refira, ou não, diretamente, ao fato sujeito a prova. Se o documento referir-se ao fato, ou a testemunha relatar especificamente a respeito do fato que se pretende descobrir, diz-se que se está diante de prova *direta*. Ademais, a prova direta é sempre a mais desejável e apropriada no processo, por referir-se diretamente ao fato controverso.

Como já dissemos, é nesse universo que se encontram as *presunções* e os *indícios*, típicos casos de prova indireta, num procedimento lógico-jurídico para provar determinados fatos cuja prova direta inexiste, mas que, com base na ocorrência de fatos auxiliares, considera-se (presume-se) ocorrido.

Em matéria tributária, a presunção *hominis* é de questionável aplicação, em virtude da natureza *ex lege* da obrigação tributária, por sua vez derivada diretamente do princípio da legalidade. Salvo raras exceções, a responsabilidade tributária é objetiva: a obrigação com o Fisco independe da vontade do particular. Apenas naqueles casos em que o dolo, a fraude, a simulação ou a má-fé são determinantes para verificar a ocorrência, ou não, do nascimento da obrigação tributária, esta classe de presunção seria admissível.

A presunção simples, em matéria tributária, pode ser admitida unicamente naqueles casos que envolvem a vontade do sujeito, e com todas as ressalvas, em virtude da atividade plenamente vinculada da fiscalização à lei, para a cobrança do tributo.

As ficções jurídicas são frequentemente comparadas com as presunções legais, pois têm o mesmo efeito prático; o de possibilitar o enquadramento de novos fatos num regime jurídico já existente. Na ficção, a lei estabelece como verdadeiro um fato que é provavelmente (ou seguramente) falso. Neste sentido, a ficção parte de uma falsidade. A presunção, por outro lado, parte de uma verdade. Contudo, tal distinção se dá apenas no plano pré-jurídico, pois servem apenas de *elemento intelectual* ao legislador para construir a regra jurídica que contenha presunções ou ficções. Uma vez criada a norma, desaparece a distinção, pois nesse momento, ambos entram no mundo jurídico como *verdades* (realidades jurídicas).

A VERDADE MATERIAL NO DIREITO TRIBUTÁRIO

É irrelevante para o desenvolvimento deste trabalho o fato de que as presunções ou ficções legais são ou não admissíveis para a instituição de tributos, ou algum dos aspectos da norma tributária, ou ainda para a criação de obrigações tributárias acessórias. Isto porque estamos analisando a busca da verdade material no "processo". Significa dizer que neste estágio da relação jurídica (*crítica*) já há controvérsia estabelecida, e cabe ao julgador apurar, buscar o que de fato ocorreu. Em outras palavras: se a hipótese de incidência contiver aspectos baseados em presunções ou ficções, restará – no âmbito do processo – descobrir se tal fato indiciário aconteceu realmente ou não. Aqui, o objeto da prova será a ocorrência do fato auxiliar, que, nesse sentido, assumirá a posição principal da discussão.

Em qualquer caso, em razão do princípio da busca da verdade material, sustenta-se que a utilização de qualquer meio indireto de prova, em matéria tributária, ocorra de forma subsidiária, ou seja, apenas naqueles casos em que a prova direta for absolutamente impossível de ser obtida.

Capítulo II
DIREITO TRIBUTÁRIO
E PROCESSO

2.1 O sistema tributário brasileiro. 2.2 O tributo, a incidência e a relação jurídica tributária. 2.3 Processo tributário (administrativo e judicial). 2.4 Teoria dos princípios. 2.5 Síntese conclusiva do capítulo.

2.1 O sistema tributário brasileiro

É de Immanuel Kant um dos primeiros conceitos determinantes de sistema. Segundo ele, trata-se de *unidade, sob uma mesma ideia, de conhecimentos variados, conhecimentos estes ordenados segundo princípios.*[1]

A esta *mesma ideia* a que se refere Kant podemos atribuir inúmeras possibilidades, inúmeros temas. Em particular interessa-nos aquela relativa ao Direito e às normas jurídicas que lhe dão substância, isto é, o sistema jurídico.

Ao tratar da sua *teoria do ordenamento jurídico*, Norberto Bobbio define sistema como sendo *uma totalidade ordenada, um conjunto de entes entre os quais existe uma determinada ordem.*[2]

1. Claus-Wilhelm Canaris, *Pensamento Sistemático e Conceito de Sistema na Ciência do Direito*, 2ª ed., Lisboa, Calouste Gulbenkian, 1996, p. 10. Este mesmo conceito é utilizado por Miguel Reale ao definir a ciência como todo o conjunto de conhecimentos ordenados coerentemente segundo princípios (*Filosofia do Direito*, 17ª ed., p. 73). Acerca dos princípios, trataremos com mais profundidade ao longo do trabalho, especialmente ao abordar os princípios do processo.

2. *Teoria do Ordenamento Jurídico*, 10ª ed., Brasília, UnB, 1999, p. 70.

84 A VERDADE MATERIAL NO DIREITO TRIBUTÁRIO

Mais adiante, o autor diferencia essas duas expressões que, comumente, a doutrina trata como sinônimas: "ordenamento jurídico" e "sistema jurídico". O ordenamento jurídico pressupõe a existência de duas ou mais normas. Um conjunto de normas. Contudo, a simples existência de duas ou mais normas válidas não pressupõe a existência de um *sistema jurídico*.

Para que haja *sistema*, deve existir *relação* entre essas normas. Ou seja: o ordenamento apenas será uma *unidade* quando houver inter-relacionamento entre as normas consideradas nesse conjunto.

É bem verdade que o conceito de ordenamento – enquanto conjunto de duas ou mais normas – tem fins estritamente didáticos, pois de fato é característica comum a todo o ordenamento jurídico a sua complexidade e infinidade de normas. Alguém pode afirmar, com precisão, quantas normas existem no ordenamento jurídico brasileiro? É como contar grãos de areia na praia. Não há ordenamento jurídico com apenas duas normas. Tal complexidade dificulta ainda mais enquadrar esse conjunto de normas como *unidade*, pois existem normas que aparentemente não possuem qualquer relação umas com as outras. Por exemplo, a norma constitucional que estabelece o período de mandato do presidente da república não se relaciona diretamente com a lei ordinária que estabelece a multa pecuniária incidente sobre o não pagamento de tributo pelo contribuinte.

Que um ordenamento simples seja unitário, que nasça de uma mesma fonte, não é difícil de compreender e explicar. O problema está em explicar a unidade de um ordenamento complexo.

Foi Hans Kelsen quem identificou com mais precisão a problemática e a complexidade que permeia o ordenamento jurídico. Considera-se sua obra *Teoria Geral do Direito e do Estado* como a mais completa análise científica da norma jurídica e do ordenamento jurídico do século XX. Nela, Kelsen demonstrou que as normas de um ordenamento não estão no mesmo plano. Existem normas superiores e inferiores, sendo que estas sempre dependem daquelas. Em outras palavras, o ordenamento jurídico é estruturado de forma hierarquizada, em que as normas inferiores buscam fundamento de validade nas normas superiores.[3]

A ilustração mais eficaz para demonstrar tal hierarquia é a "pirâmide das normas". A base dessa pirâmide é ocupada pelas normas de hierarquia inferior e, na medida em que nos dirigimos ao topo, identificamos a dependência das inferiores às superiores, até que, no topo, nos

3. São Paulo, Martins Fontes, 2000, p. 161.

DIREITO TRIBUTÁRIO E PROCESSO

deparamos com o que Kelsen chamou de "norma fundamental", que não tem nenhuma outra norma superior a ela. É justamente esta norma suprema que dá unidade a todo o ordenamento. Sem esse elemento aglutinador não haveria sequer ordenamento, mas sim mero amontoado de normas.

Assim, a *unidade* daquelas normas que estabelecem o período de mandato do presidente da república e daquelas que estabelecem as multas tributárias se dá em razão de que ambas possuem o mesmo fundamento de validade, mediata ou imediatamente.

A definição de sistema jurídico de Geraldo Ataliba (ou *sistema normativo*, como costumava dizer) compilou precisamente os conceitos kantiano e kelseniano, resultando na seguinte afirmação: *sistema normativo é o conjunto unitário e ordenado de normas, em função de uns tantos princípios fundamentais, reciprocamente harmônicos, coordenados em torno de um fundamento comum.*[4]

Muito se discute a respeito do fundamento comum, da norma fundamental. Basicamente são três as diferentes vertentes doutrinárias que buscam identificá-la. Todas partem do pressuposto de que a norma fundamental está imediatamente acima das normas constitucionais, obviamente para os Estados que adotam a constituição como fundamento de validade das demais normas inferiores. Sendo mais específico: o poder constituinte, concedido àqueles encarregados de editar normas constitucionais, emana da *norma fundamental.*

A primeira vertente que tenta identificar a norma fundamental é aquela que institui um poder normativo divino. Segundo essa doutrina, todo poder emana de deus e apenas ele pode autorizar o poder constituinte. A norma fundamental seria então aquela que atribui a deus a autoridade de fixar normas que obrigam e autorizam todos os homens, atribuída pela própria divindade.

A segunda é a chamada corrente jusnaturalista. Haveria uma norma superior ao direito positivo denominada *lei natural*. Esta lei natural é precisamente a norma fundamental, que não é escrita, pois tem origem na *razão* do homem. O direito positivo seria fundado então no *dictamem recta rationis*, que não decorre de um homem ou de um grupo em específico, mas sim da razão coletiva dos homens, ou, ainda, do dever de obediência do homem para com seus governantes, que em última análise decorre também da razão do homem civilizado.

4. *Sistema Constitucional Tributário Brasileiro*, São Paulo, Ed. RT, 1968, p. 19.

86 A VERDADE MATERIAL NO DIREITO TRIBUTÁRIO

A terceira vertente que tenta identificar a norma fundamental decorre dos estudos de Jacques Rousseau, em que tal dever de obediência decorre não propriamente da razão, mas de uma convenção originária, ou melhor, do *contrato social*. Abandona-se a razão coletiva para aceitar-se a vontade coletiva dos homens.[5] De toda sorte, as três teorias buscam a norma fundamental fora do sistema jurídico, o que revela uma contradição em termos, pois, se todo o sistema normativo possui um fundamento comum, esse fundamento precisa ser encontrado no próprio sistema.

Norberto Bobbio revela ainda outra discussão doutrinária em torno da norma fundamental, mais pertinente, em que não se questiona *onde* está a norma, mas sim o seu conteúdo. Para ele, o legislador constituinte tem como objetivo *organizar a sociedade mediante uso da força*. Este objetivo seria então o conteúdo do fundamento único da norma.[6]

A relação entre Direito e força é discutida também por Kelsen, na medida em que, para ele, o ordenamento jurídico é composto essencialmente de normas sancionatórias, sejam as que estabelecem expressamente uma sanção para a conduta proibida, sejam aquelas normas que garantem a eficácia das mesmas regras sancionatórias.[7]

Ao tratar dessa mesma relação (*Law-Force-Validity*), Alf Ross afirmou que: "(...) A national system is a body of rules concerning the exercise of a physical force. A view which is very widely held defines the relation between law and force in another way: the law, according to this view, is made up of rules which are upheld by force".[8]

Bobbio critica a posição de doutrinadores que, como Ross, entendem que a força é um fim do Estado, quando na verdade a força é um instrumento do Estado para a realização dos seus diversos fins.

Para fins de referencial teórico, filiamo-nos às ideias de Bobbio, quando minimiza a importância da localização "geográfica" da norma fundamental, para maximizar a identificação do seu conteúdo, quando delimita a relação entre o Direito e o exercício da força pelo Estado.

5. *The social contract. Man was born free, and he is everywhere in chains*, London, Penguin Books, 2004.

6. *Teoria do Ordenamento Jurídico*, cit., p. 72.

7. Ob. cit., p. 176.

8. *On Law and Justice*, New Jersey, The Lawbook Exchange, 2004, p. 52: "(...) um sistema jurídico nacional é um corpo de regras relativas ao exercício da força física. Segundo um ponto de vista largamente difundido, a relação entre o direito e a força é definida de outra maneira: o direito, nesse ponto de vista, é constituído por regras que são respaldadas pela força" (tradução nossa).

DIREITO TRIBUTÁRIO E PROCESSO 87

Quanto à utilização das expressões *sistema* e *ordenamento* jurídico, também nos filiamos ao mesmo autor que, como vimos, as diferencia. Não esqueçamos aqui da refletida opinião de Paulo de Barros Carvalho, que as utiliza como sinônimas. O jurista brasileiro entende que não há como negar a condição de sistema a qualquer ordenamento jurídico, pois sempre haverá um extrato de linguagem que, por sua vez, contém sempre um mínimo de racionalidade entre as suas entidades lógicas, posto que todo texto normativo é emanado a partir de um ato de fala inserido no contexto comunicacional. Assim, a mera existência do texto é, para ele, suficiente para que seja objeto de interpretação e reorganização.[9]

Finalmente, Bobbio destaca que um sistema exige a existência de um mecanismo que solucione conflitos entre as normas dele integrantes, a chamada *antinomia*, ou conflito de normas de um mesmo nível hierárquico. É o que ele chama de *coerência* do ordenamento. A interpretação sistemática das normas é justamente a análise não só de conflito hierárquico, mas também entre as do mesmo nível, tornando possível, atendidas determinadas regras, eliminar a norma incompatível com o ordenamento. Esse mecanismo é que dá, em sentido estrito, unidade ao ordenamento e, portanto, equipara-o a um sistema.[10]

Humberto Ávila desdobra a mencionada coerência em formal e material. Traçando um paralelo entre a acepção de Bobbio e o desdobramento de Ávila, podemos dizer que este trata da coerência (formal) em sentido estrito, estabelecendo para sua ocorrência os requisitos de *consistência* e de *completude* do sistema. Consistente é o ordenamento que não contém proposições contraditórias e completo é o ordenamento que prevê suas próprias consequências lógicas.

Contudo, procuraremos demonstrar que, seja qual for a teoria adotada para identificar a norma fundamental, a resposta para todas as questões postas aqui está dentro do próprio sistema jurídico positivo, e não fora dele.

O sistema tributário brasileiro, antes de tudo, jurídico, inserido num subsistema constitucional,[11] seria então a unidade de normas que versam

9. *Direito Tributário, Linguagem e Método*, 2ª ed., 2008, p. 213.
10. *Teoria do Ordenamento Jurídico*, cit., p. 76.
11. Para Vicente Ráo, o sistema jurídico brasileiro, por sua vez, historicamente, funda-se no direito romano (*O Direito e a Vida dos Direitos*, 5ª ed. anot. atual. por Ovídio Rocha Sandoval, São Paulo, Ed. RT, 1999).

88 A VERDADE MATERIAL NO DIREITO TRIBUTÁRIO

sobre matéria tributária, ordenada e interpretada segundo determinados princípios[12] constitucionais que lhe são próprios e outros, de ordem constitucional geral.[13]

Esse subsistema, chamado de sistema constitucional tributário, foi destacado por Geraldo Ataliba como sendo substancialmente diferente dos outros sistemas tributários existentes em países que utilizam o sistema constitucional na sua estrutura de Estado. Analisando os sistemas da Argentina, Alemanha, Estados Unidos, França e Itália, concluiu que o Poder Constituinte transferiu integralmente ao Poder Legislativo ordinário o poder de tributar, apenas com limites de caráter genérico, tais como o atendimento aos princípios da igualdade, legalidade e capacidade contributiva.

No Brasil ocorre o contrário. O poder tributário é plenamente retido ao poder constituinte, atribuindo ao legislador apenas competências específicas e bem delimitadas. É esta a justa razão de que qualquer exercício de hermenêutica e aplicação do direito tributário deve necessariamente ter como ponto de partida a Constituição Federal.

Ao tratar do tema, Paulo de Barros Carvalho conclui que nosso sistema oferece uma particularidade: suas normas estão dispostas numa estrutura hierarquizada, regida pela fundamentação ou derivação, que se opera tanto no aspecto material quanto no formal ou processual, o que lhe imprime possibilidade dinâmica, regulando, ele próprio, sua criação e suas transformações. E adiante esclarece que, pelo fato de termos no Brasil uma Constituição rígida, e nela estarem alicerçadas as normas tributárias, é que podemos seguramente dizer que "esse tratamento amplo e minucioso, encartado numa Constituição rígida, acarreta como consequência inevitável um sistema tributário de acentuada rigidez (...)".[14]

12. Tercio Sampaio Ferraz Jr. esclarece que para a escola da "Jurisprudência dos Interesses", o direito não constitui sistemática de espécie alguma. No mesmo sentido, cita os filósofos Viehweg, Esser, Ballweg e Perelman (*Conceito de Sistema no Direito. Uma investigação histórica a partir da obra jusfilosófica de Emil Lask*, São Paulo, Ed. RT, 1976).

13. A doutrina brasileira elenca inúmeros princípios constitucionais tributários, entre eles: da legalidade tributária, da igualdade tributária, da capacidade contributiva, entre outros. Já sob o aspecto geral, são aplicáveis os demais princípios constitucionais, tais como: da irretroatividade da lei, o federativo etc.

14. *Curso de Direito Tributário*, 19ª ed. rev. atual., São Paulo, Saraiva, 2007, p. 141.

DIREITO TRIBUTÁRIO E PROCESSO   89

O Brasil é uma República Federativa. O modelo brasileiro de Federação,[15] pautado na autonomia administrativa e legislativa[16] dos entes federativos (União, Estados e Municípios[17]) exige também um sistema eficiente de discriminação de competências tributárias; afinal, não há autonomia administrativa sem autonomia financeira, seja pela origem dos recursos, seja pela destinação dessas verbas arrecadadas.[18] É esta uma das razões pelas quais o Poder Constituinte manteve para si o poder de discriminar competências tributárias e estabelecer precisos limites ao seu exercício. O regime federal adotado pelo Brasil exige coordenação e harmonia e, especialmente, concessões mútuas, inviáveis sob competência tributária muito ampla.

A partir daqui é altamente discutível a utilização do direito comparado para interpretar nosso sistema tributário, pois o sistema federativo brasileiro é único, bem como foi tratado pela Constituição também de forma singular.[19]

Roque Carrazza definiu como *estruturantes* os princípios constitucionais republicano, federativo e da segurança jurídica, e ainda os princípios constitucionais tributários da legalidade e da irretroatividade e, com

15. Para Roberto Ferraz, não há um único modelo de Federação. Cada Estado Federal possui características próprias que se vão alterando ao longo do tempo ("A lei complementar no federalismo brasileiro", *Revista de Estudos Tributários*, vol. 1, n. 9, Porto Alegre, set./out. 1999, p. 21).

16. Alfredo Augusto Becker faz dura crítica à utilização do termo "autonomia" e, nesse trabalho, acolhemos sua crítica, no sentido de que a autonomia seria então o poder (capacidade de agir) de o ser social impor uma disciplina aos indivíduos e a si próprio numa autolimitação. No direito, autonomia seria então a capacidade de criar o Direito Positivo (*Teoria Geral do Direito Tributário*, 3ª ed., São Paulo, Lejus, 1998, p. 30).

17. José Afonso da Silva questiona a adoção dos Municípios como "ente federativo". Segundo ele, dizer que a República Federativa do Brasil é formada de união indissolúvel dos Municípios é algo sem sentido, pois não é a união de Municípios que forma uma Federação (*Curso de Direito Constitucional Positivo*, 35ª ed. rev. atual., São Paulo, Malheiros Editores, 2012, p. 475).

18. Aqui não fazemos referência ao art. 4º do CTN, pois, segundo o dispositivo, a natureza do tributo independe da destinação do produto da arrecadação. Fazemos sim referência à falta de autonomia que poderia haver mesmo com autonomia para instituir o tributo, caso a sua arrecadação fosse destinada a outro ente da federação (União, por exemplo) para depois ser redistribuída.

19. Para Roberto Ferraz, não há um único modelo de Federação. Cada Estado Federal possui características próprias que se vão alterando ao longo do tempo ("A lei complementar no federalismo brasileiro", *Revista de Estudos Tributários*, vol. 1, n. 9, cit., p. 21).

A VERDADE MATERIAL NO DIREITO TRIBUTÁRIO

isto – reconhecidamente[20] –, aprimorou a análise sistemática do direito tributário brasileiro. Portanto, na acepção que adotamos de que sistema é um plexo de normas, ordenadas e interpretadas segundo determinados princípios, estes são os princípios de maior relevância na atividade do operador do direito tributário no Brasil.

O fenômeno tributário, antes de tudo, é um fenômeno econômico, pois afeta a relação entre as necessidades e os bens. Assim como as leis de caráter econômico governam a ação do homem na sua procura de bens para satisfazer suas necessidades, outras leis, de caráter igualmente econômico, governam a ação do Estado quando ele precisa satisfazer suas necessidades públicas.

Em razão disso, o tributo tem suas origens associadas à ciência das finanças públicas. No Brasil, as primeiras obras que se aprofundaram no estudo do fenômeno tributário o estudavam sob essa ótica. Entre elas destaca-se aquela de Aliomar Baleeiro que, ao salientar a grande quantidade de dispositivos tributários esparsos inseridos na Constituição Federal de 1946, afirmava categoricamente que *a interpretação e aplicação daqueles dispositivos não podiam dispensar as elaborações das Ciências das Finanças, velha fonte de onde afinal promanaram.*[21]

Surge na década de 1950, no relato de Alfredo Augusto Becker, importante movimento na doutrina latino-americana proclamando o estudo do fenômeno tributário como fenômeno estritamente jurídico. Foi a partir de então que o tributo – enquanto instituto jurídico central do conjunto de normas tributárias – tornou-se objeto do estudo da ciência do Direito, passando a depender didaticamente do chamado direito financeiro (estudo das receitas e despesas públicas), depois do direito administrativo, para atualmente ganhar a denominação de direito tributário propriamente dito (estudo apenas das receitas tributárias).[22]

Até a Emenda Constitucional 18/1965, as normas tributárias constitucionais estavam espalhadas pelo texto maior, sem preocupação de

20. Cf. Humberto Ávila, *Sistema Constitucional Tributário*, 4ª ed., São Paulo, Saraiva, 2010, p. 19.

21. *Limitações Constitucionais ao Poder de Tributar*, 5ª ed. rev., Rio de Janeiro, Forense, 1980. No mesmo sentido Dino Jarach, mesmo reconhecendo o importante aspecto jurídico do tributo, afirmava que "Objetivamente el tributo pertenece, pues, a los fenómenos de las finanzas públicas y es objeto de estudio por parte de la ciencia o de las ciencias que se ocupan de ellas (...)" (*El Hecho Imponible*, 3ª ed., Buenos Aires, Abeledo-Perrot, 1982).

22. Gerando Ataliba sustentou que o Direito Tributário é mero capítulo, subsistema, do Direito Administrativo (*Hipótese de Incidência Tributária*, 6ª ed., 13ª tir., São Paulo, Malheiros Editores, 2012).

DIREITO TRIBUTÁRIO E PROCESSO 91

formar um todo orgânico. A partir de então, reforçado pela aprovação da Lei 5.172/1966 (Código Tributário Nacional – CTN) é que o sistema tributário passou a ter maior força e coesão, servindo de nítido impulso para a produção doutrinária sobre a qual hoje nos debruçamos.

A atual Constituição brasileira (CF/1988) adotou o existente sistema tributário de discriminação de competências, que, diferentemente de mera repartição de receitas, atribui aos membros da Federação a aptidão para instituir tributos previstos no texto maior. Trata-se, portanto, não de criar tributos, mas de definir âmbitos de competência legislativa sobre matéria tributária.[23]

A CF/1988 é instrumento de fixação e estabelecimento de competências, cabendo a ela enfrentar questões mais complexas e tratar a matéria tributária com o maior rigor possível, a fim de evitar conflitos entre os entes federados. Vale dizer que a competência referida é a legislativa, a aptidão para criar tributos mediante lei, decorrência direta do princípio constitucional da legalidade, do qual trataremos mais adiante no item relativo aos princípios.

Tal competência foi classificada pela doutrina como sendo: comum, exclusiva e residual.[24] A "comum" se refere à aptidão de instituir taxas e contribuição de melhoria, em razão dos serviços e das obras públicas (respectivamente) realizados por todos os membros da federação, indistintamente.[25] Diz-se "comum" pois são tributos que todos os entes

23. Ainda por Geraldo Ataliba, no seu *Sistema Constitucional Tributário Brasileiro*, cit., p. 118).

24. A discriminação de competências também pode ser classificada segundo a técnica utilizada para efetivá-la. Segundo Roberto Ferraz, a discriminação pode ser ainda: integral, bilateral ou unilateral. O Brasil, assim como o Canadá e a África do Sul, adota a chamada unilateral, em que a Constituição atribui competências específicas e define o titular de competência residual. A integral caracteriza-se pela discriminação detalhada, minuciosa e individualizada de competências, enquanto a bilateral seria aquela em que há dois ordenamentos estabelecendo simultaneamente as competências, como é o caso da legislação concorrente alemã ("Da hipótese ao pressuposto de incidência – em busca do tributo justo", in Luis Eduardo Schoueri (Coord.), *Direito Tributário – Homenagem a Alcides Jorge Costa*, vol. 1, São Paulo, Quartier Latin, 2003, p. 227).

25. Observe-se que a classificação se refere à espécie tributária, e não ao tributo em específico. Assim, o serviço prestado (p. ex.) por determinado Município, somente estará sujeito à cobrança de taxa municipal. Sob este ponto de vista – do tributo em especial – a taxa é de competência privativa do Município. Observe-se também que a classificação de espécies tributárias não é unanime. Alguns consideram ainda outras espécies constitucionais de forma autônoma, tais como: empréstimo compulsório e contribuições sociais.

92 A VERDADE MATERIAL NO DIREITO TRIBUTÁRIO

podem instituir, mas obviamente o município, por exemplo, somente poderá instituir taxas relacionadas a serviços executados pela própria municipalidade e assim por diante.

A competência "exclusiva" se refere à aptidão dos entes da federação para criar, privativamente, determinados tributos, previstos expressamente na Constituição de 1988. A fim de evitar a possibilidade de incidir tributo estadual e federal (ou municipal etc.) sobre o mesmo fato (bitributação) o legislador constituinte discriminou expressamente as hipóteses de incidência para cada um desses tributos, repartindo tais hipóteses a um ou outro ente federado. É o que acontece especialmente com os impostos, que vêm discriminados detalhadamente.

Por fim, a "residual" se refere à competência da União para a instituição de tributos que podem ser cobrados sobre situações não previstas, como é o caso do disposto no art. 154 do texto[26] vigente.

A par da discriminação de competências tributárias, a CF/1988 traça em seguida as limitações ao exercício de tais competências por meio de princípios tributários e Regras[27] de Imunidade[28] Tributária. Tais limitações se configuram em verdadeiros instrumentos de proteção da pessoa em face dos excessos que poderiam advir da Administração Pública no afã da satisfação das necessidades do Estado.[29]

Uma vez conferida a aptidão aos entes federados (União, Estados-membros, Distrito Federal e Municípios) para legislar sobre tributos

26. Paulo de Barros Carvalho entende que a competência residual é, na verdade, privativa da União. Entende também que, pelo fato de os tributos atribuídos à competência dos Estados e Municípios, extraordinariamente, poderem ter sua competência exercitada pela União, não há que falar em competência privativa dos Estados e Municípios (*Curso de Direito Tributário*, 13ª ed., rev., atual., 2000, pp. 214-215).

27. Aqui, e ao longo de todo o presente estudo, adotamos a classificação de J. Gomes Canotilho, que define princípios e regras como espécies do gênero "Normas Jurídicas" (*Direito Constitucional*, 6ª ed., Coimbra, Almedina, 1996). Sobre a evolução histórica e as diferentes concepções dessa clássica diferenciação, veja-se: Humberto Ávila, *Teoria dos Princípios*, 13ª ed. rev. e atual., São Paulo, Malheiros Editores, 2012, p. 38.

28. A imunidade é definida de forma unânime como sendo regra de não incidência, constitucionalmente qualificada.

29. Sacha Calmon Navarro Coelho usa a expressão *subsistemas tributários* na Constituição para designar (1) a repartição de competências entre os entes tributantes; (2) os princípios e limitações ao poder de tributar; e (3) a partilha do produto da arrecadação de tributos (in Heleno Taveira Torres (Coord.), *Teoria Geral da Obrigação Tributária. Estudos em homenagem ao Prof. José Souto Maior Borges*, São Paulo, Malheiros Editores, 2005, p. 255).

DIREITO TRIBUTÁRIO E PROCESSO 93

discriminados na Constituição, cabe a estes criar os tributos previstos pelo constituinte, respeitados os limites lá previstos.

Além dos princípios e limites constitucionais, o Poder Constituinte originário determinou tratamento uniforme ao crédito tributário por todos os entes federados, mediante a estipulação das chamadas *Normas Gerais* em matéria tributária, via Lei Complementar à Constituição. Com isto, o Código Tributário Nacional (CTN) de 1966, por tratar – na sua maioria – de dispositivos de caráter geral, foi recepcionado também como Lei Complementar pela Constituição de 1988, mesmo tendo sido instituído mediante lei ordinária à época de sua edição.

Aliás, diga-se que a competência tributária dos entes federados, em regra, é exercida mediante respectiva lei ordinária federal, estadual, distrital ou municipal. Exceção se faz quanto a determinados tributos de competência da União Federal, cujo meio legislativo exigido para sua instituição também é a Lei Complementar, na forma do art. 59 e seguintes da CF/1988.

Podemos dizer que a Lei Complementar tem seis funções distintas, em matéria tributária: 1ª) instituir determinados tributos federais; 2ª) definir aspectos gerais de determinados tributos estaduais, distritais e municipais; 3ª) dispor sobre eventuais conflitos de competência entre os entes federados; 4ª) regular limitações constitucionais ao exercício do poder de tributar por parte dos entes federados; 5ª) estabelecer normas gerais (CTN); e 6ª) estabelecer tratamento adequado às cooperativas e diferenciado às microempresas empresas de pequeno porte.

O sistema tributário nacional, portanto, refere-se ao tributo, sua instituição e cobrança, considerado enquanto meio pelo qual serão atendidas as principais necessidades do Estado e justamente sobre ele voltamos agora nossa especial atenção.

2.2 O tributo, a incidência e a relação jurídica tributária

Todo o sistema tributário "gravita" em torno do *tributo*[30] assim como os planetas do sistema solar em relação ao *sol*. Esse reúne as normas relativas à instituição do tributo em abstrato, regula a subsunção do fato concreto a essas normas, ou melhor: a incidência dessas normas às hipóteses nelas previstas, estabelecendo os aspectos necessários para

30. Nas palavras de Roque Antonio Carrazza, o sistema constitucional tributário dedica-se sobretudo a regular a "ação estatal de exigir tributos" (*Curso de Direito Constitucional Tributário*, cit., pp. 425-426).

94 A VERDADE MATERIAL NO DIREITO TRIBUTÁRIO

a sua cobrança e, por fim, regulamenta a cobrança do crédito tributário e suas peculiaridades, tais como a sua constituição, a suspensão de sua exigibilidade, a sua extinção, bem como as garantias e privilégios para sua cobrança.

O tributo, no Brasil,[31] possui conceito legal, expresso no Código Tributário Nacional (CTN).[32] A par disso, tal dispositivo invade a missão doutrinária do jurista de criar teorias a respeito, na medida em que o Código é permeado de conceitos e classificações que não tiveram outro sentido senão orientar – didaticamente falando – seus destinatários: contribuintes e Fisco. É preciso considerar que o CTN foi editado na década de 1960, quando os Estados, Municípios e Territórios não estavam habituados com o exercício pleno da competência tributária, da forma como é hoje. O CTN passou a ser, bem ou mal, uma espécie de "manual de instruções" do tributo.

A existência de conceito legal, porém, não impede a construção de conceito constitucional do tributo, na medida em que os princípios e regras inseridos na Constituição, por si mesmos, já orientam o aplicador do Direito na obtenção de uma definição do tributo. Nem poderia ser diferente. Na remota hipótese de que, algum dia, o conceito legal de tributo venha a ser revogado por Lei Complementar, o legislador ordinário não ficaria, e nem poderia ficar, sem referência. Aliás, diga-se: mesmo nos tempos atuais, tal referência deve ser sempre o conceito extraído da Constituição Federal, por uma simples questão de fundamento de validade das normas.

Roque Carrazza sugere conceito extraído unicamente da Constituição, nos termos seguintes: tributo "é a relação jurídica que se estabelece entre o Fisco e o contribuinte (pessoa colhida pelo direito positivo), tendo por base a lei, em moeda, igualitária e decorrente de um fato lícito qualquer".[33]

---

31. Para o direito, "tributo" tem diversas significações. Paulo de Barros Carvalho destaca que essa mesma expressão pode designar: direito subjetivo (de exigir), dever jurídico (de pagar), quantia em dinheiro, norma jurídica e, na acepção adotada pelo CTN, relação jurídica, fato e hipótese de incidência.

32. CTN, "Art. 3º. Tributo é toda prestação pecuniária compulsória, em moeda ou cujo valor nela se possa exprimir, que não constitua sanção de ato ilícito, instituída em lei e cobrada mediante atividade administrativa plenamente vinculada."

33. *Curso de Direito Constitucional Tributário*, cit., pp. 428-429. No mesmo sentido já caminhava o pensamento de Alfredo Augusto Becker, quando afirmou que a hipótese de incidência pode ser qualquer fato, desde que seja lícito. Caso contrário, não seria tributo e sim sanção. Mais uma vez o conceito de tributo acaba por aproximar-se daquele descrito no CTN (*Teoria Geral do Direito Tributário*, 1972, p.

DIREITO TRIBUTÁRIO E PROCESSO   95

Mesmo que, aparentemente, o autor confunda o objeto da prestação obrigacional com a própria relação obrigacional da qual decorre a prestação, adiante esclarece ser o tributo então o *instrumento* de arrecadação necessário à realização das despesas públicas.[34]

O tributo, enquanto parcela de dinheiro devido ao Estado, será devido desde que a hipótese de incidência descrita na norma tributária se realize no mundo dos fatos. Aliás, a doutrina é unânime ao afirmar que não apenas o fato descrito abstratamente, mas um conjunto de elementos que compõe a norma tributária precisa ocorrer para que nasça a obrigação de alguém (sujeito passivo) entregar ao Estado, ou a quem a lei assim o estabeleça (sujeito ativo), determinada (ou determinável) quantia em dinheiro.

Os elementos da hipótese são os chamados critérios (aspectos) material, temporal e espacial, ou seja, além da ocorrência da hipótese normativa, é preciso que a mesma ocorra em determinado território (nacional, estadual, distrital, municipal) e num específico momento no tempo.

Geraldo Ataliba esclarece que no Brasil o legislador optou pela expressão "fato gerador" para designar a hipótese de incidência tributária, e que tal terminologia é absolutamente imprópria, pois o fato corresponde à sua concreta verificação no mundo fenomênico, enquanto o "fato gerador" corresponde à sua descrição hipotética. Por isso a doutrina é unânime em afirmar que o correto seria designar a descrição legal como "hipótese de incidência", e é esta expressão que utilizaremos no decorrer do texto.[35]

Quanto à designação do fato ocorrido no mundo real, adotaremos a expressão "fato jurídico tributário", apontada por Paulo de Barros Carvalho como sendo a mais adequada, sob o ponto de vista terminológico. Aliás, foi este autor que traçou a chamada "regra-matriz de incidência tributária", na intenção de agregar as normas tributárias esparsas no texto legal, numa estrutura lógica e orgânica, de forma a aplicá-la a todos os tributos, de forma indistinta. Com sua "regra-matriz", Paulo de Barros Carvalho reuniu numa única fórmula o conteúdo mínimo necessário que

262). José Eduardo Soares de Melo adota conceito constitucional dizendo que tributo é a "receita pública derivada do patrimônio dos particulares, de caráter compulsório, prevista em lei e devida de conformidade com as materialidades e respectivas competências constitucionais, e pautada por princípios conformadores de peculiar regime jurídico" (*Contribuições Sociais no Sistema Tributário*, 6ª ed., São Paulo, Malheiros Editores, 2010, p. 20).

34. *Curso de Direito Constitucional Tributário*, cit., p. 421.

35. *Hipótese de Incidência Tributária*, cit., p. 55.

96   A VERDADE MATERIAL NO DIREITO TRIBUTÁRIO

toda norma jurídica tributária deve conter. Para tanto, não importa se a lei que institui o tributo tenha quatro ou 400 artigos, desde que se possa extrair deles os critérios mínimos apontados, quais sejam: os critérios material, espacial e temporal, no antecedente da norma, bem como os critérios pessoal e quantitativo no seu respectivo consequente.

Em tese, é possível que a lei X, de quatro artigos, contenha todos os critérios referidos, bem como a lei Y, de 400 artigos, deixe de conter algum deles, fazendo com que a norma esteja incompleta e o tributo nela previsto não possa ser exigido do contribuinte.

O antecedente e o consequente da norma são ligados por uma representação deôntica (*dever-ser*), isto é, ocorridos os critérios do antecedente [ser (*verbo*) proprietário de bem imóvel (*complemento*), no território urbano do município (*espaço*), num determinado dia do ano (*tempo*)] deve ser a consequência prevista nos critérios pessoal e quantitativo da regra [o respectivo proprietário (*sujeito passivo*) deve pagar a municipalidade (*sujeito ativo*) determinado valor (*quantidade de dinheiro*), decorrente da multiplicação de uma alíquota sobre o valor venal deste mesmo imóvel (*base de cálculo*)]. No exemplo citado, temos a regra matriz do IPTU (Imposto sobre a Propriedade de Imóveis Urbanos).

A ilustração da regra-matriz é:

$$D \{[Cm(v.c).Ce.Ct] \rightarrow [Cp(Sa.Sp).Cq(bc.al)]\}^{36}$$

Tácio Lacerda Gama buscou sintetizar, lógica e cronologicamente, o fenômeno da incidência tributária da seguinte forma: i) o sujeito competente prescreve uma hipótese normativa; ii) a hipótese veicula uma escolha por certas características de um acontecimento futuro e incerto; iii) esse acontecimento sucede no mundo social; iv) ingressa no mundo jurídico não aquilo que ocorre no meio social (evento), mas a tradução de elementos deste fato social para a linguagem prescritiva das normas (fato jurídico), conforme a escolha programada normativamente pela hipótese.[37]

Quanto ao fenômeno da incidência, é preciso frisar que no Direito o mesmo se dá pelo chamado princípio da *imputação jurídica*, enquanto nas ciências naturais temos o princípio da *causalidade*. Naquele, como vimos, ocorrido determinado antecedente normativo (*Voraussetzung*) deve-se seguir um prescritor normativo (*Folgerung*), enquanto que na

---

36. *Direito Tributário, Linguagem e Método*, cit., pp. 604-605.
37. *Competência Tributária*, cit.

DIREITO TRIBUTÁRIO E PROCESSO

causalidade, dada certa causa, ocorrerá necessariamente determinado efeito.[38] José Souto Maior Borges, ao tratar do tema, exemplifica que a água aquecida a 100 graus centígrados necessariamente entrará em processo de ebulição, porém a conduta juridicamente prescrita não se conformará necessariamente com a previsão expressa na norma.[39]

Não nos propomos aqui a analisar minuciosamente o fenômeno da incidência das normas, mas deve ficar o registro de que uma vez realizada, ocorrida, a hipótese tributária prevista na lei, nascerá então a relação jurídica entre o sujeito ativo (credor-fisco) e o sujeito passivo (devedor-contribuinte, responsável).

Relação, na concepção de Francesco Carnelutti, *é um ir e vir entre duas pessoas, vinculando uma a outra*.[40] Desse gênero *relação* podem-se extrair inúmeras espécies, a depender do que as vincula. Por exemplo: a relação pode ser social, política, moral, jurídica etc. No caso da relação jurídica, o que vincula os sujeitos é um poder-dever decorrente das normas jurídicas; diferente da relação moral, que mesmo vinculando os sujeitos por um poder-dever, tal se dá com base em regras morais, não jurídicas.

A relação jurídica é, sobretudo, uma entidade cultural, pois decorre não de um efeito causado pela natureza, mas sim pela consequência do determinismo dos próprios homens, enquanto organizados socialmente. Em outras palavras, é um artifício (ficção) criado pelo homem, através do Direito, para determinar condutas humanas, ou seja: determinar que alguém faça ou deixe de fazer algo.

Pois bem. A relação jurídica é comumente subdividida de acordo com o ramo do Direito a que se refira. Portando, a relação jurídica pode ser cível, laboral, tributária etc. interessa-nos, obviamente, a relação jurídica tributária: aquela decorrente da realização da hipótese de incidência tributária.

Mesmo assim, é fundamental para o presente estudo estabelecer claramente a distinção entre a relação jurídica obrigacional do direito civil e a correspondente no direito tributário. Isto porque a forma pela qual ocorre o nascimento das obrigações civis e tributárias fará toda a

---

38. Hans Kelsen, *Teoria Geral das Normas*, cit., p. 31.

39. Sustenta o autor que, mesmo diante dessa incompatibilidade de *princípios reguladores das ciências naturais e jurídicas*, o método a ser utilizado para a construção de ambas as ciências pode (e deve) ser o mesmo (*Obrigação Tributária*, 2ª ed., São Paulo, Malheiros Editores, 2001, p. 21).

40. Francesco Carnelutti, *Estudios de Derecho Procesal*, vol. 1, Buenos Aires, EJEA, 1952.

98 A VERDADE MATERIAL NO DIREITO TRIBUTÁRIO

diferença na atuação do Estado, seja na *formalização* da obrigação, seja quando esse é chamado para atuar nos conflitos que podem nascer de tais relações. Porquanto basta nascer o vínculo obrigacional entre as pessoas (direitos e deveres de um para o outro), para nascer também a possibilidade de que tais deveres sejam descumpridos (e frequentemente o são). Tal descumprimento dá causa a que a pessoa detentora do direito subjetivo se utilize dos meios oferecidos pelo Estado para garantir o seu cumprimento, ou seja, o Estado tem legitimidade para utilizar-se de meios coercitivos objetivando que o sujeito passivo da obrigação cumpra seu dever.[41]

A relação jurídica tributária tem sido estudada com base na teoria geral das obrigações, que a define como um liame, um vínculo de pessoas, em que a uma corresponderá um direito subjetivo de exigir, por parte da outra, o cumprimento de um dever jurídico correspondente.[42] O legislador, ao tratar do crédito tributário decorrente da relação jurídica, o fez sob a ótica do sujeito ativo (fisco), pois ao definir o crédito tributário, o fez tomando a mesma natureza da obrigação tributária. O crédito é do sujeito ativo e o débito é do sujeito passivo.

Alfredo Augusto Becker, ao tratar da relação entre o Estado e o contribuinte, concordava com a máxima de que não pode haver relação jurídica sem correlativo dever e vice-versa, mas salientava que ao lado dos deveres tributários do cidadão estão os direitos administrativos do Estado, e tal liame se dá, antes de tudo, a nível constitucional. Segundo ele "o indivíduo situado no polo da relação constitucional não tem direitos administrativos porque satisfaz deveres tributários. A correlação entre ambos não é de causa e nem de contraprestação".[43] Nesse mesmo sentido, haverá sempre uma desigualdade entre o montante de dever tributário pago pelo indivíduo ao Estado e sua participação na partilha do bem comum, correspondente aos deveres administrativos desse.

---

41. Nas obrigações tributárias principais, assim como nas obrigações cíveis a que correspondam prestação de dar coisa certa ao sujeito ativo, este pode utilizar-se de instrumentos expropriatórios por meio da intervenção estatal, fazendo cumprir a obrigação originalmente prevista. Contudo, naquelas outras obrigações, de fazer ou não fazer, a lei ou o acordo entre as partes da relação usualmente preveem meios compensatórios consubstanciados em outras obrigações de dar coisa certa, em razão do descumprimento da obrigação.

42. Neste sentido, Mizabel Derzi ("Art. 139", in Carlos Valder do Nascimento (Coord.), *Comentários ao Código Tributário Nacional*, Rio de Janeiro, Forense, 1997, p. 342).

43. *Teoria Geral do Direito Tributário*, cit., p. 259.

DIREITO TRIBUTÁRIO E PROCESSO 99

Complementa Becker, com sua linguagem característica e incisiva, que esta correlação existente entre o fisco e o contribuinte não deve ser captada com a mesma atitude mental com que o jurista habituou-se a tomar a correlação entre direitos e deveres que formam o conteúdo da relação jurídica que se estabelece nas questões de natureza civil ou comercial. Deve-se fazer um esforço, segundo ele, para se afastar desses reflexos mentais provocados pelo hábito de analisar a relação jurídica tributária como se fosse um negócio jurídico.

Aliado a isso, há um ponto fundamental que distancia a obrigação tributária daquela obrigação do direito civil ainda mais: a compulsoriedade, ou melhor, a sua natureza *ex lege*. Na relação jurídica do direito civil, temos a autonomia da vontade dos contratantes ao estabelecerem um determinado negócio jurídico entre si. Contrair obrigações civis e comerciais decorre de ato voluntário, decorrente da vontade das partes, ao passo que a obrigação tributária decorre diretamente da ocorrência de hipóteses de incidência previstas em lei.

Sacha Calmon Navarro Coelho, socorrendo-se dos ensinamentos de Hans Kelsen, identifica o dever jurídico decorrente da obrigação tributária como *heterônomo*, pois decorre de uma vontade estranha à do devedor (lei), em contraposição ao dever jurídico *autônomo*, que decorre do acordo de vontades (contrato).

Admitimos que existem obrigações não tributárias decorrentes de deveres jurídicos que decorrem diretamente da lei, porém, possuem ou natureza sancionatória ou indenizatória (obrigação aquiliana, por exemplo), e por isso não se confundem com tributo, ou ainda, aquelas decorrentes do dever de prestar alimentos, que não se assemelham à relação jurídica tributária, pois são devidos a pessoa física, não ao Estado.

Roque Antonio Carrazza conclui que a autoridade tributária deve ajustar-se mais rigorosamente ao princípio da legalidade do que em outras áreas do Direito. Isto posto, não pode o Fisco por decisão própria, sem base legal, prejudicar ou beneficiar contribuintes. Pelo contrário, a autoridade deve lançar e arrecadar tributos na forma da lei.[44]

É preciso mencionar ainda que a obrigação tributária não se resume apenas ao pagamento de tributos ao Estado. Ao lado desta, sujeita ao regime da imputação (dependente da ocorrência da hipótese de incidência), o CTN prevê a chamada obrigação tributária acessória, que independe da ocorrência ou não da hipótese de incidência, e resume-se às prestações positivas ou negativas que devem ser observadas pelo

---

44. *Curso de Direito Constitucional Tributário*, cit., p. 272.

100 A VERDADE MATERIAL NO DIREITO TRIBUTÁRIO

contribuinte, impostas pela lei e independentes da ocorrência do fato econômico, *signo presuntivo de riqueza*.

Um dos critérios classificatórios da relação jurídica tributária é aquela que a distingue segundo o grau de atuação do Estado.[45]

James Marins,[46] neste sentido, afirma que a relação jurídica tributária pode se dar em três dimensões distintas: a estática, a dinâmica e a crítica. A estática é aquela em que ainda não há a participação do sujeito ativo. É a que regula o direito material e as regras de instituição de tributos,[47] a que estão sujeitas os princípios constitucionais e limitações ao exercício do poder de tributar por parte dos entes políticos do Estado.

Aqui voltamos ao fenômeno da incidência. O nascimento da obrigação tributária, da relação jurídica tributária, portanto, se dá com a ocorrência da hipótese prevista na lei tributária. Com o nascimento da obrigação, nasce o dever jurídico do sujeito passivo prestar a obrigação de dar dinheiro ao Estado. Até aqui, segundo o grau de atuação do Estado, não há intervenção para o nascimento da relação jurídica. É bem verdade que a hipótese de incidência pode referir-se diretamente a um "fato do Estado", como é o caso das taxas e contribuições de melhoria,[48] por exemplo, em que a relação jurídica surgirá apenas se, e somente se, o Estado prestar serviços ao cidadão (ou colocá-los à sua disposição), no caso das taxas. Surgirá também quando o Estado realize obra pública que valorize imóvel do cidadão, no caso das contribuições de melhoria.

Contudo, uma coisa é afirmar que a hipótese de incidência se refere a um fato que só pode ser cometido pelo Estado ou pelo contribuinte;

45. Lembrando da clássica afirmação do filósofo argentino Genaro Carrió, de que as classificações não são certas ou erradas, mas úteis ou inúteis ao objetivo que se pretende atingir, ou teoria que se pretende demonstrar (*Sobre los Límites del Lenguaje Normativo*, Buenos Aires, Astrea, 1973; 1ª reimpr., 2001). No mesmo sentido, Irving Copi, ao afirmar que o motivo teórico ou científico para classificar objetos é o desejo de aumentar o conhecimento que temos a respeito dos mesmos (*Introdução à Lógica*, São Paulo, Mestre Jou, 1981, p. 414).

46. *Direito Processual Tributário Brasileiro*, 5ª ed., 2010.

47. "Hipótese de incidência realizada", para Alfredo Augusto Becker (*Teoria Geral do Direito Tributário*, cit., p. 261), "Fato jurídico tributário", para Paulo de Barros Carvalho (*Direito Tributário, Linguagem e Método*, cit.).

48. A respeito das espécies tributárias, prevê o Art. 145 da Constituição Federal de 1988 que: "A União, os Estados, o Distrito Federal e os Municípios poderão instituir os seguintes tributos: I – impostos; II – taxas, em razão do exercício do poder de polícia ou pela utilização, efetiva ou potencial, de serviços públicos específicos e divisíveis, prestados ao contribuinte ou postos a sua disposição; III – contribuição de melhoria, decorrente de obras públicas."

DIREITO TRIBUTÁRIO E PROCESSO   101

outra coisa é dizer que o Estado atua para o nascimento da relação jurídica tributária. Em outras palavras, o nascimento da obrigação tributária se dá pela simples ocorrência da hipótese de incidência, independente, portanto, da vontade do contribuinte ou do próprio Estado.

O CTN, ao mencionar expressamente que o crédito tributário se constitui mediante lançamento, gerou discussão na doutrina para definir se, afinal, o crédito tributário nasce com a hipótese de incidência, ou com o lançamento do tributo, ou seja, se o lançamento teria efeitos constitutivos do crédito ou meramente declaratórios. Diante da dificuldade de admitir-se o nascimento de obrigação pecuniária sem o respectivo crédito, alguns defenderam a adoção dos chamados *níveis de eficácia* da relação jurídica, entendendo que antes do lançamento há o crédito, mas a eficácia da relação é *mínima*, pois o Estado tem direito ao crédito, mas não tem a pretensão quanto à exigibilidade do mesmo, que depende da sua própria apuração.[49]

Em seguida, a relação jurídica, após o ato do lançamento, assume o nível *médio* de eficácia, em que o sujeito ativo já tem a prestação da exigibilidade, nível este que passa a ser *máximo* quando o sujeito passivo não cumpre sua obrigação nos prazos estabelecidos pela lei, situação em que o Fisco passa a ter o direito de ação judicial contra o contribuinte.

Alguns autores chegaram a modificar sua posição no decorrer dessa discussão. Foi o caso de Paulo de Barros Carvalho, para quem o surgimento do crédito tributário se dá somente com a formalização do mesmo pelo lançamento. Sem isto, não há sequer obrigação, pois, no seu entendimento, não se dará a incidência se não houver um ser humano fazendo a subsunção do fato à norma. "As normas", diz o jurista, "não incidem por força própria".[50]

Para melhor demonstrar essa sutil diferença, analisemos a segunda dimensão da relação jurídica tributária: a dimensão *dinâmica*. Aqui, para James Marins, ocorre a atuação efetiva do Estado. Trata-se do fenômeno do ato do lançamento tributário, em que incide a atuação do agente estatal na formalização do crédito tributário mediante o procedimento administrativo específico de fiscalização e eventual lançamento.[51]

49. Mizabel Derzi aponta que foi esse o posicionamento adotado por Alfredo Augusto Becker e Pontes de Miranda, e até por Paulo de Barros Carvalho, no final do século XX ("Art. 139", cit., p. 348).

50. *Direito Tributário, Linguagem e Método*, cit., p. 503.

51. Sobre as teorias do lançamento, trataremos de forma aprofundada no último capítulo desse trabalho, ao abordar com profundidade a natureza *ex lege* da obrigação tributária e a verdade.

102 A VERDADE MATERIAL NO DIREITO TRIBUTÁRIO

O tributo implica em cerceamento da liberdade de dispor da propriedade individual, o que é tolerado na medida em que traz efeitos sociais supostamente benéficos. Mas quando essa exigência se torna injusta, justifica-se a rebeldia do contribuinte. Num Estado de Direito, tal rebeldia se dá através do processo, que passa a ser a principal arma para a solução prática e eficaz do conflito que se instaura.

Os litígios entre o Fisco e os contribuintes surgem muito especialmente com a finalização da dimensão dinâmica da relação jurídica. Caso o lançamento tributário não seja reconhecido como válido pelo contribuinte, este pode impugná-lo,[52] dando origem ao processo, consubstanciado na chamada *dimensão crítica* da relação jurídica tributária.

É importante que se diga que o lançamento tributário, corresponde – em regra – a pressuposto de instauração do processo tributário. Aqui não importa diferenciar estritamente o lançamento como ato ou procedimento administrativo, ou seja, se o lançamento é procedimento administrativo que culmina com a notificação do sujeito passivo, ou ainda se o lançamento é propriamente o ato que finaliza o procedimento administrativo tendente a constituir o crédito tributário. Sendo um ou outro, notificado o contribuinte do lançamento é que o sujeito passivo está em condições de impugná-lo, entendendo, obviamente, que o ato/procedimento do Fisco não corresponde à hipótese de incidência que pretendeu o mesmo refletir.

Diz-se "em regra", pois a jurisprudência brasileira tem oscilado quanto a acolher o lançamento, enquanto ato do particular que reconhece a existência de obrigação tributária líquida e certa naqueles tributos sujeitos ao chamado lançamento por homologação, como necessário e suficiente para a exigibilidade do crédito tributário e, portanto, pressuposto à instauração do processo tributário.[53]

Eurico de Santi, estudando o tema, encontrou pelo menos dez possíveis acepções para o termo "lançamento" tal qual utilizado pela legislação tributária, dos quais o procedimento administrativo de constituição do crédito tributário é apenas uma delas. Quanto à jurisprudência antes mencionada, o autor define o lançamento, quando inserido na sistemá-

---

52. Art. 145 do CTN: "O lançamento regularmente notificado ao sujeito passivo só pode ser alterado em virtude de: I – impugnação do sujeito passivo; (...)".

53. Superior Tribunal de Justiça. Primeira Seção: EREsp 658.138-PR, rel. Min. José Delgado, rel. para o acórdão Min. Eliana Calmon, j. 14.10.2009, *DJe* 9.11.2009; REsp 850.423-SP, rel. Min. Castro Meira, j. 28.11.2007, *DJU* 7.2.2008; e AgRg nos EREsp 638.069-SC, rel. Min. Teori Albino Zavascki, j. 25.5.2005, *DJU* 13.6.2005.

DIREITO TRIBUTÁRIO E PROCESSO

tica sujeita a homologação, como sendo norma individual e concreta expedida pelo particular que constitui o crédito tributário.[54]

Independentemente do reconhecimento, unânime ou não, da existência do chamado "autolançamento", o fato é que ele – o lançamento – será, via de regra, o precursor do litígio entre o Fisco e o contribuinte, seja mediante impugnação administrativa provocada pelo sujeito passivo, seja mediante ajuizamento direto da execução fiscal promovida pela Fazenda Pública em juízo.

A doutrina especializada floresce para o estudo do processo tributário na medida em que a relação controvertida entre o Fisco e o contribuinte se aperfeiçoa.[55] Os estudiosos do direito processual tributário admitem pacificamente o entrelaçamento ocorrido entre o direito tributário, o direito administrativo e o direito processual civil para o surgimento dessa nova ciência.

De volta à classificação das estruturas da relação jurídica tributária, temos que a relação dinâmica (em que o Fisco atua para formalizar a relação jurídica tributária) não é condição *sine qua non* para o surgimento do litígio. Isto porque, o mero nascimento da obrigação tributária, por meio da realização da hipótese de incidência, já autoriza o contribuinte a pretender afastar a incidência tributária sobre fatos, ou até mesmo ainda não ocorridos, ou ocorridos, mas ainda sujeitos ao lançamento. O sujeito passivo pode instaurar um processo judicial, movimentando assim a estrutura estatal para declarar a inexistência de relação jurídica que o obrigue a efetuar o pagamento antecipado, legitimado pela sistemática do lançamento por homologação.

O litígio, aqui denominado como o *surgimento da lide* entre os sujeitos ativo e passivo sobre a incidência ou não da norma tributária no caso concreto, inaugura a chamada dimensão *crítica* da relação jurídica e, portanto, do processo. É precisamente sobre essa *dimensão crítica* da relação jurídica tributária que passaremos a discorrer no próximo tópico.

2.3 Processo tributário (administrativo e judicial)

Hodiernamente, a doutrina nacional adota o entendimento de que a controvérsia surgida entre os interesses do Estado na arrecadação tribu-

---

54. *Lançamento Tributário*, 2ª ed., São Paulo, Max Limonad, 2001, p. 144.

55. Entre eles, James Marins, Alberto Xavier (*Princípios do Processo Administrativo e Judicial Tributário*, Rio de Janeiro, Forense, 2005), Dejalma de Campos (*Direito Processual Tributário*, 8ª ed., São Paulo, Atlas, 2004) entre outros.

104 A VERDADE MATERIAL NO DIREITO TRIBUTÁRIO

tária e os interesses do contribuinte na manutenção e crescimento do seu patrimônio, seja na esfera do Poder Judiciário seja na chamada esfera administrativa tributária, está sob as luzes do *processo*.

O conflito de interesses, já dizia Francesco Carnelutti, é o *bacilo* do direito processual, o pressuposto desse ordenamento. Enfatizava o autor já em meados da primeira metade do século XX, que também o fenômeno tributário sem sombra de dúvida gerava conflito de interesses. Em sua simplicidade e firmeza peculiares, afirmava: "Acaso no haya uno solo de mis lectores que no haya participado como actor o como espectador en un debate entre el contribuyente y el agente de impuestos. (...) El Estado (o en general, la entidad pública) tiene interés de quitar al ciudadano los más bienes posibles, y el ciudadano en darle los menos que pueda. Si no temiese ser mal interpretado, me atrevería a decir que el conflicto pertenece a la misma categoría de aquel en que se contraponen el ladrón y el propietario".[56]

De fato, o tema do direito processual tributário evoluiu mais rapidamente no estrangeiro. O Código Tributário português, por exemplo, reconhece a importância das normas processuais no contexto do direito tributário, desde sua exposição de motivos, pós-reforma tributária, vivenciada por aquele país no início da década de 1990. Diz o texto: "Por isso, ficaria inacabada uma reforma fiscal que não contemplasse o processo tributário. Se tal acontecesse, a inovação introduzida por aqueles códigos na relação Fisco-contribuinte apenas abrangeria alguns impostos, quando não há qualquer razão para não estender aos restantes, e, por outro lado, os próprios direitos reconhecidos aos contribuintes pelos novos diplomas careceriam, dada a insuficiência dos actuais meios graciosos e contenciosos, da tutela adequada".[57]

A despeito disso, no Brasil, sequer há regras de processo judicial dedicadas exclusivamente às controvérsias que envolvam matéria tributária. Apenas o Fisco possui o privilégio de cobrar as dívidas tributárias dos contribuintes de forma distinta, por meio da Lei 6.830/1980 (Lei de Execuções Fiscais), e ainda de propor medida cautelar fiscal, objeti-

---

56. "Não há um só dentre os meus leitores que não tenha participado como ator ou espectador de uma discussão entre o contribuinte e o fisco. (...) O Estado (ou em geral, a entidade pública) tem interesse em subtrair do cidadão a maior quantidade de bens possível, e o cidadão em lhe dar a menor quantidade possível. Se eu não temesse ser mal interpretado, me atreveria a dizer que esse conflito pertence à mesma categoria daquele em que se contrapõe o ladrão e a vítima" (tradução nossa).

57. Decreto-Lei de Portugal n. 0154/1991.

DIREITO TRIBUTÁRIO E PROCESSO

vando a constrição antecipada de bens do contribuinte, por meio da Lei 8.397/1992.

Existem também alguns órgãos do Poder Judiciário, especializados em julgar matéria tributária, tais como as Varas de Fazenda Pública ou equivalentes, presentes em algumas capitais, as Varas de Execução Fiscal federais, Turmas ou Câmaras dos Tribunais e do Superior Tribunal de Justiça especializados em matéria de direito público. De toda forma, as lides judiciais em matéria tributária são regidas sempre pelo processo civil, seja de forma direta, na maioria dos casos, seja de forma subsidiária nas demais demandas especiais mencionadas anteriormente, propostas pela Fazenda Pública.

Já na esfera administrativa de julgamento das lides tributárias, estudiosos do direito processual e do direito administrativo têm proclamado infindáveis discussões a respeito da diferenciação entre procedimento e processo. De um lado, há aqueles que defendem que a exigência de tributos por parte do Poder Executivo é regida por normas meramente procedimentais. De outro lado, há aqueles que sustentam, mesmo fora do âmbito do Poder Judiciário, que a relação jurídica tributária pode ser regida por normas tipicamente processuais.

Tal embate se acentua na medida em que a Constituição Federal de 1988 previu em seu art. 5º, LV, que "aos litigantes, *em processo judicial ou administrativo*, e aos acusados em geral são assegurados o contraditório e ampla defesa, com os meios e recursos a ela inerentes" (destacamos).

O *processo*, segundo Luiz Marinoni e Sergio Arenhart, é o instrumento pelo qual o Estado exerce a jurisdição. A jurisdição, a seu turno, é uma das manifestações do poder do Estado, e é exercida pelo juiz.[58]

Este é um dos diversos fundamentos utilizados por Luiz Eduardo Schoueri e Gustavo Emílio Contrucci para sustentar que não pode haver processo no âmbito administrativo tributário, pois o julgador administrativo não detém as prerrogativas constitucionais do juiz, tais como a vitaliciedade, inamovibilidade e irredutibilidade de vencimentos previstos no art. 95 da CF/1988. Além disso, a função do Estado, no âmbito administrativo, é de apenas efetivar o lançamento tributário, e sua atividade é plenamente vinculada à aplicação da lei.[59] Além disso, o Poder

58. *Curso de Processo Civil*, vol. 2: *Processo de Conhecimento*, 7ª ed. rev. atual., São Paulo, Ed. RT, 2008, p. 53.

59. "O princípio da verdade material no 'processo' administrativo tributário", in Valdir de Oliveira Rocha (Coord.), *Processo Administrativo Fiscal*, vol. 3, São Paulo, Dialética, 1998, p. 149. O artigo foi produzido, a par de descaracterizar o

106 A VERDADE MATERIAL NO DIREITO TRIBUTÁRIO

Constituinte originário teria se utilizado do termo processo em *sentido vulgar* quando equiparou o judicial com o administrativo, pois deveria tê-lo feito da forma correta, destacando que para a esfera administrativa, haveria de dizer: procedimento.

Apoiaram-se, Schoueri e Contrucci, em outros autores que igualmente sustentam a impropriedade da acepção *processo* administrativo. Dentre eles, destacamos Alberto Xavier, para quem o procedimento administrativo não configura necessariamente um litígio, mas sim uma "atividade disciplinada de colaboração para a descoberta da verdade material", e Aurélio Pitanga Seixas Filho, ao sustentar que a atividade da autoridade fiscal "não pode ser confundida com uma ação de defesa de direito subjetivo ou de uma simples faculdade (...)".[60]

Todavia, ousamos discordar dos argumentos acima, aliando-nos àqueles que defendem a existência do processo administrativo tributário. A Constituição não contém palavras inúteis. A previsão constitucional vem, ao contrário, reforçar consideravelmente o entendimento de que, na esfera administrativa, podemos e devemos falar sim em processo.

Por isso, entendemos que tal posicionamento doutrinário encontra-se ultrapassado. Muitos autores, que sustentavam a impossibilidade do processo no âmbito administrativo, já superaram essa ideia. É o caso, por exemplo, de James Marins, que atualmente defende a tese do processo administrativo, mas já trilhou raciocínio inverso. Entendia ele que a previsão constitucional (art. 5º, LV) por si só não atribuía ao procedimento administrativo o *status* de processo.[61] Hoje, contudo, sustenta que o processo nasce com a impugnação administrativa do contribuinte no âmbito administrativo, fazendo surgir a lide tributária, portanto.[62]

Processo Administrativo como Processo em sentido estrito, de forma mediata e teve o intuito imediato de afastar alteração pontual no Decreto 70.235/1972, por meio da Lei 9.532/1997, que incluiu no texto aspectos relativos à preclusão no "processo" administrativo, nos moldes do sistema vigente no Processo Civil.

60. Ibidem, pp. 144-148. No mesmo sentido, seriam contrários ao processo no âmbito administrativo: Jaime Guasp, José Ignácio Botelho de Mesquita e Aurélio Pitanga Seixas Filho (ibidem). Na verdade, o posicionamento desses autores quanto à definição de processo intimamente relacionada à jurisdição é que levou à conclusão apresentada por Schoueri e Contrucci.

61. "Processo Tributário", in James Marins, Teresa Arruda Alvim e Eduardo Arruda Alvim (Coords.), *Repertório de Jurisprudência e Doutrina sobre Processo Tributário*, São Paulo, Ed. RT, 1994, p. 10.

62. Veja-se teoria das dimensões estática, dinâmica e crítica da relação jurídica tributária, já mencionada no item anterior (*Direito Processual Tributário Brasileiro (administrativo e judicial)*, cit.).

DIREITO TRIBUTÁRIO E PROCESSO 107

Eduardo Domingos Bottallo, também revendo seu posicionamento, revelou a necessidade de admitir que, mesmo no âmbito administrativo, há processo, mormente em vista de seu art. 5º, LV, da CF/1988, já mencionado. Afirma que a locução "processo administrativo" conta com *sólido fundamento constitucional*, que justifica sua adequação para admitir genuína *função administrativa judicante* à atividade do Estado.[63]

Dentre aqueles que defendem o *processo* administrativo tributário, está também Hely Lopes Meireles, que já definia *procedimento* como sendo o modo de realização do processo, ou seja, o rito processual, enquanto que *processo* seria o conjunto de atos coordenados para a obtenção de decisão sobre uma controvérsia no âmbito judicial ou administrativo.[64]

José Eduardo Soares de Melo afirmou que o processo administrativo tornou-se imprescindível em razão de sua *dignidade constitucional*[65] e Paulo Celso Bergstrom Bonilha expressou ainda "o resgate e a redescoberta do processo administrativo como espécie do fenômeno processual e, por isso mesmo, suscetível de necessária contemplação e tratamento à luz da Teoria Geral do Processo".[66]

E finalmente a Emenda Constitucional 45/2004, ao acrescentar o inciso LXXVIII no art. 5º da CF/1988, a nosso ver, sepultou qualquer dúvida a respeito de eventual "equívoco" do legislador constituinte originário quanto estabeleceu a redação do inciso LV do mesmo artigo. Ficou instituído que: "a todos, no âmbito judicial e administrativo, são assegurados a razoável duração do processo e os meios que garantam a celeridade de sua tramitação". Mais uma vez o expresso reconhecimento do *status processual* à lide administrativa.

Estabelecida a premissa de que a relação jurídica tributária na sua dimensão crítica pode desenvolver-se em ambas as esferas (administrativa e judicial), não é forçoso concluir que todos aqueles princípios regentes do processo,[67] enquanto gênero, são aplicáveis igualmente a ambas as espécies, guardadas as especificidades de cada esfera.

---

63. O autor cita também, no mesmo sentido, Odete Medauar, Sergio Ferraz e Adilson Abreu Dallari (*Curso de Processo Administrativo Tributário*, cit., pp. 64-65).

64. *Direito Administrativo Brasileiro*, 16ª ed. rev. atual., 2ª tir., São Paulo, Ed. RT, 1991, p. 578.

65. "A coexistência dos processos administrativo e judicial tributário", in *Processo Administrativo Tributário*, vol. 2, São Paulo, Dialética, 1999, p. 70.

66. *Da Prova no Processo Administrativo Tributário*, cit., p. 60.

67. Arruda Alvim relata que "os princípios que hoje se encontram consagrados, tanto naquilo que diz respeito à própria tributação material, quanto à parte formal, fo-

108   A VERDADE MATERIAL NO DIREITO TRIBUTÁRIO

Assim, aqueles princípios protetores da atividade jurisdicional (vitaliciedade, inamovibilidade, irredutibilidade de vencimentos, por exemplo) não irão se aplicar na esfera administrativa, pois os julgadores não têm as mesmas prerrogativas que os juízes, no âmbito do Poder Judiciário. Por outro lado, os princípios do contraditório, ampla defesa e a vedação da prova ilícita, por exemplo, são absolutamente aplicáveis em ambas as esferas, indistintamente.

Aliado a isso, considerando que a fase contenciosa administrativa se desenvolve no âmbito de organismos do Poder Executivo e por se tratar de *antecipação*, *reabertura* ou até *continuação* do ato de lançamento,[68] atrai a ele a aplicação de outros princípios que, mesmo inaplicáveis ao Poder Judiciário – na sua atividade jurisdicional – vinculam a Administração Pública direta e indireta, tais como a moralidade, eficiência, impessoalidade, publicidade, entre outros (art. 37, *caput*, da CF/1988). A sua subordinação à estrutura do Poder Executivo faz com que tal esfera seja orientada pelos princípios do direito administrativo, estrutura em que a Administração Pública figura como parte e também como organismo julgador, na medida em que institui órgãos de julgamento capazes de nulificar o próprio lançamento do tributo, em prol do princípio da legalidade.

Significa dizer que a esfera contenciosa administrativa está sujeita a um elevado número de princípios e garantias, mormente de índole constitucional, mais até do que o Poder Judiciário, o que de alguma forma protege ainda mais o contribuinte de eventuais arbítrios dos agentes de fiscalização e arrecadação. Além disso, a incipiente especialização do Poder Judiciário, para tratar de assuntos tributários, converte a esfera administrativa numa *instância*[69] valorosa na solução de controvérsias.

ram produto de grandes lutas profundamente sangrentas que se travaram na Europa, especialmente, das quais foram vitoriosos os cidadãos contra o Poder Público. Essas vitórias dos cidadãos consagraram-se integralmente com a instauração da Idade Contemporânea, na Revolução Francesa, através da cristalização desses princípios, que passaram a constar de todas as Cartas e todas as Constituições" (*Processo Judicial Tributário*, São Paulo, Resenha Tributária, 1975, p. 142).

68. Cleide Previtali Cais, *O Processo Tributário*, 7ª ed. rev. atual. ampl., São Paulo, Ed. RT, 2011, p. 222.

69. Em decorrência do art. 5º, XXXV, da CF/1988 ("a lei não excluirá da apreciação do Poder Judiciário lesão ou ameaça a direito"), entende-se que o acesso do contribuinte ao Poder Judiciário independe do esgotamento da esfera administrativa tributária, podendo optar entre uma ou outra. Por isso a ressalva quanto à expressão *instância*. Contudo, habitualmente, a lei ordinária (federal, estadual, municipal ou distrital) cria a presunção de renúncia à esfera administrativa, quando o contribuinte

DIREITO TRIBUTÁRIO E PROCESSO

Finalmente, consagraram-se princípios nesta esfera que a torna mais eficiente e acessível ao cidadão comum, em razão, por exemplo, dos princípios da gratuidade, informalidade ou formalismo moderado e, especialmente, da verdade material.

James Marins, em seu quadro geral de princípios do processo tributário, identifica pelo menos 40 princípios que balizam a relação jurídica tributária, nas suas três dimensões, separando-os de acordo com o seu âmbito de aplicação. Alguns princípios, segundo ele, aplicam-se apenas a uma das dimensões da relação jurídica. É o caso, por exemplo, do princípio da anterioridade, aplicável apenas à dimensão estática da relação enquanto garantia material do contribuinte. Já o princípio da vinculação, também por exemplificar, seria informador tanto da relação jurídica dinâmica (procedimento administrativo), como crítica (processo administrativo).[70]

O tema relativo aos princípios, sua descrição e respectiva força de aplicação em matéria tributária (material ou processual) serão objeto do item seguinte. Contudo, observamos que James Marins apresenta o princípio da *verdade material* como sendo também comum ao procedimento e ao processo administrativo, mas não o menciona no rol dos princípios do processo *judicial* tributário. É justamente neste ponto que discordamos do autor, pois pretendemos ter demonstrado, ao final do trabalho, que a busca da verdade material é princípio regente tanto do processo administrativo como do judicial tributário.

Na esfera administrativa, os entes tributantes (União, Estados, Distrito Federal e Municípios), ao contrário do que ocorre na lei processual civil – cuja competência legislativa é privativa da União (art. 22, I, da CF/1988) –, atuam de forma independente no que tange ao processo tributário, dentro dos limites constitucionais atinentes ao processo e de sua competência tributária. Nesta esfera, privilegia-se a solução da controvérsia mediante julgamentos que vinculam a Administração Pública.

Mesmo antes de uma definição conceitual quanto a processo ou procedimento administrativos, o Poder Executivo, em todos os níveis de governo, mantém ao menos duas instâncias de julgamento: a monocrática e a colegiada, semelhante ao que ocorre na esfera judicial. Isto, na prática, se dá por força do art. 151, III, do CTN, que prevê a suspensão da exigibilidade do tributo caso o contribuinte apresente *reclamações e*

---

opta por discutir concomitantemente a questão em juízo, antes ou durante sua instauração.

70. James Marins, *Direito Processual Tributário Brasileiro*, 5ª ed., 2010, p. 83.

110 A VERDADE MATERIAL NO DIREITO TRIBUTÁRIO

recursos na esfera administrativa. É comum também que haja a chamada *instância especial* em casos de divergência entre as turmas ou câmaras do colegiado, bem como em decorrência de julgamentos por maioria de votos, entre outros casos, expressamente previstos na legislação de cada ente tributante.

Os organismos julgadores melhor estruturados e consolidados do país são os vinculados ao Poder Executivo da União Federal, e têm servido de modelo para os demais entes políticos da federação. Aqueles organismos, por sua vez, foram inspirados nos órgãos do Poder Judiciário, tanto na sua estrutura orgânica, quanto no rito processual.

O julgamento do processo administrativo relativo a tributos administrados pela Receita Federal do Brasil, por exemplo, é realizado em duas instâncias ordinárias e uma especial. A primeira instância administrativa tramita no âmbito interno da Receita por meio de funcionários públicos designados especificamente para este fim. Em geral, esta instância é exercida por um único julgador (a exemplo do juiz monocrático no Poder Judiciário). É o que ocorre nas esferas estadual, municipal e distrital.

Na esfera federal foram instituídas as Delegacias Federais de Julgamento, formadas por um colégio de julgadores, instituídas com o objetivo de aprimorar, tornar pretensamente mais justas as decisões neste primeiro nível de julgamento, considerando que o julgador é funcionário da Administração Tributária e se confunde, na sua origem, com o Fisco, relativamente ao interesse arrecadatório envolvido. Neste nível, sob o ponto de vista do julgador administrativo, há a vantagem da especialidade, muitas vezes não detida pelo juiz, mas por outro lado existe a desvantagem da parcialidade.[71]

Em segunda instância federal, o Conselho Administrativo de Recursos Fiscal (CARF) exerce funções semelhantes aos Tribunais de segunda instância judicial, no julgamento dos recursos interpostos

---

71. O pressuposto da imparcialidade, inerente à atividade jurisdicional, tampouco é garantia absoluta de julgamento justo, considerando que o juiz é também integrante da Administração Pública, e o Poder Judiciário, dependente da saúde financeira do Tesouro estatal para sua existência. Tal fator pode influenciar psicologicamente a atuação do juiz num momento de dúvida entre os argumentos do fisco ou do contribuinte no caso concreto. Noutro sentido, mas com o mesmo efeito prático, James Marins aponta as *vunerabilidades do contribuinte* decorrentes das funções exercidas pelo próprio Estado em face do contribuinte. O Estado-criador (Legislativo), o Estado-aplicador (Executivo) da norma tributária e o Estado-julgador (Judiciário) da lide tributária, denotando a clara desproporção entre as forças do contribuinte em face Poder Estatal, em qualquer de suas funções (*Defesa e Vulnerabilidade do Contribuinte*, São Paulo, Dialética, 2009, p. 11).

DIREITO TRIBUTÁRIO E PROCESSO

pelos contribuintes ou representantes do Fisco e na atuação na chamada instância especial, em que os julgadores compõem órgãos colegiados especiais para o julgamento de recursos das suas próprias decisões, em alguns casos em que a lei assim admite. Estes recursos especiais também se assemelham àqueles cabíveis no âmbito judicial, em geral, aplicáveis em caso de divergência entre as câmaras ou turmas, ou decorrentes de votação por maioria de votos.

Os conselhos federal, estaduais, distritais e municipais caracterizam-se por serem paritários, ou seja, são integrados não só por representantes indicados pelo Estado, como também pelos contribuintes, por meio de órgãos de classe representativos dos seus interesses, tais como os sindicatos, federações e confederações patronais da classe empresarial.

Tanto os órgãos monocráticos como os colegiados são regulados por lei e não raramente sofrem limites para o exercício de sua função julgadora, tais como, por exemplo, a impossibilidade de declarar inconstitucionalidade de lei, o que, nesse aspecto, enfraquece sua atuação. Mesmo assim, adverte Cleide Cais, apoiada nos ensinamentos de Geraldo Ataliba, que se todas as divergências forem submetidas ao Poder Judiciário, *este* "submergirá sob o peso de um acúmulo de questões para julgar", e justamente por isso que a maioria dos países criou "organismos e sistemas para reduzir o número de causas instauradas perante o Poder Judicial".[72]

Por fim, conforme já mencionamos, o sistema processual judicial brasileiro não possui uma disciplina unificada para o julgamento de questões tributárias. Serve-se o direito tributário formal do processo civil, cuja origem e prioridade sempre foi atender a *lide civil*, entendida como a controvérsia ocorrida entre particulares para a proteção de direitos – via de regra – disponíveis.

Ao contrário do que acontece nas demandas travadas entre particulares, onde um busca a afirmação (ou negação) de um direito subjetivo em face do outro particular, na controvérsia tributária o direito subjetivo refere-se a um comportamento da Administração Pública, pautada na absoluta vinculação à constituição e à lei, que em razão da supremacia do interesse público e outros privilégios dá contornos bem diferentes à lide de natureza tributária.

O Fisco precisa do Poder Judiciário para cobrar seu crédito tributário em face do contribuinte, e este, frequentemente, atua em juízo para

72. Cleide Previtali Cais, *O Processo Tributário*, cit., p. 218.

se proteger de ilegalidades cometidas pelo Poder Público fiscal. Aqui, os princípios inerentes ao processo civil, tais como a igualdade das partes no processo, por exemplo, têm seu efeito minimizado pelas garantias e privilégios da cobrança do crédito tributário pelo Estado. O juiz se vê diante de diversas ficções e presunções legais que invertem o ônus da prova no processo, contrariamente ao contribuinte.

A relação jurídica tributária, em virtude da particularidade na relação fisco-contribuinte, é regida, em todas as suas dimensões – processuais ou não –, por uma gama numerosa de *princípios* jurídicos. Esta abrangência principiológica, mais das vezes de natureza constitucional, consubstancia-se na fundamental diferença entre a relação civil e a tributária, fazendo com que o juiz deva, no exercício de sua atividade jurisdicional no processo civil (ou noutro que se possa instituir), atuar de forma diferenciada. É sobre estes princípios, ou ao menos aqueles que se relacionam mediata ou imediatamente com a busca da verdade material, que trataremos a seguir.

2.4 Teoria dos princípios

Na sua obra, *Teoria dos Princípios*, Humberto Ávila denuncia o que convencionou chamar de *euforia do Estado Principiológico*. Segundo ele, vivemos um momento de impasse na interpretação e aplicação das normas jurídicas, que de tão expressivo chega a influenciar a efetividade do ordenamento jurídico.[73] Isso se dá pela concepção de que os princípios, enquanto bases, pilares do edifício jurídico, parafraseando Geraldo Ataliba, são os alicerces que sustentam o ordenamento das leis e, por isso, merecem maior importância. O que sobram são as regras de conduta e de estrutura.

A euforia estaria então na vontade dos operadores do Direito em fazer prevalecer determinada tese sobre outra, estatuindo determinada previsão normativa que, até então, poderia se tratar de "mera" regra, mas agora como princípio "superior".

Dada essa realidade, resta-nos então definir da melhor forma possível os princípios, em contraposição às regras, no complexo das normas jurídicas, procurando enquadrar corretamente as bases do presente estudo.

Desde as primeiras linhas, procuramos identificar o conjunto de normas jurídicas como *sistema*. Essas normas, enquanto integrantes de

---

73. *Teoria dos Princípios*, cit., p. 27.

DIREITO TRIBUTÁRIO E PROCESSO

um mesmo sistema jurídico, como vimos, são ordenadas de forma hierárquica, de forma que as normas de hierarquia inferior encontram seu fundamento de validade nas de hierarquia superior, até que chegamos ao topo da pirâmide de normas, onde encontramos as normas constitucionais.

Roque Carrazza, ao definir sistema, afirma ser uma reunião ordenada das várias partes que formam um todo. E a hierarquia que permeia o sistema faz com que as últimas normas encontrem sua explicação nas primeiras, e estas encontrem razão de existir nos princípios, sendo que o sistema será mais perfeito na medida em que a quantidade de princípios seja a menor possível.

Hodiernamente, classificam-se as normas jurídicas como sendo o gênero cujas espécies são as regras e os princípios jurídicos. Na clássica metáfora utilizada por Geraldo Ataliba, os princípios seriam o alicerce, as vigas mestras, as bases de um grande edifício, enquanto as regras seriam suas paredes, portas, janelas e acabamento. Num edifício (sistema), a retirada ou substituição de portas e janelas (regras) não abalam sua estrutura, enquanto a retirada de vigas de sustentação (princípios) provavelmente o fará ruir e desmoronar, levando tudo abaixo.

A questão se põe à prova na medida em que possa haver conflito entre regras, entre princípios ou, ainda, entre regras e princípios, e mais: quando tal conflito se der num mesmo nível hierárquico (constitucional, por exemplo).

Para tentar resolver a questão, o jurista norte-americano Ronald Dworkin propõe que o conflito normativo se resolva pelas regras gerais de validade das normas, iniciando pelo exame da hierarquia (superior revoga anterior) e passando pelos critérios de especialidade (especial revoga) e antiguidade (nova revoga antiga). Dessa forma, a regra se submete ao método do tudo ou nada (*all or nothing*). Ou é valida ou não é. O método de aplicação das regras é o da subsunção.

Já os princípios não seguem o mesmo critério. Não havendo hierarquia entre eles, e em virtude de seu conteúdo geral finalístico, não há que se falar em aplicação dos outros critérios de validade (especialidade ou antiguidade). A solução proposta por ele é a análise do caso concreto e o estabelecimento da prevalência de um princípio sobre o outro, sem contudo a revogação ou invalidação daquele que não prevaleceu, pois num outro caso concreto, em que os mesmos princípios voltem a colidir, a situação pode se inverter. Exemplo clássico é o conflito entre o princípio da liberdade de informação (via imprensa) *versus* o princípio da

114 A VERDADE MATERIAL NO DIREITO TRIBUTÁRIO

intimidade da pessoa. Dependendo dos interesses envolvidos, um pode prevalecer sobre o outro, ter um *peso* maior que o outro (*dimension of weight*), alternadamente.[74] O método de aplicação dos princípios, ao contrário das regras, seria então o da *ponderação*.

Humberto Ávila, por sua vez, aponta a inconsistência da teoria de Dworkin, especialmente diante de conflitos entre regras e princípios. Defende o autor que, ao contrário da concepção tradicional entre princípios e regras – que aqueles prevalecem sempre sobre estes –, as regras são *descritivas* de comportamento, de caráter abrangente e com pretensão de *decidibilidade*, enquanto os princípios são normas *finalísticas*, de caráter *complementar* e parcial. Em suma: entende que as regras podem ser (e usualmente o são) mais importantes que os princípios, ou melhor, podem vir a se dissociar destes, sempre que a regra dirigir-se tão diretamente ao comportamento que não haja espaço de aplicação de normas "*complementares*" que são os princípios, visto que a regra costuma ser completa e direta na regulação da conduta.

De outro lado, alguns autores sustentam não só a supremacia dos princípios diante das regras, como também a existência de certa hierarquia de princípios, chamados de *sobreprincípios* ou *postulados (normas de segundo grau)*. Estes últimos, na acepção de Ávila, não seriam propriamente princípios superiores, mas princípios que determinam a metodologia de interpretação de aplicação dos demais princípios. Os postulados típicos, para ele, são o (princípio) da razoabilidade e o (princípio) da proporcionalidade.[75]

Paulo de Barros Carvalho define princípio como sendo uma regra portadora de "núcleos significativos de grande magnitude influenciando visivelmente a orientação de cadeias normativas", em que o legislador depositou alta carga de valor. Na sua classificação de princípios tributários, o autor menciona: os *sobreprincípios*, os princípios *formadores do Estado* e os chamados *limites objetivos* do direito tributário.

Sobreprincípios seriam então aqueles princípios dotados de valores jurídicos da mais alta hierarquia. São eles: justiça, segurança jurídica, certeza do direito, igualdade, liberdade. Os princípios formadores do Estado são: federativo, republicano, da separação de poderes, da isonomia das pessoas políticas e da autonomia dos municípios. Por fim, os

---

74. *Taking Rights Seriously*, 6ª tir., London, Duckworth, 1991, p. 26.

75. *Teoria dos Princípios*, cit., p. 195. O autor esclarece também que esses postulados podem ser chamados igualmente de princípios, na medida em que se propõem a funcionar como adequação do meio utilizado ao fim proposto (p. 201).

DIREITO TRIBUTÁRIO E PROCESSO

demais princípios materiais constitucionais enquadram-se como limites objetivos da tributação.

Roque Carrazza, na mesma linha de raciocínio, elege aqueles princípios que para ele – em relação à classificação acima – se enquadrariam ora como sobreprincípios, ora como limites objetivos, ora como princípios formadores do Estado. O autor escolhe seis dentre os tantos princípios constitucionais tributários que têm maior importância: o republicano, o federativo, o da autonomia municipal, anterioridade, legalidade e segurança jurídica. O que há de comum, portanto, é que ambos os autores citados reconhecem uma *relevância* de uns princípios sobre outros.[76]

Preferimos aqui, por uma questão metodológica, admitir a distinção de regras e princípios (enquanto espécies do gênero Norma), e admitir que os princípios sempre prevaleçam sobre as regras, pois estas encontram seu fundamento, seu alicerce, naqueles. Reconhecemos também a maior relevância de alguns princípios sobre outros e, neste trabalho, mencionaremos aqueles mais importantes que – cumulativamente – têm relação mais imediata possível com o tema em estudo (princípio da busca da verdade material). Paulo Ayres Barreto observa com precisão que, se assumirmos a prevalência dos princípios sobre as regras, seria conceder exacerbado grau de subjetividade ao intérprete, o que dificulta o controle da realização do fim colimado pela Constituição de que estas dão efetividade àquelas.[77]

Aliás, Humberto Ávila, na última edição da sua *Teoria dos Princípios*, afirma que nem todos os princípios são capazes de afastamento diante de princípios contrários. Com grande propriedade reforça que, no Brasil, vive-se um momento de profundo "relativismo axiológico, capaz de flexibilizar tudo, até mesmo o fundamental". Basicamente, os princípios federativo, da separação de poderes, da igualdade e do devido processo legal não admitem graduação ou *sopesamento*. Devem sempre ser observados.

O rol de princípios relacionados à matéria é extenso, como se pode ver. Não seria exagero mencionar quase uma centena de princípios constitucionais, administrativos, tributários e processuais passíveis de arrolamento.

76. *Curso de Direito Constitucional Tributário*, cit., p. 48.
77. *Contribuições: Regime Jurídico, Destinação e Controle*, São Paulo, Noeses, 2006, p. 20.

116 A VERDADE MATERIAL NO DIREITO TRIBUTÁRIO

Sendo assim, utilizaremos o seguinte critério de seleção: 1º. Mencionaremos brevemente aqueles princípios e sobreprincípios que têm relação direta ou indireta (porém relevante) com o princípio da busca da verdade material; 2º. Abordaremos apenas os princípios expressos ou implícitos no texto constitucional, por servirem de fundamento para todos os demais.[78]

Sem nenhuma dúvida, os (sobre)princípios da *justiça* e da *segurança jurídica* destacam-se dos demais, especialmente na identificação do conteúdo e alcance do princípio da verdade material. Esses dois princípios constitucionais são a base de todos os demais e servem de sustentáculo ao Estado Democrático de Direito, que não se confunde com o Estado Constitucional. O Estado Democrático de Direito pressupõe que o mesmo está submetido ao "império da lei".

A Justiça, ao lado da liberdade e da igualdade, está consignada no preâmbulo de nossa Constituição. É, segundo Paulo de Barros Carvalho, diretriz suprema, e até mesmo entre os sobreprincípios, *ocupa lugar preeminente.*[79]

Hans Kelsen, na sua característica concepção positivista, não admitia que a norma jurídica fosse justa ou injusta. Neste sentido, a justiça seria uma qualidade da conduta, não da norma. Seria então um atributo do que ele chamou de "norma de justiça", que prescreve uma determinada conduta de homens em face de outros homens (integrante do conceito de moral). Diz-se que um legislador ou um juiz é justo ou injusto, mas essa atribuição não pode estender-se da pessoa para a norma.[80]

Tércio Sampaio Ferraz Jr. entende que ser justo é dar a cada um o que é seu. Afirma que nenhum homem pode sobreviver numa situação em que a justiça, enquanto sentido unificador do seu universo moral, foi destruída, pois a carência de sentido torna a vida insuportável. A justiça seria então um *código de ordem superior*, um *princípio doador de sentido* para o sistema jurídico.[81]

---

78. A tarefa não é fácil, pois, como diz Roque Carrazza: "*todos os princípios constitucionais tributários entroncam-se e interpenetram-se, sendo impossível obedecer a um, sem obedecer os demais.*" Concordamos plenamente com a afirmação, mas por uma questão de objetividade, tentaremos destacar aqueles que nos interessam de forma particular (*Curso de Direito Constitucional Tributário*, cit., p. 559).

79. *Direito Tributário, Linguagem e Método*, cit., p. 283.

80. *O Problema da Justiça*, São Paulo, Martins Fontes, 1993, p. 3.

81. *Introdução ao Estudo do Direito*, 4ª ed. rev. ampl., São Paulo, Atlas, 2003, pp. 352-353.

DIREITO TRIBUTÁRIO E PROCESSO

Humberto Theodoro Junior salienta que o Direito maneja com dois valores *primaciais*: a Justiça e a segurança jurídica. O primeiro corresponde a um anseio de ordem ética, de conteúdo indefinido e o segundo, a uma meta prática, concreta, que o Direito pode e deve realizar e que a inteligência humana pode captar e compreender. O concurso de ambos os valores culmina na paz social.[82]

A segurança jurídica é então o estabelecimento de regras pacificadoras. Ocorre quando a lei prevê, por exemplo, o instituto da coisa julgada, da revelia, da decadência, da prescrição, da preclusão e das diversas regras de ficção e presunção legais. Todas essas regras *mutilam* a justiça. O fato de que alguém perderá um direito pelo decurso do tempo (decadência, em sentido amplo) é, em última análise, uma grave injustiça. Ter pressuposta a confissão dos fatos alegados pelo autor no processo judicial, pelo simples fato de que o demandado não apresentou contestação no prazo de alguns dias, é regra inspirada na segurança jurídica, mas de cunho flagrantemente injusto.

Para o cidadão, a injustiça é compensada com a garantia de previsibilidade e imutabilidade dos direitos e obrigações relacionadas aos fatos passados e futuros, garantindo estabilidade social. O cunho pacificador do princípio da segurança jurídica se irradia por todo o sistema jurídico, especialmente o processual. No direito tributário, daí decorrem outros princípios, tais como o da Irretroatividade, em que a lei que institui ou aumenta tributos não pode ser aplicada a fatos ocorridos anteriormente à vigência da norma nova, e o da anterioridade, em que a lei que institui ou aumenta a maioria dos tributos, uma vez editada, deve respeitar uma *vacatio legis* constitucional mínimo, que vai de 90 dias até o primeiro dia do exercício fiscal seguinte à sua publicação.[83]

É evidente a colisão existente entre os dois princípios, ao falarmos em busca da verdade no processo. Em termos absolutos, podemos dizer que: quanto maior a preocupação com a verdade material, maior será atendido o princípio da justiça e menor será a importância do princípio da segurança jurídica.

Em seguida, temos o princípio constitucional da legalidade. O art. 5º, II, da CF/1988 determina que ninguém será obrigado a fazer ou deixar de fazer algo senão em virtude de lei. A importância desse princípio

---

82. "As reformas do direito processual civil e o princípio da segurança jurídica", in Ives Gandra da Silva Martins e Eduardo Jobim (Coord.), *O Processo na Constituição*, São Paulo, Quartier Latin, 2008, p. 256.

83. Art. 150, III, da CF/1988.

A VERDADE MATERIAL NO DIREITO TRIBUTÁRIO

é inegável e faz parte da grande maioria das constituições. Foi o princípio norteador da primeira das Cartas Magnas, de 1215, do Rei "João sem Terra", na Inglaterra, a quem os barões impuseram a necessidade prévia de aprovação dos súditos para a cobrança de tributos (*no taxation without representation*).

O Poder Constituinte originário da nossa Constituição, como se não bastasse o princípio da legalidade impresso no art. 5º, consignou o chamado princípio da legalidade tributária, no art. 150, I, da CF/1988, que impede a instituição ou majoração de tributos sem lei prévia. A "lei" a que se refere o dispositivo não é apenas a lei ordinária, como também a lei complementar, nos casos de tributos em que a Constituição impõe a utilização desta espécie normativa, a lei delegada e a medida provisória, nos exatos termos dos arts. 62 e 68.

O princípio da legalidade não se refere apenas a comando dirigido ao legislador para autorizá-lo a instituir determinado tributo, mas também a lei deve estabelecer *in abstrato* todos os critérios da hipótese de incidência tributária. Não cabe a autoridade pública fiscalizadora e arrecadadora de tributos resolver, no caso concreto, quem deve ou não pagar tributos e quando. O nascimento da obrigação tributária, como vimos, é consequência direta do comando legal, sendo absolutamente irrelevante a vontade do contribuinte ou da autoridade fiscal.

Desta assertiva decorre outro princípio, chamado *Tipicidade Fechada*. Significa dizer que o legislador deve fixar as hipóteses de incidência, de modo taxativo e completo, às situações (tipos) tributáveis, cuja ocorrência será necessária e suficiente ao nascimento da obrigação tributária, bem como os critérios de quantificação do tributo. Ao aplicador, por sua vez, é vedada a interpretação extensiva ou a analogia, incompatíveis com os aspectos exaustivos da lei tributária.[84]

É fundamental apontar a completa falta de autonomia do contribuinte ao contrair obrigações tributárias. Na esfera do direito *civil*, que em juízo se desenrola no âmbito do processo *civil*, não há interesse público envolvido. Os interesses são privados e o princípio da liberdade do cidadão é que garante o nascimento das obrigações mútuas. A legalidade opera para o particular no sentido de garantir sua liberdade, ou seja: que ele pode fazer tudo o que a lei não proíbe. Para a Administração Pública, ao contrário, a legalidade opera de maneira inversa, isto é, no

---

84. Luciano Amaro, *Direito Tributário Brasileiro*,17ª ed., São Paulo, Saraiva, 2011, pp. 134-135.

DIREITO TRIBUTÁRIO E PROCESSO

sentido de que o agente fiscal apenas pode fazer o que a lei lhe permite expressamente.[85]

Se a restauração ou correção das violações à legalidade, ensina Celso Antônio Bandeira de Mello, "não pudessem ser judicialmente exigíveis pelos próprios agravados em todas e quaisquer hipóteses nas quais fossem ofendidos *contra jus*, o princípio da legalidade em muitos casos pouco valeria, neles se convertendo em simples 'ficção'". Nesta senda, o interesse público é apenas *dimensão pública dos interesses individuais*, e é por isso que a legalidade para a Administração se resume a uma técnica para garantir a liberdade do administrado.[86]

Para a busca da verdade material, a apuração dos fatos é fundamental para que o fenômeno da subsunção ocorra perfeitamente, considerando a presença de todos os elementos do *tipo* tributário. A verdade aproximada ou formal é, portanto, absolutamente incompatível com os princípios da legalidade e da tipicidade fechada, inerentes à obrigação tributária. É por isso também que as presunções e ficções devem ser restritas em matéria tributária, como já tivemos a oportunidade de afirmar.[87]

Roque Carrazza acrescenta algo pertinente a isso, aliando ao princípio da legalidade o que chamou de *princípio do direito de resistência à tributação indevida*, por parte do contribuinte, consubstanciado no princípio do livre acesso ao Poder Judiciário, no direito de indenização contra atos e omissões ilegais dos agentes fiscais, no direito de representação, no direito de petição, entre outros.[88]

85. Celso Antônio Bandeira de Mello, *Grandes Temas de Direito Administrativo*, 2ª tir., São Paulo, Malheiros Editores, 2010, p. 36. O autor acrescenta ainda que "não basta a simples relação de não contradição, posto que, demais disso, exige-se ainda uma relação de subsunção".

86. Acrescenta o jurista, citando Eduardo Garcia de Enterría, que "'a violação à legalidade que leve o cidadão a suportar o que a lei não permite é uma agressão à sua liberdade e sua oposição a isto é uma defesa dela" (Celso Antônio Bandeira de Mello, *Grandes Temas de Direito Administrativo*, cit., pp. 186-187).

87. Discordamos de opiniões, como a de Maria Rita Ferragut, para quem a supremacia do interesse público sobre a o do particular conduz a verdade material, que muitas vezes, segundo ela, só pode ser atingida por meio de presunções. Entendemos que a supremacia do interesse público tem o efeito justamente contrário, pois com base nessa afirmação (interesse público) a Administração Fazendária costuma justificar a suficiência da verdade formal, limitando a apuração da verdade, inclusive mediante a imposição de presunções. Roque Carrazza, ao tratar do tema (interesse público) entende que o *interesse fazendário* não se confunde com *interesse público*, mas sim subordina-se a ele, e só poderá prevalecer desde que em perfeita sintonia com o mesmo (*Curso de Direito Constitucional Tributário*, cit., p. 559).

88. *Curso de Direito Constitucional Tributário*, cit., p. 558.

120 A VERDADE MATERIAL NO DIREITO TRIBUTÁRIO

Todas essas prerrogativas materiais e processuais, por sua vez, estão garantidas pelo já mencionado princípio constitucional da ampla defesa e do contraditório, previstos no art. 5º, LV, da CF/1988. Prevê o dispositivo que: "aos litigantes, em processo judicial ou administrativo, e aos acusados em geral são assegurados o contraditório e ampla defesa, com os meios e recursos a ela inerentes".

Apesar de aparecerem juntos no texto constitucional e de haver uma natural interligação entre ambos, distingue-se o contraditório da ampla defesa, no sentido de que o primeiro retrata a paridade de armas entre os litigantes, com igual oportunidade de informação, ação e reação no âmbito processual. A ampla defesa, a seu turno, significa que qualquer parte no processo pode defender-se com todos os meios admitidos em Direito, em sentido amplo, não se resumindo, portanto, a mera resposta ou contestação.

Também em sentido amplo devem tomar-se os termos *litigantes* e *acusados*, pois não só o envolvido em questões penais está protegido pelo princípio, mas todo aquele que, enquanto parte, possa estar sujeito a perder bens ou direitos em geral.[89] Daqui decorre outro princípio: o chamado princípio do devido processo legal, extraído do mesmo art. 5º da CF/1988, agora em seu inciso LIV, que diz: "ninguém será privado da liberdade ou de seus bens sem o devido processo legal".

Assim como o primado do princípio da legalidade teve suas origens na Carta Magna de "João Sem Terra", de 1215, o princípio então denominado *due process of law* foi absorvido pela Constituição dos Estados Unidos da América, por meio da sua 5ª Emenda, como também a Constituição brasileira, pela primeira vez, em 1988, adotou a mesma sistemática.[90] Segundo os ingleses e americanos, o princípio do *due process of law* se desdobra em outros dois: o devido processo legal substancial (*substantive due process*) e o devido processo legal processual (*procedural due process*).

A vertente substantiva compreende os postulados do direito material (princípio da legalidade, anterioridade, irretroatividade, por exemplo) e a vertente processual corresponde propriamente à garantia de acesso à tutela dos direitos no âmbito do processo. Dessa vertente processual é que derivam todos os demais princípios do processo, seja administrativo ou judicial (contraditório, ampla defesa, ampla instrução probatória, por exemplo).

89. Arruda Alvim, *Manual de Direito Processual Civil*, cit., p. 128.

90. Antonio Carlos de Araújo Cintra, Ada Pelegrini Grinover e Candido Rangel Dinamarco, *Teoria Geral do Processo*, cit., p. 89.

DIREITO TRIBUTÁRIO E PROCESSO

É do primado do devido processo legal, enquanto garantia fundamental, que deriva também, e especialmente, o princípio da busca da verdade material. Não basta que se atenda o procedimento e as formalidades do processo, mas esse mesmo procedimento, o rito processual (*procedural*), deve conduzir sempre à decisão justa com base na apuração mais próxima possível da verdade (*substantive*).

A primeira premissa da qual partimos, diante do que vimos até aqui, é que o devido processo legal e suas derivações constitucionais diretas (contraditório, ampla defesa e ampla dilação probatória), juntamente com os sobreprincípios da Justiça e da segurança jurídica, encontram-se, lado a lado com outros seletos princípios, em patamar superior às demais normas do sistema.

Segundo a doutrina moderna que mencionamos, referindo-nos a Dworkin e Ávila, relativamente a ponderação/sopesamento de princípios, ou à aplicação de critérios de aplicação dos mesmos por meio da proporcionalidade ou razoabilidade, perguntamos: seria possível, mesmo diante da relevância dos princípios selecionados, haver conflito entre eles? Se admitirmos tal conflito, qual prevaleceria?

Entendemos que a dualidade entre os desígnios da justiça e da segurança jurídica indica de *per si* um conflito natural.

Vejamos a seguinte assertiva: "*Justo* é dar a cada um o que é seu, mas *seguro*, juridicamente, é eventualmente não dar". *Não dar* o que é devido pode ocorrer, por exemplo, se o titular não reivindicar seu direito num determinado espaço de tempo. A paz social "exige" que reivindicações não tomem uma *eternidade* para serem exercidas, vinculando eventualmente herdeiros ou sucessores que sequer tiveram relação com o fato. A afirmação encerra um dilema interessante: até que ponto é justificável limitar o exercício de direitos, ou a apuração da verdade sob o pretexto da segurança jurídica. Ou ainda: seria possível estabelecer limites objetivos para a aplicação do princípio da segurança jurídica, ou talvez: seria possível estabelecer, a *contrario sensu*, limites objetivos ao princípio da justiça? Esta tarefa é do legislador ou da Justiça?

Será que é justo (e razoável), diante de um processo que leva anos para ser concluído, ter a verdade estabelecida pelo decurso de um prazo preclusivo de cinco dias? Será que é razoável (e justo) que após submeter uma empresa a um ano de fiscalização, levantando "fatos geradores" ocorridos em cinco anos de atividade, conceder ao contribuinte um prazo de 15 ou 30 dias para defender-se?

Prima facie, nos parece que a medida de ponderação entre esses princípios será balizada pela compulsoriedade da relação jurídica, que é

A VERDADE MATERIAL NO DIREITO TRIBUTÁRIO

estabelecida entre o Fisco e o contribuinte em decorrência do princípio da legalidade tributária que, além de impor ao Fisco uma exigência formal, impõe ao contribuinte a impossibilidade de optar pelo nascimento ou não da obrigação, assemelhando-a àquela surgida do direito penal. Aliás, a única diferença entre o tributo e a multa penal é que esta decorre de ato ilícito, a outra não.

É sobre esses limites, e suas razões, que passaremos a tratar no capítulo seguinte.

2.5 Síntese conclusiva do capítulo

A definição de sistema jurídico de Geraldo Ataliba (ou *sistema normativo*, como costumava dizer) compilou precisamente os conceitos kantiano e kelseniano, resultando na seguinte afirmação: "sistema normativo é o conjunto unitário e ordenado de normas, em função de uns tantos princípios fundamentais, reciprocamente harmônicos, coordenados em torno de um fundamento comum".

Sistema exige a existência de um mecanismo que solucione conflitos entre as normas dele integrantes, a chamada *antinomia*, ou conflito de normas de um mesmo nível hierárquico. É o que ele chama de *coerência* do ordenamento. A interpretação sistemática das normas é justamente a análise não só de conflito hierárquico, mas também dentro do mesmo nível, proporcionando, atendidas determinadas regras, eliminar a norma incompatível com o ordenamento. Esse mecanismo é que dá, em sentido estrito, unidade ao ordenamento e, portanto, equipara-o a um sistema.

Analisando os sistemas da Argentina, Alemanha, Estados Unidos, França e Itália, conclui-se que o Poder Constituinte transferiu integralmente ao Poder Legislativo ordinário, o poder de tributar, apenas com limites de caráter genérico, tais como o atendimento aos princípios da igualdade, legalidade e capacidade contributiva.

No Brasil ocorre o contrário. O poder tributário é plenamente retido ao Poder Constituinte, atribuindo ao legislador apenas competências específicas e bem delimitadas. É esta a justa razão de que qualquer exercício de hermenêutica e aplicação do direito tributário deve necessariamente ter como ponto de partida a Constituição Federal.

O Brasil é uma República Federativa. O modelo brasileiro de Federação, pautado na autonomia administrativa e legislativa dos entes federativos (União, Estados e Municípios) exige também um sistema eficiente de discriminação de competências tributárias; afinal, não há

DIREITO TRIBUTÁRIO E PROCESSO

autonomia administrativa sem autonomia financeira, seja pela origem dos recursos, seja pela destinação dessas verbas arrecadadas. É esta uma das razões pelas quais o Poder Constituinte manteve para si o poder de discriminar competências tributárias e estabelecer precisos limites ao seu exercício. O regime federal adotado pelo Brasil exige coordenação e harmonia e, especialmente, concessões mútuas, inviáveis sob competência tributária muito ampla.

O fenômeno tributário, antes de tudo, é um fenômeno econômico, pois afeta a relação entre as necessidades e os bens. Assim como as leis de caráter econômico governam a ação do homem na sua procura de bens para satisfazer suas necessidades, outras leis, de caráter igualmente econômico, governam a ação do Estado quando ele precisa satisfazer suas necessidades públicas.

O tributo, enquanto parcela de dinheiro devido ao Estado, será devido desde que a hipótese de incidência descrita na norma tributária se realize no mundo dos fatos. Aliás, a doutrina é unânime ao afirmar que não apenas o fato descrito abstratamente, mas um conjunto de elementos que compõe a norma tributária precisa ocorrer para que nasça a obrigação de determinada pessoa (sujeito passivo) em entregar ao Estado, ou a quem a lei assim o determine (sujeito ativo) determinada (ou determinável) quantia em dinheiro.

Lógica e cronologicamente, o fenômeno da incidência tributária pode ser sinytetizado da seguinte forma: i) o sujeito competente prescreve uma hipótese normativa; ii) a hipótese veicula uma escolha por certas características de um acontecimento futuro e incerto; iii) esse acontecimento sucede no mundo social; iv) ingressa no mundo jurídico não aquilo que ocorre no meio social (evento), mas a tradução de elementos deste fato social para a linguagem prescritiva das normas (fato jurídico), conforme a escolha programada normativamente pela hipótese.

Relação, na concepção de Francesco Carnelutti *é um ir e vir entre duas pessoas, vinculando uma a outra*. Desse gênero *relação* podem-se extrair inúmeras espécies, a depender do que as vincula. Por exemplo: a relação pode ser social, política, moral, jurídica etc. No caso da relação jurídica, o que vincula os sujeitos é um poder-dever decorrente das normas jurídicas.

Relação jurídica tributária pode se dar em três dimensões distintas: a estática, a dinâmica e a crítica. A estática é aquela em que ainda não há a participação do sujeito ativo. É a que regula o direito material e as regras de instituição de tributos, a que estão sujeitas os princípios cons-

124 A VERDADE MATERIAL NO DIREITO TRIBUTÁRIO

titucionais e limitações ao exercício do poder de tributar por parte dos entes políticos do Estado.

Na dimensão *dinâmica* ocorre a atuação efetiva do Estado. Trata-se do fenômeno do ato do lançamento tributário, em que ocorre a atuação do agente estatal na formalização do crédito tributário mediante o procedimento administrativo específico de fiscalização e eventual lançamento.

O tributo implica em cerceamento da liberdade de dispor da propriedade individual, o que é tolerado na medida em que traz efeitos sociais supostamente benéficos. Mas quando essa exigência se torna injusta, justifica-se a rebeldia do contribuinte. Num Estado de Direito, tal rebeldia se dá através do processo, que passa a ser a principal arma para a solução prática e eficaz do conflito que se instaura.

Os litígios entre o Fisco e os contribuintes surgem muito especialmente com a finalização da dimensão dinâmica da relação jurídica. Caso o lançamento tributário não seja reconhecido como válido pelo contribuinte, este pode impugná-lo, dando origem ao processo, consubstanciado na chamada *dimensão crítica* da relação jurídica tributária.

O *processo* é o instrumento pelo qual o Estado exerce a jurisdição. A jurisdição, a seu turno, é uma das manifestações do poder do Estado, e é exercida pelo juiz.

A relação jurídica tributária, na sua dimensão crítica, pode desenvolver-se em ambas as esferas (administrativa e judicial), não é forçoso concluir que todos aqueles princípios regentes do processo, enquanto gênero, são aplicáveis igualmente a ambas as espécies, guardadas as especificidades de cada esfera.

Significa dizer que a esfera contenciosa administrativa está sujeita a um elevado número de princípios e garantias, mormente de índole constitucional, mais até do que o Poder Judiciário, o que de alguma forma protege ainda mais o contribuinte de eventuais arbítrios dos agentes de fiscalização e arrecadação. Além disso, a incipiente especialização do Poder Judiciário para tratar de assuntos tributários converte a esfera administrativa numa *instância* valorosa na solução de controvérsias.

Ao contrário do que acontece nas demandas travadas entre particulares, onde um busca a afirmação (ou negação) de um direito subjetivo em face do outro particular, na controvérsia tributária o direito subjetivo refere-se a um comportamento da Administração Pública, pautada na absoluta vinculação à constituição e à lei, que em razão da supremacia do interesse público e outros privilégios dá contornos bem diferentes à lide de natureza tributária.

DIREITO TRIBUTÁRIO E PROCESSO

Classificam-se as normas jurídicas como sendo o gênero cujas espécies são as regras e os princípios jurídicos. Na clássica metáfora utilizada por Geraldo Ataliba, os princípios seriam o alicerce, as vigas mestras, as bases de um grande edifício, enquanto as regras seriam suas paredes, portas, janelas e acabamento. Num edifício (sistema), a retirada ou substituição de portas e janelas (regras) não abalam sua estrutura, enquanto a retirada de vigas de sustentação (princípios) provavelmente o fará ruir e desmoronar, levando tudo abaixo.

Não só a supremacia dos princípios diante das regras, como também a existência de certa hierarquia de princípios, chamados de *sobreprincípios* ou *postulados (normas de segundo grau)*. Estes últimos, na acepção de Humberto Ávila, não seriam propriamente princípios superiores, mas princípios que determinam a metodologia de interpretação de aplicação dos demais princípios. Os postulados típicos, para ele, são o (princípio) da razoabilidade e o (princípio) da proporcionalidade.

Utilizaremos o seguinte critério de seleção de princípios: 1º. Mencionaremos brevemente aqueles princípios e sobreprincípios que têm relação direta ou indireta (porém relevante) com o princípio da busca da verdade material; 2º. Abordaremos apenas os princípios expressos ou implícitos no texto constitucional, por servirem de fundamento para todos os demais.

Sem nenhuma dúvida, os (sobre)princípios da *Justiça* e da *segurança jurídica* destacam-se dos demais, especialmente na identificação do conteúdo e alcance do princípio da verdade material. Esses dois princípios constitucionais são a base de todos os demais e servem de sustentáculo ao Estado Democrático de Direito, que não se confunde com o Estado Constitucional.

Como acima afirmado, segundo Tércio Sampaio Ferraz, ser justo é dar a cada um o que é seu. Nenhum homem pode sobreviver numa situação em que a justiça, enquanto sentido unificador do seu universo moral, foi destruída, pois a carência de sentido torna a vida insuportável. A justiça seria então um *código de ordem superior*, um *princípio doador de sentido* para o sistema jurídico.[91]

O Direito maneja então com dois valores *primaciais*: a Justiça e a segurança jurídica. O primeiro corresponde a um anseio de ordem ética, de conteúdo indefinido e o segundo uma meta prática, concreta, que o Direito pode e deve realizar e que a inteligência humana pode captar e compreender. O concurso de ambos os valores culmina na paz social.

91. V. nota 81.

126 A VERDADE MATERIAL NO DIREITO TRIBUTÁRIO

Princípio da legalidade não se refere apenas a comando dirigido ao legislador para autorizá-lo a instituir determinado tributo, mas também a lei deve estabelecer *in abstrato* todos os critérios da hipótese de incidência tributária. Não cabe a autoridade pública fiscalizadora e arrecadadora de tributos resolver, no caso concreto, quem deve ou não pagar tributos e quando.

Para a busca da verdade material, a apuração dos fatos é fundamental para que o fenômeno da subsunção ocorra perfeitamente, considerando a presença de todos os elementos do *tipo* tributário. A verdade aproximada ou formal é, portanto, absolutamente incompatível com os princípios da legalidade e da tipicidade fechada, inerentes à obrigação tributária.

A medida de ponderação entre esses princípios será balizada pela compulsoriedade da relação jurídica, que é estabelecida entre o fisco e o contribuinte em decorrência do princípio da legalidade tributária que, além de impor ao Fisco uma exigência formal, impõe ao contribuinte a impossibilidade de optar pelo nascimento ou não da obrigação, assemelhando-a àquela surgida do direito penal.

Capítulo III
VERDADE MATERIAL
NO PROCESSO JUDICIAL TRIBUTÁRIO

3.1 O papel do juiz na apuração da verdade. 3.2 Verdade material nos tribunais judiciais. 3.3 Verdade material nos tribunais administrativos. 3.4 Segurança jurídica e o risco da celeridade.

3.1 O papel do juiz na apuração da verdade

Os principais sistemas jurídicos modernos, quanto ao papel do juiz na apuração dos fatos, podem ser divididos em dois grandes grupos: aqueles em que o julgamento das causas está concentrado na figura dos *jurados* (*commom law* – inglês e norte-americano) e aquele em que a decisão está concentrada no juiz profissional (*civil law* – europeu e sul--americano).

O primeiro grupo, característico especialmente nos Estados Unidos, em que a Constituição garante a todo o cidadão a presença do júri no julgamento de sua causa – inclusive nas causas de natureza civil –, a tradição cultural faz com que o próprio povo, por meio de pessoas comuns escolhidas para cada julgamento, evite eventuais abusos do Estado-juiz.[1]

---

1. A 5ª Emenda à Constituição norte-americana, do ano de 1791, além de prever o princípio do devido processo legal, garante o direito ao julgamento por júri popular em caso de causas penais. Diz o texto original: "No person shall be held to answer for a capital, or otherwise infamous crime, unless on a presentment or indict-ment of a Grand Jury, except in cases arising in the land or naval forces, or in the Militia, when in actual service in time of War or public danger; nor shall any person be subject for the same offense to be twice put in jeopardy of life or limb; nor shall be compelled in any criminal case to be a witness against himself, nor be deprived

128 A VERDADE MATERIAL NO DIREITO TRIBUTÁRIO

Há a figura do juiz profissional nesse sistema, mas sua função é apenas a de presidir o julgamento e garantir as prerrogativas legais e constitucionais das partes.

Tal procedimento é extremamente questionável quanto à apuração da verdade dos fatos. O fato de os jurados serem pessoas comuns reduz consideravelmente sua condição de apurar aqueles fatos de natureza mais complexa, que contenham circunstâncias duvidosas e exijam laudos técnicos e. Além disso, a ausência da necessidade de motivação das suas decisões faz com que os jurados não tenham comprometimento com a verdade, decidindo de forma absolutamente objetiva e limitada.

No sistema da *civil law* verifica-se a presença exclusiva do juiz profissional na grande maioria das questões postas ao Poder Judiciário. Considerando sua formação jurídica e investidura jurisdicional a que está sujeito, ele tem condições amplas de decidir a causa, seja pelos aspectos jurídicos, seja pelo exame dos fatos controversos.

No Brasil o poder jurisdicional é exclusivo desses juízes integrantes do Poder Judiciário, em virtude das prerrogativas que a eles outorgou o Poder Constituinte, e que já tivemos a oportunidade de mencionar, tais como a inamovibilidade e a irredutibilidade de vencimentos. Contudo, a origem da sistemática da *civil law* adotada no Brasil é de inspiração europeia, e nos principais países europeus existem juízes dotados de atividade reconhecidamente jurisdicional mas que não têm sequer formação jurídica. É o caso dos *Arbeitsgerichten*, que são órgãos colegiados alemães compostos por juristas e leigos, assim como as *sezioni specializzate agrarie*, italianas. Ainda com mais intensidade isso ocorre na França, em que órgãos como estes são comuns e sequer têm a presença de juristas na sua composição, como é o caso dos *conseils de prud'hommes*, os *tribunaux de commerce* e os *tribunaux paritaires de baux ruraux*.[2]

---

of life, liberty, or property, without due process of law; nor shall private property be taken for public use, without just compensation". A 7ª Emenda, por sua vez, estende o direito ao júri também àqueles envolvidos em causas cíveis que superem 20 dólares. Diz o texto original: "In Suits at common law, where the value in controversy shall exceed twenty dollars, the right of trial by jury shall be preserved, and no fact tried by a jury, shall be otherwise re-examined in any Court of the United States, than according to the rules of the common law".

2. Michele Taruffo, *Simplemente la verdad. El juez y la construcción de los hechos*, cit., p. 205. Quanto à sistemática dos órgãos julgadores ligados ao Poder Executivo, Maria Sylvia Zanella Di Pietro reconhece a profunda influência do direito francês sobre o direito administrativo brasileiro, exceto pela predominância desses

VERDADE MATERIAL NO PROCESSO JUDICIAL TRIBUTÁRIO 129

A tendência que se nota, a partir de obras como a de Cândido Rangel Dinamarco (*Instituições de Direito Processual Civil*[5]) e de leis recentes (Lei da Arbitragem), que aos poucos deslocam o conceito de jurisdição de *Poder do Estado* para *reflexo do Poder do Estado*, é no sentido de que o Poder do Estado é uno, apenas dividido em funções (Executivo, Legislativo e Judiciário). Mesmo que não se reconhecessem os Conselhos de Contribuintes, por exemplo, como ditadores do Direito (no sentido técnico), é inegável a sua função de apuração da verdade e aplicação da justiça nas relações entre o Fisco e o contribuinte.

Seja como for, até mesmo o juiz-jurista tem dificuldades em apurar os fatos, posto que sua formação é essencialmente baseada na teoria da norma. O juiz não é historiador, tampouco cientista. Por outro lado: (a) sua experiência adquirida na atividade diária; (b) o fato de que fazem parte de sua formação as técnicas de subsunção dos fatos concretos, as hipóteses legais e, ainda, (c) a necessidade de fundamentação de suas decisões fazem com que o juiz da *civil law* encontre-se em melhores condições para buscar a verdade no processo do que aqueles juízes (jurados) do sistema da *commom law*, mesmo que a decisão destes venha sendo considerada razoável, satisfatória, no contexto dos países anglo--saxônicos.

Já dissemos que a decisão judicial (ou a narração judicial) é o elemento estrutural do processo. Vimos também que a única parte realmente comprometida com a verdade é o juiz. O demandante e o demandado, influenciados pela necessidade de seus advogados de ganhar a causa e pelo sistema jurídico que acolhe as melhores narrações, mesmo que sejam falsas em sua essência, não estão comprometidos, ou estão apenas pretensamente comprometidos com a verdade real. Os peritos, a seu turno, têm a visão fragmentada da verdade seja por sua especialidade, seja pela gama de fatos de que têm conhecimento.

Mesmo assim, entre nós, consolidou-se o entendimento de que a atividade do juiz é regida pelo denominado *princípio dispositivo*. Segun-

órgãos administrativos jurisdicionais naquele país, especialmente pelo denominado Conselho de Estado (*Direito Administrativo*, 24ª ed., São Paulo, Atlas, 2011, p. 43).

3. Segundo Dinamarco, constituem conquistas das últimas décadas a perspectiva sociopolítica da ordem processual e a valorização dos meios alternativos. "A descoberta dos escopos sociais e políticos do processo valeu também como alavanca propulsora da visão crítica de suas estruturas e do seu efetivo modo de operar, além de levar as especulações dos processualistas a horizontes que antes estavam excluídos de sua preocupação" (*Instituições de Direito Processual Civil*, vol. I, 6ª ed., São Paulo, Malheiros Editores, 2009).

130 A VERDADE MATERIAL NO DIREITO TRIBUTÁRIO

do esta norma implícita no sistema processual civil, o juiz depende, na instrução da causa, da iniciativa das partes quanto às provas e às alegações em que fundamentará a decisão. O princípio é resumido no seguinte verbete latino: *judex secundum allegata et probata partium iudicare debet.*[4] O fundamento jurídico do princípio é a garantia da imparcialidade. Entende-se que ao envolver-se na condução das provas no processo, sua postura investigativa poderia macular a atuação imparcial.

Mesmo naqueles casos em que o juiz esteja autorizado a determinar a produção da prova de ofício, independentemente da iniciativa das partes, a doutrina entende que tal atividade deva ser *subsidiária*, mas sem suprir as omissões da parte inerte.[5]

Do princípio dispositivo decorre o chamado princípio da *verdade formal*, pois o juiz limita-se a acolher o que as partes levam ao processo e às vezes até rejeita a ação (ou a defesa) por falta de provas.

Em lado oposto ao princípio dispositivo está o chamado princípio inquisitivo. Tal princípio tradicionalmente rege a atividade do juiz no âmbito do direito penal. Com base nele, o juiz deve pautar-se na busca da *verdade material*, não se limitando às provas trazidas aos autos.[6] Aliás, no âmbito do direito criminal, a atividade do juiz algumas vezes toma contornos não só inquisitivos como também acusatórios, quando, por exemplo, ao entender que o Ministério Público solicitou indevidamente o arquivamento de denúncia criminal pode insistir para que o *parquet* "mude de ideia", no sentido do prosseguimento da ação.[7]

4. Antônio Carlos de Araújo Cintra, Ada Pelegrini Grinover e Candido Rangel Dinamarco, *Teoria Geral do Processo*, cit., p. 73.

5. É o entendimento de Arruda Alvim, ao referir-se aos poderes do juiz diante do art. 130 do Código de Processo Civil brasileiro ("Caberá ao juiz, de ofício ou a requerimento da parte, determinar as provas necessárias à instrução do processo, indeferindo as diligências inúteis ou meramente protelatórias."), dizendo que se deve ter presente que o juiz deverá sempre formar seu julgamento em função dos fatos provados e apreciá-lo livremente. "Somente diante da inexistência de prova é que (o juiz) deverá interferir na esfera probatória. O ônus da prova, pois, é o caminho normal para a solução das lides" (*Manual de Direito Processual Civil*, cit., pp. 947-948).

6. Código de Processo Penal (CPP): "Art. 566. Não será declarada a nulidade de ato processual que não houver influído na apuração da verdade substancial ou na decisão da causa."

7. Art. 28 do CPP: "Se o órgão do Ministério Público, ao invés de apresentar a denúncia, requerer o arquivamento do inquérito policial ou de quaisquer peças de informação, o juiz, no caso de considerar improcedentes as razões invocadas, fará remessa do inquérito ou peças de informação ao procurador-geral, e este oferecerá a denúncia, designará outro órgão do Ministério Público para oferecê-la, ou insistirá no pedido de arquivamento, ao qual só então estará o juiz obrigado a atender".

VERDADE MATERIAL NO PROCESSO JUDICIAL TRIBUTÁRIO   131

Este tratamento completamente antagônico dado ao processo penal e ao civil decorre especialmente do fato de que os direitos envolvidos no processo civil são, via de regra, disponíveis, envolvendo interesses meramente particulares. No processo penal, os direitos são, também via de regra, indisponíveis, requerendo atenção mais detida do juiz na condução da causa.

Se considerarmos que o fundamento jurídico do princípio dispositivo é a imparcialidade, então como explicar – a *contrario sensu* – a figura do "juiz parcial" no processo penal? Se a imparcialidade é inerente à atividade jurisdicional, o que justifica a aplicação do princípio inquisitivo? Parece-nos que o Estado-juiz, quando diante de questões que não sejam *de Estado*, ou melhor, de interesse público, pode contentar-se com a verdade formal; e o Estado-juiz, confrontado com uma questão de interesse público (direitos indisponíveis, p. ex.) não só atende à demanda das partes, como também visa a proteger o interesse do Estado.

Esta afirmação se confirma na medida em que existem situações nas quais ocorrem mitigação de ambos os lados, ou seja, tanto o processo penal admite situações em que a verdade formal é suficiente, como há casos em que se admite a necessidade da busca da verdade formal.

O primeiro caso acontece quando o réu é absolvido por falta de provas, por exemplo, e após o julgamento surjam provas contundentes contra ele. Neste caso, a lei processual penal impede a propositura de novo processo criminal contra o acusado (art. 386, VI do CPP). A segunda mitigação, agora no âmbito do processo civil, ocorre, por exemplo, nos casos de direito de família, em que se admite a determinação de ofício de oitiva de testemunhas nos casos de investigação de paternidade.

Ao comentar esse entendimento atual dos tribunais quanto ao tema, Arruda Alvim revela que se trata de tendência, *hoje crescente*, de privilegiar a busca da verdade no processo, em detrimento do princípio dispositivo. Esclarece que: "A defesa da ampliação da iniciativa probatória do juiz – especialmente em casos que envolvam interesse público ou em que se detecte desequilíbrio socioeconômico ou técnico-processual entre as partes (...) aumentaria as chances de alcançar uma solução mais próxima da verdade e, portanto, mais justa".

A tendência a que se refere Arruda Alvim é tão expressiva, que autores chegam a admitir que ambos os princípios (dispositivo e inquisitivo) perderam sua rigorosa aplicação, e que tanto a esfera processual civil como a penal deram lugar a um terceiro e único princípio, chamado de *princípio da livre investigação*, cuja aplicação é mais ou menos in-

132 A VERDADE MATERIAL NO DIREITO TRIBUTÁRIO

tensa de acordo com os interesses envolvidos (públicos ou privados, por exemplo).[8]

Outro aspecto que influencia diretamente a aplicação ou não do princípio dispositivo é o alto grau de constitucionalização do processo civil. A Constituição confere, atualmente, ao processo, seus principais e fundamentais elementos, já comentados, tais como: o contraditório, a ampla defesa, a ampla instrução probatória e o devido processo legal e outros.

Para tomarmos um exemplo, o princípio do contraditório, ao figurar como garantia constitucional fundamental, adquire contornos muito mais amplos que aquele *princípio da paridade de armas* do processo civil. Sua mitigação só se justifica diante de limites impostos pela própria Constituição e sua ofensa acarreta efeito não menor: a inconstitucionalidade. Na medida em que o contraditório seja interpretado de forma objetiva, a relação entre Fisco e contribuinte, em virtude da natural desigualdade de armas existente entre eles, por si só, justifica a prevalência – sob o ponto de vista processual – do contribuinte sobre o Fisco.

Essa força de aproximação e afastamento constantes entre os princípios pode ser comparado, de alguma forma, ao que também ocorre na Europa nos últimos anos. José Carlos Barbosa Moreira, estudando o que ele convencionou chamar de *Correntes e Contracorrentes* no processo civil atual, observa que o sistema da *commom law* sempre caracterizou-se pela atividade passiva do juiz no processo, e as partes detinham razoável liberdade na produção probatória, justamente pelo fato de que será o júri que vai julgar, não o juiz profissional. Já na *civil law*, ao menos o europeu, a atuação do juiz é bem mais ativa.

Considerando essa premissa, Barbosa Moreira identificou que um movimento de ambos os sistemas, insatisfeitos com suas respectivas mazelas e consequências da adoção de ambos os princípios (dispositivo/ inquisitivo), estão promovendo alterações na legislação processual, de seus respectivos países, para adotar o sistema oposto. Menciona o autor que a Inglaterra está dando mais poderes aos juízes (*Civil Procedures Rules*, de 1998) enquanto a Espanha, a Alemanha e a Itália, por exemplo, seguem o caminho inverso, propondo mais autoridade às partes. A Itália, por meio de alteração em seu *Codice di Procedura Civile*, pretende instituir a chamada *discovery*, típico instituto inglês que confere às partes

---

8. Antonio Carlos de Araújo Cintra, Ada Pelegrini Grinover e Candido Rangel Dinamarco, *Teoria Geral do Processo*, cit., p. 75.

VERDADE MATERIAL NO PROCESSO JUDICIAL TRIBUTÁRIO 133

a possibilidade de colher depoimentos e provas antes mesmo do ajuizamento da ação, sem qualquer participação judicial.[9]

Outro aspecto relevante apontado por Barbosa Moreira, e que traz reflexos diretos na atuação do juiz, é o da efetividade do processo. Entre outros requisitos, menciona que o processo deve dispor de instrumentos de tutela adequados e utilizáveis na prática, sejam quais forem os titulares dos direitos e é preciso "assegurar condições propícias à exata e completa reconstituição dos fatos relevantes a fim de que o convencimento do julgador seja o mais próximo possível da realidade".[10]

Partamos pois da premissa de que o processo civil, em virtude de sua característica notadamente voltada à proteção dos interesses particulares, está de um lado, e o processo penal, por tutelar os bens individuais mais caros, esteja numa outra extremidade, em virtude de seu supremo e incontestável interesse público. Onde estaria, então, o direito processual tributário?

De indústria, devemos abstrair o fato de que o direito tributário esteja do lado em que se encontra o processo civil. Isto porque ser o processo civil eleito pelo legislador para dirimir as controvérsias entre Fisco e contribuinte, por si só, não tem o condão de caracterizar a lide tributária como de natureza civil. A relação jurídica tributária é de direito público, decorrente de lei; o Estado é parte dessa relação e frequentemente se tratam de questões submetidas aos princípios do direito penal (no caso de haver sanções tributárias em jogo, por exemplo).

Por outro lado, pelo fato de que a demanda tributária possa conter discussão relacionada à infração à lei, sujeita à sanção estatal, também não podemos dizer que se trata propriamente de relação jurídica penal.

A relação jurídica tributária não se iguala à do direito penal. Por outro lado, os elementos que a caracterizam, seus princípios informadores, sua característica muitas vezes sancionatória, de natureza pública, expropriatória, bem como as garantias materiais constitucionais a que a relação jurídica está sujeita, a identificam mais com o processo penal do que com o processo civil, o que impõe ao juiz sua atitude inquisitória.

O regime jurídico a que está sujeita a cobrança de tributos e infrações à ordem tributária é de direito administrativo[11] e esta atividade

---

9. *Temas de Direito Processual*, Nona série, cit., p. 56.

10. *Temas de Direito Processual*, Sexta série, São Paulo, Saraiva, 1984, p. 27.

11. Neste sentido, Paulo de Barros Carvalho (*Direito Tributário, Linguagem e Método*, cit., p. 848).

134 A VERDADE MATERIAL NO DIREITO TRIBUTÁRIO

de imposição de penalidades é fortemente instruída pelos princípios informadores do direito penal. Basta verificar, por exemplo, os vários dispositivos do Código Tributário Nacional a respeito da consideração da punibilidade, autoria, imputabilidade (art. 112), a aplicação retroativa da lei que comine menor penalidade à infração tributária (art. 106).

Reconhecendo essa tensão entre o processo civil e o penal, quanto à aplicação ou não do princípio dispositivo/inquisitivo, Danilo Knijnik sugere interessante solução para o tema, com base na sua *Teoria dos Modelos de Constatação*. Segundo ele, o juiz, para aceitar algo (proposição) como verdadeiro, deve aplicar um dos quatro modelos propostos, que levam em consideração a *intensidade* de aceitação das provas apresentadas pelas partes para a tomada de sua decisão. Ele parte do modelo que denomina: a) da *preponderância de provas*, na sequência; b) da *prova clara e convincente*, depois; c) da *prova acima da dúvida razoável* e, por fim, d) da *prova incompatível com qualquer hipótese que não a da acusação*.

Sua teoria tenta estabelecer critérios científicos ao juiz, para que, do primeiro ao último modelo, nesta ordem, busque apenas a verdade formal ou gradativamente se incline para a verdade material, respectivamente. Exemplificando: no processo civil haverá a preponderância das provas apresentadas, e no processo penal a prova não pode trazer nenhuma dúvida quanto à condenação do acusado.

O processo civil estaria então num extremo e o penal no outro. Entre um e outro estariam as diversas lides que tratam de todas as infinitas questões apreciáveis pelo Poder Judiciário, e o juiz, de acordo com cada uma delas, aplicaria o modelo mais adequado. Neste "meio do caminho" pode haver questões cíveis mais importantes e questões penais menos importantes, bem como questões de outras áreas também valoradas pelo juiz, que poderia aplicar os métodos intermediários.

Caso pudéssemos aplicar sua teoria para a busca da verdade no direito tributário, poderíamos imaginar a seguinte ilustração, onde: o vetor "v1" representa os quatro modelos, ordenados do menor para o maior grau de certeza do juiz, com base nas provas. O vetor "v2" representa a categoria de regras que estão *sub judice*, apresentadas na ordem crescente de importância do bem jurídico tutelado. O vetor resultante "vM" representa o grau em que deve ser buscada a verdade material no processo correspondente, sendo que "vF" corresponde ao vértice do gráfico e representa o grau mínimo de busca da verdade.

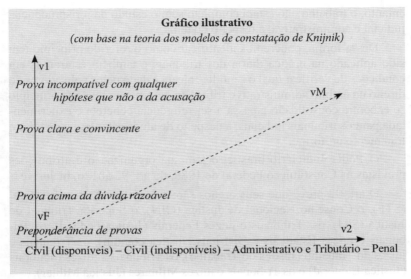

FONTE: elaborado pelo autor.

O gráfico acima não só demonstra a aplicação da teoria de Knijnik, mas especialmente apresenta as questões materiais dissociadas das formais. Neste sentido, pouco importa se o "processo" é orientado por esse ou aquele princípio, mas sim a matéria tratada no âmbito de cada processo. Exemplo disso são as regras relativas ao direito do trabalho. Um dos princípios consagrados no direito laboral é o da *primazia da realidade*, sinônimo, na verdade, do princípio da busca da *verdade material*. A Consolidação das Leis do Trabalho (CLT) prevê o Código de Processo Civil como legislação subsidiária para o processamento dos litígios laborais e a Lei de Execuções Fiscais, para a fase executória da dívida trabalhista, mas nem por isso deixa a matéria de ser orientada pelo princípio da primazia da realidade.[12]

3.2 Verdade material nos tribunais judiciais

Até aqui analisamos doutrinariamente o tema da verdade, no seu aspecto filosófico, jurídico-principiológico e jurídico-processual. No

---

12. Para Amauri Mascaro do Nascimento, o princípio da primazia da realidade é um dos princípios regentes do direito do trabalho, derivado da teoria do *contrato- -realidade* do mexicano Mario de La Cueva. Tal norma reflete a busca da verdade real na apuração da relação entre empregado e empregador (*Curso de Direito do Trabalho*, 26ª ed., São Paulo, Saraiva, 2011, p. 355).

136 A VERDADE MATERIAL NO DIREITO TRIBUTÁRIO

entanto, o trabalho não estará completo sem o estudo da jurisprudência, judicial e administrativa, a respeito do tema.

Dessa forma, poderemos identificar como o referido princípio tem sido aplicado na prática diária dos tribunais e também estaremos em condições de verificar qual o sentido e alcance dado pelos aplicadores do direito no âmbito administrativo tributário, terreno em que este princípio se encontra consolidado e passa a ser referência concreta e experimentada para os tribunais judiciais, a despeito de ainda estar longe de ter um tratamento uniforme.

O Poder Judiciário brasileiro tem sua organização e atribuições previstas na Constituição Federal de 1988, do art. 92 ao126, inclusive.

O art. 92 prevê que seus órgãos são: o Supremo Tribunal Federal (STF), o Conselho Nacional de Justiça (CJN), o Superior Tribunal de Justiça (STJ), os Tribunais e juízes Federais (Justiça Federal), os Tribunais e juízes Estaduais e Distritais (Justiça comum), os Tribunais e juízes do Trabalho (Justiça do Trabalho), os Tribunais e juízes Eleitorais (Justiça Eleitoral) e os Tribunais e juízes Militares (Justiça Militar).

Na competência atribuída à chamada Justiça comum e à Justiça Federal está o julgamento de todos os feitos que não sejam relacionados à chamada Justiça especializada (Trabalho, Eleitoral e Militar), sendo que a Justiça Federal dedica-se apenas àqueles em que a União Federal (Administração Pública direta e indireta) seja parte interessada (art. 109, I, da CF/1988).

Portanto, todas as controvérsias levadas a juízo na esfera cível, criminal, administrativa e tributária, por exemplo, são resolvidas no âmbito da Justiça comum e Federal. Estas estruturas, divididas em primeira instância (juízes de primeiro grau) e segunda instância (tribunais), têm suas decisões sujeitas ainda a uma última instância especial ou extraordinária de julgamento, respectivamente exercida pelo STJ e STF.

Considerando, então, que esses dois tribunais superiores resolvem em última e definitiva instância, dentro de seus respectivos limites de competência, as controvérsias no âmbito do Poder Judiciário, especialmente aquelas controvérsias de natureza "não especializada", nosso estudo será dedicado apenas àqueles precedentes jurisprudenciais que sejam emanados do STJ[13] e do STF,[14] relativamente à aplicação do princípio da busca da verdade material.

---

13. "Art. 105. Compete ao Superior Tribunal de Justiça: (...) III – julgar, em recurso especial, as causas decididas, em única ou última instância, pelos Tribunais Regionais Federais ou pelos tribunais dos Estados, do Distrito Federal e Territórios,

VERDADE MATERIAL NO PROCESSO JUDICIAL TRIBUTÁRIO   137

Advertimos primeiramente que serão mencionadas apenas a íntegra das *ementas* dos julgados, para tornar mais objetivo o trabalho. Eventualmente, quando a ementa não for suficiente para tornar claro o âmbito de aplicação do princípio, mencionaremos a parte do voto que se refira ao tópico em estudo.

A escolha desse método, longe de querer limitar o estudo quantitativamente, tem como fundamento o fato de que os *temas ementados* são, via de regra, aqueles de maior importância para a decisão da causa ou, ao menos, aqueles que foram objeto de maior discussão e reflexão no âmbito do colegiado e que, por isso, foram dignos de menção na ementa. Desta forma, acredita-se que esta opção de pesquisa aprimora qualitativamente a análise, mesmo que não esgote de forma absoluta a busca, pois pode haver votos de julgadores que consignaram expressamente o princípio noutros julgados.

Tais precedentes foram extraídos tanto de nossa experiência profissional diária na advocacia, como também mediante busca no serviço de pesquisa de jurisprudência eletrônica oferecido pelos tribunais, via sítio oficial na rede mundial de computadores (*internet*).[15]

O referido princípio é mencionado na jurisprudência, semanticamente falando, de três maneiras distintas: ora os juízes referem-se à *verdade real*, ora à *verdade substancial* ou propriamente à *verdade material*. Nos textos transcritos aqui, essas expressões sempre estarão destacadas em *itálico*, para facilitar a identificação do leitor.

No Supremo Tribunal Federal, o verbete "verdade real" aparece vinculado a 43 acórdãos, "verdade substancial" surge em 33 acórdãos e, finalmente, "verdade material" em outros sete acórdãos. Considerando que a pesquisa abrange demandas julgadas desde 1953, o número de decisões é realmente pequeno. Não há súmulas e tampouco causas que envolvam repercussão geral quanto ao tema.

quando a decisão recorrida: a) contrariar tratado ou lei federal, ou negar-lhes vigência; b) julgar válido ato de governo local contestado em face de lei federal; c) der a lei federal interpretação divergente da que lhe haja atribuído outro tribunal."

14. "Art. 102. Compete ao Supremo Tribunal Federal, precipuamente, a guarda da Constituição, cabendo-lhe: (...) III – julgar, mediante recurso extraordinário, as causas decididas em única ou última instância, quando a decisão recorrida: a) contrariar dispositivo desta Constituição; b) declarar a inconstitucionalidade de tratado ou lei federal; c) julgar válida lei ou ato de governo local contestado em face desta Constituição. d) julgar válida lei local contestada em face de lei federal."

15. Os endereços eletrônicos de pesquisa foram acessados no decorrer do ano de 2011, primeiro bimestre de 2012 e, por última vez, no dia 3.3.2012, por meio dos sítios *www.stf.jus.br* e *www.stj.jus.br*.

138 A VERDADE MATERIAL NO DIREITO TRIBUTÁRIO

Por outro lado, como o princípio não é de índole constitucional fica reduzido, de forma considerável, a sujeição do assunto ao STF.

Além disso, a quase totalidade dos acórdãos refere-se à matéria penal, mesmo porque a expressão "verdade substancial" é utilizada textualmente pelo Código de Processo Penal, em seu art. 566 ("Não será declarada a nulidade de ato processual que não houver influído na apuração da verdade substancial ou na decisão da causa").

Em virtude desse árido contexto, mencionamos apenas três decisões, que a nosso ver exprimem o entendimento do STF a respeito do princípio da verdade material (real, substancial). As decisões são das 1ª e 2ª turmas e do Tribunal na sua composição plenária, nessa ordem.

• *Penal e Processo Penal. "Habeas corpus". Recurso Ordinário. Crime de tráfico internacional de pessoa para fim de exploração sexual cominado com crime de quadrilha ou bando. CP, arts. 231, § 1º, e 288. Intimação pessoal do Defensor Público acerca da expedição de carta precatória para oitiva de testemunha de acusação realizada. Não comparecimento do Defensor Público. Nomeação de Defensor Dativo. Nulidade relativa. Prejuízo não demonstrado. Ordem denegada.*

1. Preliminarmente, o "habeas corpus" não é substitutivo de recurso ordinário. A utilização promíscua do remédio heroico deve ser combatida, sob pena de banalização da garantia constitucional, tanto mais quando não há teratologia a eliminar, como no caso em exame. 2. A intimação do advogado para a inquirição de testemunhas no juízo deprecado é desnecessária quando realizada a intimação da expedição da carta precatória. Cabe ao impetrante acompanhar toda a tramitação da precatória perante o juízo deprecado, a fim de tomar conhecimento da data designada para a diligência (Precedentes: HC 89186, rel. Min. Eros Grau, 2ª T., *DJU* 6.11.2006; HC 84098-MA, rela. Min. Ellen Gracie, 2ª T., *DJU* 20.4.2004). 3. É cediço na Corte que: "Ementa: Habeas corpus. Processual penal. Inquirição de testemunhas no juízo deprecado. Intimação. Prescindibilidade. Intimação da expedição da carta precatória. Incerteza. Nulidade arguida há mais de dez anos do trânsito em julgado da sentença condenatória. Preclusão – A intimação do advogado para a inquirição de testemunhas no juízo deprecado é desnecessária; imprescindível apenas a intimação da expedição da carta precatória. No caso, havendo incerteza quanto à intimação da expedição da carta precatória, afigura-se correta a aplicação, pelo Tribunal *a quo*, da Súmula 155/ STF, que proclama ser relativa a nulidade do processo criminal por falta de intimação da Carta Precatória para a inquirição de testemunha. A defesa do paciente silenciou sobre o tema nas alegações finais e no recurso de apelação, suscitando a nulidade após dez anos do trânsito em julgado da sentença penal condenatória, quando já flagrantemente acobertada pela preclusão. Ordem denegada" (HC 89186, rel. Min. Eros Grau, 2ª T., *DJU* 6.11.2006). 4. A instância *a quo* assentou que a Defensoria Pública foi pessoalmente intimada da expedição da carta precatória para a inquirição da testemunha, e que, tendo em vista o não comparecimento do Defensor Público naquele ato, procedeu o Juízo Singular à nomeação de defensor *ad hoc*, justamente para garantir a defesa dos interesses do acusado. 5. A doutrina do tema assenta, *verbis*: "Intimada a defesa da expedição de precatória, desnecessária nova intimação da data designada para a realização da audiência no juízo deprecado (nesse sentido: Súmula

VERDADE MATERIAL NO PROCESSO JUDICIAL TRIBUTÁRIO 139

273 do STJ). Essa providência não é tida por lei como essencial ao exercício da defesa, por considerar que, primordialmente, cabe ao defensor inteirar-se naquele juízo sobre a data escolhida para a realização da prova" (in Jesus, Damásio E., *Código de Processo Anotado*, 23ª ed. atual., São Paulo, Saraiva, 2009, p. 195). 6. No caso, tendo sido realizada a intimação da expedição da carta precatória e a nomeação de defensor *ad hoc* para a realização do ato, afigura-se correta a aplicação, pelo Tribunal *a quo*, da Súmula n. 155 do Supremo Tribunal Federal, que proclama, *verbis*: "É relativa a nulidade do processo criminal por falta de intimação da expedição de precatória para inquirição de testemunha". 7. É cediço na Corte que: a) no processo penal vigora o princípio geral de que somente se proclama a nulidade de um ato processual quando há a efetiva demonstração de prejuízo, nos termos do que dispõe o art. 563 CPP, *verbis*: "Nenhum ato será declarado nulo, se da nulidade não resultar prejuízo para a acusação ou para a defesa"; b) nesse mesmo sentido é o conteúdo do Enunciado da Súmula n. 523 do Supremo Tribunal Federal: "No processo penal, a falta de defesa constitui nulidade absoluta, mas a sua deficiência só o anulará se houver prova de prejuízo para o réu". 8. A doutrina assenta, *verbis*: "Constitui seguramente a viga mestra do sistema das nulidades e decorre da ideia geral de que as formas processuais representam tão somente um instrumento para correta aplicação do direito; sendo assim, a desobediência às formalidades estabelecidas pelo legislador só deve conduzir ao reconhecimento da invalidade do ato quando a própria finalidade pela qual a forma foi instituída estiver comprometida pelo vício" (in Grinover, Ada Pellegrini, *As nulidades no processo penal*, Ed. Revista dos Tribunais, 7ª ed., 2001, p. 28). 9. É que o processo penal pátrio, no que tange à análise das nulidades, adota o Sistema da Instrumentalidade das Formas, em que o ato é válido se atingiu seu objetivo, ainda que realizado sem obediência à forma legal. Tal sistema de apreciação das nulidades está explicitado no item XVII da Exposição de Motivos do Código de Processo Penal, segundo o qual "não será declarada a nulidade de nenhum ato processual, quando este não haja influído concretamente na decisão da causa ou na apuração da *verdade substancial*. Somente em casos excepcionais é declarada insanável a nulidade." 10. Outrossim, é cediço na Corte que: "(...) O princípio do 'pas de nullité sans grief' – corolário da natureza instrumental do processo – exige, sempre que possível, a demonstração de prejuízo concreto à parte que suscita o vício, ainda que a sanção prevista seja de nulidade absoluta do ato" (HC 93868-PE, rela. Min. Cármen Lúcia, 1ª T., *DJe* 16.12.2010). À guisa de exemplo, demais precedentes: HC 98403-AC, rel. Min. Ayres Britto, 2ª T., *DJe* 7.10.2010; HC 94.817, rel. Min. Gilmar Mendes, 2ª T., *DJe* 2.9.2010; HC 98403-AC, rel. Min. Ayres Britto, 2ª T., *DJe* 7.10.2010; HC 94.817, rel. Min. Gilmar Mendes, 2ª T., *DJe* 2.9.2010. 11. *In casu*, colhe-se que não houve a efetiva demonstração de prejuízo para a defesa. A impetrante se limita a defender que "(...) não há como provar como seria a audiência se um defensor com verdadeiro conhecimento do processo tivesse participado da audiência. O prejuízo é óbvio. Não meramente presumido, mas certo, muito embora indemonstrável". 12. Parecer do "parquet" pela denegação da ordem. Ordem denegada.

(STF, 1ª T., HC 104.767, rel. Min. Luiz Fux, j. 14.6.2011, *DJe* 157 de 16.8.2011).

• *Ministério Público – Ação penal – Atuação*.

Ao Ministério Público, atuando como titular da ação penal, incumbe propugnar sempre pela prevalência da *verdade real*. Convencido da existência de vício de

140 A VERDADE MATERIAL NO DIREITO TRIBUTÁRIO

procedimento em prejuízo a defesa, deve envidar esforços no sentido do imediato reconhecimento de tal circunstância. A postura robustece a crença na atuação do Órgão, além de servir aos ideais de justiça. Isto ocorre quando, instado a falar sobre o recurso interposto, abandona a inflexibilidade contrária à característica orgânica do Direito e ressalta a procedência do inconformismo veiculado nas razoes recursais. *Citação ficta – Edital – Publicação – Jornal local.* Havendo, na Comarca, jornal credenciado pelo Juízo para as publicações oficiais, impõe-se observar a regra do paragrafo único do art. 365 do Código de Processo Penal. Em tal caso, a publicação consubstancia formalidade essencial à valia da presunção ficta de conhecimento da ação penal. O vício de citação, no que inviabiliza a defesa, e o mais grave capaz de macular o processo.

(STF, 2ª T., HC 70434, rel. Min. Marco Aurélio, j. 10.5.1994, *DJU* 1.7.1994).

Medida cautelar em ação direta de inconstitucionalidade. Lei n. 9.034, de 3.5.95: art. 3º e seus parágrafos: diligência realizada pessoalmente pelo juiz. Preliminares: legitimidade ativa 'ad causam'; pertinência temática. Ação conhecida. Função de polícia judiciária: usurpação não configurada. Devido processo legal: inexistência de ofensa. Imparcialidade do juiz: não há comprometimento. Princípio da publicidade: ofensa não caracterizada. Medida Cautelar indeferida.
1. Preliminar: legitimidade ativa *ad causam*: tem-se como já pacificado o reconhecimento da legitimidade ativa *ad causam* da ADEPOL, em face dos precedentes desta Corte, entendendo tratar-se de entidade de classe de âmbito nacional, com capacidade para agir em sede jurisdicional concentrada, atendendo assim o disposto no art. 103, inciso IX, da Constituição Federal. 2. Preliminar: pertinência temática: de reconhecer-se, uma vez que o objetivo social da Autora, segundo seus estatutos, é atuar na defesa das prerrogativas, direitos e interesses dos Delegados de Polícia, pugnando pela preservação das Polícias Federal e Civis dos Estados e do Distrito Federal como instituições permanentes e independentes, destinadas ao exercício, com exclusividade, das funções de polícia judiciária, o que caracteriza o interesse na causa. 3. Mérito do pedido cautelar: a) a Lei n. 9.034/95 é lei especial, tendo em vista que dispõe sobre a utilização de meios operacionais para a prevenção e repressão de ações praticadas por grupos de organizações criminosas e constitui-se em medida de alta significação no combate ao crime organizado; b) não há dúvida que a Lei n. 9.034/95 subtraiu da Polícia a iniciativa do procedimento investigatório especial, cometendo-o diretamente ao juiz, pelo fato peculiar de destinar-se o expediente o acesso a dados, documentos e informações protegidos pelo sigilo constitucional, o que, mesmo antes do seu advento, já estava a depender de autorização judicial para não caracterizar prova ilícita; c) aceitável, em princípio, o entendimento de que se determinadas diligências, resguardadas pelo sigilo, podem ser efetuadas mediante prévia autorização judicial, inexiste impedimento constitucional ou legal para que o próprio juiz as empreenda pessoalmente, com a dispensa do auxílio da polícia judiciária, encarregando-se o próprio magistrado do ato; d) o art. 3º da Lei n. 9.034/95 está inserido em um sistema que, tendo por corolário o dever do Estado, objetiva a prestação da segurança pública, a apuração das infrações penais e a punição dos infratores; e) as normas contidas no art. 144, § 1º, inciso IV, e § 4º não devem ser interpretadas como limitativas do dever da prestação jurisdicional, cuja extensão vai desde a apuração dos fatos até a decisão judicial, elastério esse compreendido no conceito de exercício da magistratura; f) competindo ao Judiciário a tutela dos

VERDADE MATERIAL NO PROCESSO JUDICIAL TRIBUTÁRIO   141

direitos e garantias individuais previstos na Constituição, não há como imaginar-se ser-lhe vedado agir, direta ou indiretamente, em busca da *verdade material* mediante o desempenho das tarefas de investigação criminal, até porque estas não constituem monopólio do exercício das atividades de polícia judiciária; g) a participação do juiz na fase pré-processual da persecução penal é a garantia do respeito aos direitos e garantias fundamentais, sobretudo os voltados para a intimidade, a vida privada, a honra e a imagem da pessoa acerca de quem recaem as diligências, e para a inviolabilidade do sigilo protegido pelo primado constitucional; h) não há cogitar-se de violação das garantias constitucionais do devido processo legal e da ampla defesa, pois os §§ 3º e 5º do art. 3º da Lei n. 9.034/95 até asseguram o acesso das partes às provas objeto da diligência; i) a coleta de provas não implica valorá-las e não antecipa a formação de juízo condenatório; j) a diligência realizada pelo juiz, sob segredo de justiça, não viola o princípio constitucional da publicidade previsto no inciso LX do art. 5º, que admite restringi-lo. 4. Medida cautelar indeferida.

(STF, TP, ADI/MC 1.517, rel. Min. Maurício Corrêa, j. 30.4.1997, *DJU* 22.11.2002).

Reitere-se que os julgados acima são relativos ao processo penal, mas mesmo assim é possível extrair conclusão importante a respeito do chamado "poder inquisitivo" do juiz. De acordo com o que vimos no item anterior desse trabalho ("3.1 O papel do juiz na apuração da verdade"), o "poder dispositivo" do juiz existe para garantir a sua imparcialidade.

O último julgado transcrito de alguma forma afasta este entendimento, ao afirmar que, *in verbis*: "g) a participação do juiz na fase pré-processual da persecução penal é a garantia do respeito aos direitos e garantias fundamentais, sobretudo os voltados para a intimidade, a vida privada, a honra e a imagem da pessoa acerca de quem recaem as diligências, e para a inviolabilidade do sigilo protegido pelo primado constitucional; (...)".

Com isto se afasta qualquer argumento de que o juiz extrapola sua missão constitucional invadindo a competência de outros (polícia judiciária ou Ministério Público), pois a função do juiz não é *simplesmente julgar* e sim *descobrir a verdade*.

Propriamente quanto à imparcialidade, o STF entendeu que a busca da verdade neste caso, perseguida pelo juiz em sede de inspeção judicial, em tese, não resta maculada. Destacamos mais um trecho da ementa que reflete esse entendimento: "i) a coleta de provas não implica valorá-las e não antecipa a formação de juízo condenatório".

Já no Superior Tribunal de Justiça, a pesquisa realizada revela a existência de 132 julgados tratando da "verdade substancial", 424 acór-

142   A VERDADE MATERIAL NO DIREITO TRIBUTÁRIO

dãos referindo-se ao princípio da "verdade real" e ainda 19 decisões que mencionam a "verdade material" nas suas ementas.

Ao contrário do STF, em que o tema é concentrado na esfera do processo penal, o STJ tem decidido causas envolvendo várias matérias (cível, penal, administrativa, tributária). Por esta razão, foi possível pesquisar o posicionamento deste tribunal especificamente nas causas relacionadas ao direito tributário.

Todavia, identificamos apenas 11 acórdãos, em meio a esse universo de precedentes, que tratam da aplicação do princípio da verdade material em matéria tributária. Identificamos ainda que essas decisões foram relatadas por apenas cinco ministros, integrantes da seção do STJ especializada em direito público (1ª e 2ª turmas). São os ministros Teori Zavaski, Humberto Martins, Herman Benjamin, José Delgado e Mauro Campbel. Considerando essa seleção de acórdãos, apresentaremos os mesmos em ordem cronológica crescente, omitindo aqueles do mesmo relator que sejam repetitivos.

Min. José Delgado:

• *Tributário. Recurso especial. Imposto de renda pessoa jurídica. Arbitramento do lucro em face de irregularidades. Regularização da escrita fiscal dentro do prazo de impugnação para o lançamento. Ilegitimidade do arbitramento. Tributação reflexa dos sócios. Presunção "juris tantum". Não conhecimento quanto ao art. 535 do CPC.*

1. Tratam os autos de ação anulatória de débito fiscal ajuizada pela empresa Odilon de Witt e Companhia Ltda. e outros contra a União Federal objetivando a desconstituição dos autos de infração decorrentes de arbitramento de lucro da empresa e de tributação reflexa dos sócios. A sentença apreciou, concomitantemente, Embargos às Execuções Fiscais envolvendo as mesmas partes, julgando procedentes os pedidos veiculados em ambas as ações ao concluir que: a) o lançamento definitivo só ocorre após o julgamento da impugnação tempestivamente apresentada; b) não houve lucro real tributável; c) foi ilegal o arbitramento do lucro e, por conseguinte, ilegítimos os lançamentos reflexos nas pessoas dos sócios; d) o arbitramento do lucro da empresa não deve ser o único documento utilizado pela fiscalização para fins de tributação reflexa. A União interpôs apelação e o TRF/4ª Região negou-lhe provimento por entender que: a) na fase de impugnação ao lançamento, a empresa apresentou os documentos necessários à regulamentação de sua situação; b) o arbitramento não tem caráter punitivo, e só deve ser usado quando esgotados os meios para resolução quanto ao débito fiscal; c) o fisco ignorou o contraditório da empresa, afastando a finalidade do ato administrativo; d) o contraditório pode-se dar após o arbitramento; e) tendo em vista que não foi reconhecida a legitimidade do arbitramento da empresa, a tributação reflexa também é ilegítima, já que decorre da primeira; e f) a presunção de que o lucro arbitrado foi distribuído não é suficiente para que se afirme que houve a efetiva percepção do rendimento pelo sócio. Recurso especial da Fazenda fundamentado na alínea "a" indicando violação dos seguintes preceitos:

VERDADE MATERIAL NO PROCESSO JUDICIAL TRIBUTÁRIO 143

535 do CPC; 148 do CTN; 339 e 400 do RIR/80; e 35 e 403 do Decreto 85.450/80. Defende, em suma, que: a) a empresa não preenche os requisitos para que se enquadre no regime simplificado, tendo-o excedido no exercício de 1984, justificando o arbitramento do lucro; b) a escrituração da empresa não se encontrava de acordo com o exigido legalmente; c) quanto ao IRPJ, a empresa o recolheu de forma aleatória, não portando os documentos necessários e não oferecendo a declaração de rendimentos; d) a empresa não apresentou os documentos dos anos de 1987 e 1988 no prazo peremptório estabelecido em lei; e) no caso de arbitramento do lucro, há presunção legal de sua distribuição aos sócios, e tal presunção só seria afastada por prova em contrário da empresa, o que não ocorreu; f) o arbitramento não foi usado como meio de imposição de penalidade, e sim, em decorrência de lei; g) a presunção *juris tantum* beneficia o fisco. Contrarrazões pugnando a mantença do aresto combatido.

2. A mera indicação de violação do teor do art. 535 do CPC, desprovida das razões para que seja anulado o acórdão *a quo*, é insuficiente para se emprestar seguimento ao recurso especial. Há necessidade de que a parte recorrente fundamente o seu pedido, discorrendo motivadamente sobre a infringência ao preceito legal federal, apontando especificamente qual vício existe (omissão, obscuridade ou contradição) a macular o julgado proferido.

3. O recurso não merece ser conhecido, também, pela apontada infringência dos arts. 339 e 400 do RIR/80, tendo em vista a parte recorrente ter-se limitado, simplesmente, a fazer a indicação de tais preceitos, sem motivar e expor fundamentação para a reforma do aresto sob este aspecto.

4. O aresto recorrido merece total manutenção, tendo emitido o irretocável pronunciamento de que o arbitramento não constitui uma modalidade de lançamento, mas uma técnica, um critério substitutivo que a legislação permite, excepcionalmente, quando o contribuinte não cumpre os seus deveres de manter a contabilidade em ordem e em dia, e de apresentar as declarações obrigatórias por lei, não tendo caráter punitivo.

5. No presente caso, segundo as provas analisadas nas instâncias ordinárias, a empresa fiscalizada, ao promover a regularização da escrita contábil e apurar o montante tributável de acordo com as determinações do Regulamento do Imposto de Renda, reconheceu o equívoco e forneceu os elementos de investigação que tornariam possível a descoberta da *verdade material*, ainda na fase de impugnação do lançamento.

6. A legislação tributária permite o arbitramento do lucro somente quando a escrituração contábil se apresenta inútil para os fins de apuração do lucro real.

7. Considerando-se ilegítimo o arbitramento de lucro para a empresa, a tributação reflexa dos sócios com base no disposto no art. 403 do RIR/80 (que presume distribuído em favor dos sócios o lucro arbitrado) é também ilegítima. Na esteira da jurisprudência desta Casa, "A presunção, com força na fiscalização da Administração Tributária, de que os lucros auferidos foram distribuídos aos sócios, ou ex-sócios, da pessoa jurídica, é presunção *juris tantum*" (REsp 397.992-RS, rel. Min. Luiz Fux, *DJU* 3.6.2002).

8. Em se tratando de lucro arbitrado da pessoa jurídica, é inadmissível a mera presunção de sua distribuição aos sócios, pelo que se inviabiliza a tributação reflexa, a não ser que o arbitramento venha acompanhado de prova efetiva da distribuição do rendimento ou de fato que o identifique, situação que, ainda que o arbitramento fosse legítimo, não se afigura presente no caso vertente, já que a fiscalização não conside-

144 A VERDADE MATERIAL NO DIREITO TRIBUTÁRIO

rou outros documentos para fins de tributação reflexa, como, por exemplo, a declaração de IRPF dos sócios, que não o mero arbitramento do lucro da pessoa jurídica. 9. Recurso especial parcialmente conhecido e não-provido.

(STJ, 1ª T., REsp 834.051-RS, rel. Min. José Delgado, j. 19.9.2006, *DJU* 16.10.2006).

Min. Herman Benjamin:

• *Processual civil. Recurso especial. Cerceamento de defesa. Inocorrência. Produção de prova testemunhal em matéria de direito tributário a respeito de fatos ocorridos há doze anos. Provas documentais suficientes. Cópia integral do processo administrativo. Aplicação do direito fundamental à duração razoável do processo (art. 5º, LXXVIII, CF). "Due process of law".*

1. Anulatória de débito fiscal em que se alega cerceamento de defesa. Prova testemunhal não produzida. 2. Não ocorrência de violação do devido processo legal. Provas colhidas no processo suficientes para a decisão proferida no Tribunal local (cópia integral do processo administrativo). 3. No processo civil tributário, a prova documental e pericial são a regra; a testemunhal, a exceção. 4. A prova testemunhal não é um fim em si mesma. Se a prova documental ou pericial basta à formação do convencimento do juiz, a oitiva de testemunhas, mais ainda anos após os fatos, passa a ser um exagero de caráter protelatório e, por isso mesmo, repreensível. 5. Na apuração da *verdade real* dos fatos, o juiz não pode se olvidar da primazia da celeridade processual, que não é incompatível com o *due process of law*. A verdadeira tutela jurisdicional é aquela prestada em tempo razoável (art. 5º, LXXVIII, CF), regra de ouro que vale tanto para o autor, como para o réu. 6. Recurso Especial a que se nega provimento.

(STJ, 2ª T., REsp 714.710-MG, rel. Min. Herman Benjamin, j. 6.3.2007, *DJU* 7.2.2008).

Min. Mauro Campbell:

• *Processual civil. Tributário. Alínea "c". Dissídio não comprovado. Violação do art. 535 do CPC. Não ocorrência. Auto de infração. Tributação pelo lucro real. Pedido de tributação pelo lucro arbitrado. Impossibilidade. Revisão de pressupostos fáticos. Súmula n. 7/STJ. Embargos manifestamente protelatórios. Multa. Art. 538, parágrafo único, do CPC.*

1. Não conhecido o recurso pela alínea "c", do art. 105, da Constituição Federal de 1988, diante da insuficiência da demonstração do dissídio. 2. Não é possível verificar a violação ao art. 535, do CPC, quando invocada sob alegações genéricas. Aplicação da Súmula n. 284/STF. 3. O art. 399, do RIR/80 (art. 7º, do Decreto-lei n. 1.648/78), labuta a favor da Fazenda Pública, ao permitir a ela efetuar a lavratura de auto de infração mediante arbitramento do lucro (lucro arbitrado), nas situações em que o contribuinte não disponibilizar os dados suficientes para aproximar-se do lucro real. Trata-se de medida extrema a ser utilizada em prol da fiscalização somente quando não for possível a apuração do lucro real. Caso os documentos colhidos pela fiscalização sejam suficientes para a verificação do lucro real, é com base neste que deverá ser efetuada a autuação, tendo em vista o princípio da *verdade real* na tributação. 4. A verificação da suficiência dos documentos ou não fica a cargo da Ad-

VERDADE MATERIAL NO PROCESSO JUDICIAL TRIBUTÁRIO 145

ministração Tributária, podendo ser controlada pelo Poder Judiciário, não se tratando de faculdade do contribuinte optar por ser tributado pelo lucro arbitrado quando verificar que nesta modalidade o crédito tributário será menor. O contribuinte que não mantém ou não apresenta ao Fisco escrita fiscal adequada não pode beneficiar-se de sua própria torpeza. 5. Caso em que foi fixado pelo Tribunal de Origem, através de perícia, que havia documentos suficientes para a feitura do lançamento com base no lucro real, incidência da Súmula n. 7/STJ: "A pretensão de simples reexame de prova não enseja recurso especial". 6. Não viola o art. 538, parágrafo único, do CPC, o acórdão que aplica multa aos embargos de declaração protelatórios. 7. Recurso especial parcialmente conhecido e, nessa parte, não provido.

(STJ, 2ª T., REsp 1089482-DF, rel. Min. Mauro Campbell Marques, j. 16.12.2010, *DJe* 10.2.2011).

Min. Humberto Martins:

• Processual civil. Tributário. Ilicitude da prova. Fundamento constitucional não atacado por recurso extraordinário. Súmula 126/STJ. Produção de provas. Iniciativa do juiz. Possibilidade. Precedentes. Sigilo profissional. Advogado e cliente. Deficiência da fundamentação. Súmula 284/STF. Fundamento do acórdão não atacado. Súmula 283/STF. Violação do art. 535 do CPC. Inexistência. Devido enfrentamento das questões recursais. Inconformismo com a tese adotada.

1. O Tribunal de origem rechaçou a alegação de ilicitude da prova emprestada e solucionou a controvérsia à luz do art. 1º da Lei n. 9.296/96, do art. 5º, XII, da Constituição Federal, e de precedente jurisprudencial do STF. O acórdão recorrido abriga fundamentos de índole constitucional e infraconstitucional. O recorrente não cuidou de interpor o devido recurso extraordinário ao Supremo Tribunal Federal. Incidência da Súmula 126/STJ.

2. A Corte *a quo* infirma a alegação de violação dos arts. 130 e 131 do Código de Processo Civil, ao fundamento de que "tampouco se vislumbra, na decisão do magistrado *a quo* determinando a juntada de tais elementos probatórios aos autos, qualquer desbordamento de seus poderes ou atuação *ex officio* indevida. Com efeito, a moderna processualística já em por ultrapassada a concepção primeira segundo a qual o magistrado figura como sujeito inerte, de atuação meramente passiva, no campo instrutório. Compete-lhe, hodiernamente, determinar a produção de provas necessárias à formação de seu livre convencimento, em busca da *verdade material*".

3. O entendimento firmado encontra respaldo na jurisprudência do Superior Tribunal de Justiça pois, "sendo o juiz o destinatário da prova, cabe a ele, com base em seu livre convencimento, avaliar a necessidade desta, podendo determinar a sua produção até mesmo de ofício, conforme prevê o art. 130 do Código de Processo Civil" (AgRg no Ag 1.114.441-SP, rel. Min. Maria Isabel Gallotti, 4ª T., j. 16.12.2010, *DJe* 4.2.2011). Outros precedentes: AgRg na AR .746/SP, rel. Min. Hamilton Carvalhido, 1ª Seção, j. 9.6.2010, *DJe* 18.6.2010; AgRg no REsp 294.609-RJ, rel. Vasco Della Giustina (Des. convocado do TJ/RS), 3ª T., j. 8.6.2010, *DJe* 24.6.2010.

4. Em relação ao sigilo profissional entre cliente e advogado, resguardado no art. 7º da Lei n. 8.906/94, o acórdão recorrido firmou que: a) as provas colhidas na investigação revestiam-se de regularidade, pois foram autorizadas judicialmente; b) não há irregularidade quanto ao sigilo profissional, se a escuta autorizada foi obtida em relação ao investigado, e não ao causídico; c) a captação do diálogo se deu

146 A VERDADE MATERIAL NO DIREITO TRIBUTÁRIO

em relação ao cliente, o que preserva a validade do material probatório colhido; d) a inviolabilidade da comunicação entre cliente e advogado não abarca interceptação fortuita, menos ainda a relação desvirtuada não caracterizadora do "exercício da advocacia"; e) a prematuridade das investigações não deixa clara a atuação do causídico, mas a consultoria advocatícia voltada à prática de crime desborda dos limites do exercício profissional, não ensejando sua proteção.

5. As razões do recurso especial não se mostram aptas a modificar as conclusões firmadas no acórdão recorrido. Primeiro, porque o recorrente desenvolve tese genérica de violação do art. 7º, I e II, da Lei n. 8.906/94, o que demonstra a deficiência do recurso especial, a atrair a incidência da Súmula 284 do Supremo Tribunal Federal. Não há demonstração clara e precisa em que consistiria a suposta ofensa à legislação federal, pois a simples irresignação com a tese firmada no acórdão recorrido não enseja, por si só, o conhecimento do recurso. É preciso articular a fundamentação, demonstrando e esclarecendo as razões pelas quais a decisão merece reforma.

6. A dicção das razões lançadas no recurso especial revela a ausência de impugnação aos fundamentos do acórdão recorrido.

Malgrado a deficiência das razões infirmar *en passant* a regularidade da investigação autorizada judicialmente em relação ao investigado, nenhuma linha foi lançada nas razões recursais a infirmar os demais fundamentos referentes à inexistência de violação do sigilo profissional (letras "c", "d" e "e"). Incidência da Súmula 283/STF.

7. Inexiste violação do art. 535 do CPC quando a prestação jurisdicional é dada na medida da pretensão deduzida, com enfrentamento e resolução das questões abordadas no recurso.

Recurso especial conhecido em parte e improvido.

(STJ, 2ª T., REsp 1264313-RS, rel. Min. Humberto Martins, j. 6.10.2011, *DJe* 14.10.2011).

Min. Teori Zavaski (1):

• *Tributário e processual civil – Recurso especial. Imposto de renda de pessoa jurídica. Ação anulatória de débito. Isenção fiscal. Dedução de parcelas não abrangidas. Escrituração idônea. Lançamento por arbitramento (arts. 399, IV, e 400, § 6º, do RIR/80). Inviabilidade.*

1. A ausência de debate, na instância recorrida, sobre dispositivos legais cuja violação se alega no recurso especial atrai, por analogia, a incidência da Súmula 282 do STF.

2. É vedado o reexame de matéria fático-probatória em sede de recurso especial, a teor do que prescreve a Súmula 7 desta Corte.

3. É pressuposto de admissibilidade do recurso especial a adequada indicação da questão controvertida, com informações sobre o modo como teria ocorrido a violação a dispositivos de lei federal. Súmula 284/STF.

4. A apuração do lucro da pessoa jurídica por arbitramento se justifica quando "a escrituração mantida pelo contribuinte contiver vícios, erros ou deficiências que a tornem imprestável para determinar o lucro real ou presumido, ou revelar evidentes indícios de fraude" (art. 399, IV do RIR/80 – Decreto 85.450/80). Todavia, se o contribuinte mantém regular escrituração da receita bruta efetivamente verificada, é com base nela, e não por arbitramento, que o tributo deve ser lançado (art. 400, *caput*,

VERDADE MATERIAL NO PROCESSO JUDICIAL TRIBUTÁRIO 147

do RIR/80). Também em matéria tributária deve-se observar, sempre que possível, o princípio da *verdade real*, inquestionavelmente consagrado em nosso sistema normativo (CTN, art. 148; Súmula 76/TFR).

5. Recurso especial parcialmente conhecido e, nessa parte, improvido.

(STJ, 1ª T., REsp 549.921-CE, rel. Min. Teori Albino Zavascki, j. 21.6.2007, *DJU* 1.10.2007).

Min. Teori Zavaski (2):

• *Processual civil. Recurso especial. Tributário. Escrituração irregular. Saldo credor em caixa. Presunção de omissão de receita. Faculdade do contribuinte produzir prova contrária. Princípio da verdade material. Sucumbência. Princípio da causalidade.*

1. A presunção *juris tantum* de omissão de receita pode ser infirmada em Juízo por força de norma específica, mercê do princípio da inafastabilidade da jurisdição (art. 5º, XXXV, da CF/1988) coadjuvado pela máxima *utile per inutile nom vitiatur*.

2. O princípio da *verdade real* se sobrepõe à presuntio legis, nos termos do § 2º, do art. 12 do DL 1.598/77 (art. 281 RIR/99 – Decreto 3.000/99), ao estabelecer ao contribuinte a faculdade de demonstrar, inclusive em processo judicial, a improcedência da presunção de omissão de receita, considerada no auto de infração lavrado em face da irregularidade dos registros contábeis, indicando a existência de saldo credor em caixa. Aplicação do princípio da *verdade material*.

3. Outrossim, ainda neste segmento, concluiu a perícia judicial pela inexistência de prejuízo ao Fisco.

4. Deveras, procedido o lançamento com base nos autos de infração, infirmados por perícia judicial conclusiva, constituiu-se o crédito tributário principal, mercê de o mesmo ter sido oferecido à tributação, por isso que inequívoco que o resultado judicial gerará *bis in idem* quanto à exação *in foco*.

5. Lavrados os autos de infração por erro formal de escrita reconhecido pelos recorrentes, não obstante materialmente exatos os valores oferecidos à tributação, impõe-se reconhecer que a parte que ora se irresigna foi a responsável pela demanda.

6. Regulada a sucumbência pelo princípio da causalidade, ressoa inacolhível imputá-la ao Fisco, independente de prover-se o recurso para que não haja retorno dos autos à instância *a quo*, porquanto o aresto recorrido reconheceu a higidez conclusiva da prova mas desprezou-a.

7. A responsabilidade pela demanda implica imputar-se a sucumbência ao recorrente, não obstante acolhida a sua postulação quanto ao crédito tributário em si (precedente: REsp 284926-MG, rela. Min. Nancy Andrighi, 3ª T., j. 5.4.2001, *DJU* 25.6.2001, p. 173).

8. Recurso Especial provido, imputando-se a sucumbência ao recorrente.

(STJ, 1ª T., REsp 901.311-RJ, rel. Min. Teori Albino Zavascki, rel. p/acórdão Min. Luiz Fux, j. 18.12.2007, *DJe* 6.3.2008).

Min. Teori Zavaski (3):

• Processual civil e tributário. IRPJ. Preenchimento da declaração. Erro material. Prescrição. Alegada ofensa ao art 147, § 1º, do CTN. Possibilidade de correção

148   A VERDADE MATERIAL NO DIREITO TRIBUTÁRIO

pela via judicial. Precedente: REsp 388.746-RS, 2ª T., Min. Franciulli Netto, *DJU* 6.10.2003. Recurso especial a que se nega provimento.

Voto – O Sr. Min. Teori Albino Zavascki (relator): 1. No tocante à prescrição, correto o posicionamento do Tribunal de origem no seguinte sentido: "(...) equivocada a alegação da Fazenda Nacional de que o art. 147 do CTN impossibilitaria a retificação da declaração em juízo. Tal dispositivo legal refere-se unicamente à esfera administrativa, ou seja, no âmbito da Receita Federal a alteração da DIRPJ só pode ocorrer até a notificação do lançamento. Não se aplica esse termo, entretanto, para a apreciação judicial, que se rege pelas normas específicas de prescrição" (fl. 154).

Sobre o tema, assim me manifestei no julgamento do REsp 901311-RJ, 1ª T, rel. para o acórdão Min. Luiz Fux, *DJU* de 6.3.2008:

Ao considerar irrelevante a prova pericial judicialmente produzida, destinada a comprovar a origem dos valores questionados pelo Fisco, o acórdão recorrido está afirmando, a contrário senso, que não é cabível, pelo menos na via judicial, o exercício da faculdade de que trata a parte final do § 2º acima transcrito, de produzir prova tendente a infirmar a presunção com base na qual foram lavrados os autos de infração. Implicitamente, portanto, o dispositivo foi pré-questionado.

Cumpre, portanto, examinar se houve ou não ofensa ao referido preceito normativo. Não há como negar a relevância dos fundamentos adotados pelo acórdão recorrido. Ninguém nega que, consideradas as circunstâncias fáticas que se apresentavam à época da sua lavratura, os autos de infração foram produzidos legitimamente, sem qualquer abuso ou arbitrariedade. A escrita do contribuinte estava irregular, o que permitia ao Fisco – ou melhor, impunha obrigatoriamente a ele (trata-se de atividade vinculada) – apurar o tributo na forma como o fez. Assim, a se admitir a possibilidade de o contribuinte ir a juízo posteriormente para provar que, apesar de ter havido omissão de receita em sua escrituração, não ocorreu o fato gerador presumido, poderia tomar-se letra morta, na prática, a exigência de registros contábeis. (...)

A respeito do princípio da *verdade material*, ainda quando juiz do TRF da 4ª Região, tive oportunidade de lavrar acórdão com a seguinte ementa:

"Tributário. Imposto de Renda. Arbitramento – Também no lançamento por arbitramento vigora o princípio da *verdade real*. Assim, se, no curso do prazo para impugnação do auto de infração, a empresa apresentou declaração de renda formada à base de escrituração regularizada e apurando prejuízo, incabível a sustentação, pura e simples, do lançamento por arbitramento antes efetuado. Sentença mantida" (AC 92.04.35475-5-RS, 2ª T., *DJU* de 8.9.1994).

No voto de relator observei: "Em sede doutrinária predomina o entendimento segundo o qual 'No lançamento por arbitramento vigorava o princípio da *verdade material*, em que não se há de falar em discricionariedade, mas em atividade administrativa vinculada. No arbitramento, ao Fisco oferece-se 'um processo técnico alternativo e estrito de apuração do *quantum debeatur*' assegurando-se ao sujeito passivo o direito de contestar o arbitramento, mediante avaliação contraditória, administrativa ou judicial' (Carlos Mario Velloso, *Temas de Direito Público*, Belo Horizonte, Del Rey, 1994, p. 357). Nessa linha de pensamento formou-se a Súmula 76 do TFR ('Em tema de Imposto de Renda, a desclassificação da escrita somente se legitima na ausência de elementos concretos que permitam a apuração do lucro real da empresa não a justificando simples atraso na escrita'). Com base em idêntica linha de princípio a jurisprudência, inclusive a citada em contrarrazões, não tem emprestado legitimidade ao lançamento *ex-officio* por arbitramento quando, após

VERDADE MATERIAL NO PROCESSO JUDICIAL TRIBUTÁRIO   149

a autuação e antes de esgotado o prazo para impugnação, o contribuinte apresenta declaração e regulariza a escrita."

Em nome de tal princípio e dos preceitos normativos que o sustentam, como é o caso do art. 12, § 2º do DL 1.598/77, não se pode negar ao contribuinte a faculdade de fazer prova, em processo administrativo ou judicial, destinada a infirmar as presunções que serviram de base ao cálculo do imposto, como é o caso dos autos.

É claro que o exercício dessa faculdade do contribuinte (de fazer prova, na fase judicial, para infirmar a presunção legitimamente considerada pela autoridade fiscal na fase administrativa), não pode acarretar indevido prejuízo do Fisco (que, repita-se, agiu legitimamente, nas circunstâncias então apresentadas) e nem pode privilegiar indevidamente o contribuinte (que, repita-se, descumpriu sua obrigação acessória de manter escrituração regular de suas operações). Assim, a eventual decretação judicial da nulidade do lançamento, decorrente da prova judicial supervenientemente produzida, não pode ter o efeito de livrar o contribuinte de responder pelo descumprimento da obrigação acessória, nem pode impedir que o Fisco, no prazo de cinco anos contados do trânsito em julgado da sentença, promova novo lançamento do tributo devido, calculado com base nos novos elementos de prova. Não há falar-se, aqui, em prazo decadencial, já que o prazo para lançar teve seu curso interrompido por força da citação, conforme estabelece o art. 220 do CPC.

2. Ademais, ao contrário do sustentado pela Fazenda Nacional, a recorrida não pretende a retificação da DIRPJ, e sim a declaração de nulidade de débito fiscal fundado em compensação indevida de prejuízo fiscal. A jurisprudência do STJ se orienta no sentido de que é possível a correção da declaração do imposto de renda nos casos em que houve erro material no preenchimento do documento, mesmo após a notificação do lançamento. (...)

Sendo assim, não merece reforma o acórdão recorrido.

3. Diante do exposto, nego provimento ao recurso especial.

É o voto.

(STJ, 1ª T., REsp 769.978-RN, rel. Min. Teori Albino Zavascki, j. 1.10.2009, *DJe* 13.10.2009).

Examinando os julgados do STJ, se percebe que muitas das decisões em que se aplica o princípio da verdade material referem-se àqueles casos de *arbitramento*, em que a autoridade fiscal não tem à sua disposição documentos suficientes para efetuar o lançamento e, com base em critérios presuntivos ou nos reduzidos elementos que tenha à mão, apura o valor do crédito tributário.

O tribunal entendeu em alguns desses casos que se o contribuinte oferecer na fase administrativa elementos para uma apuração mais precisa, o Fisco deve considerá-los (Min. José Delgado), bem como se o Fisco encontrar elementos necessários, mesmo após se valer do arbitramento, deve utilizá-los e refazer o lançamento no curso do processo administrativo, em atenção ao princípio da verdade material (Min. Mauro Campbell).

150 A VERDADE MATERIAL NO DIREITO TRIBUTÁRIO

Por outro lado, o tribunal superior também afasta a aplicação da verdade material por entendê-la incompatível com a duração razoável do processo que, no caso concreto, implicaria em acolher prova testemunhal doze anos após a ocorrência dos fatos (Min. Herman Benjamin).

Noutro caso, se nota apoio do STJ à decisão tomada por tribunal estadual/regional que aprovou decisão tomada pelo juiz de primeiro grau ao aceitar prova emprestada, também em favor da Fazenda Pública. O fundamento é o art. 130 do CPC, atendendo ao princípio do livre convencimento do juiz (Min. Humberto Martins).

Nos julgados do Ministro Teori Zavaski encontramos análise mais detida do sentido e alcance do princípio da verdade material. São três julgados que abordam o tema em situações distintas e dignas de exame. No primeiro caso, também relativo à tributação com base em arbitramento, restou consignado que: "Também em matéria tributária deve-se observar, sempre que possível, o princípio da *verdade real*, inquestionavelmente consagrado em nosso sistema normativo (CTN, art. 148; Súmula 76/TFR)".

No segundo caso, em interessante abordagem, o tribunal decidiu que o princípio da verdade real se sobrepõe à presunção legal quando estabelece ao contribuinte a faculdade de demonstrar, inclusive em processo judicial, a improcedência da presunção de omissão de receita, em face da irregularidade dos registros contábeis apurada pela fiscalização, indicando a existência de saldo credor em caixa.

No último julgado, mesmo sem mencionar o princípio da verdade material na ementa, o Ministro relator tratou expressamente do tema em seu voto condutor, ao fundamentar o direito do contribuinte em produzir prova em juízo. Disse ele: "Em nome de tal princípio e dos preceitos normativos que o sustentam, (...) não se pode negar ao contribuinte a faculdade de fazer prova, em processo administrativo ou judicial, destinada a infirmar as presunções que serviram de base ao cálculo do imposto, como é o caso dos autos".

Finalmente, a doutrina identifica como uma espécie de "divisor de águas" em matéria de aplicação do princípio pelos tribunais, o julgamento proferido no Recurso Especial 43.467-MG, quando passou a entender que as *ações de Estado*, envolvendo *direitos indisponíveis* do cidadão, devem ser regidas pelo princípio da verdade material, *in verbis*:

• *Direitos civil e processual. Investigação de paternidade. Determinação de ofício de audiência de testemunhas. Possibilidade. Direito indisponível. Art. 130,*

VERDADE MATERIAL NO PROCESSO JUDICIAL TRIBUTÁRIO   151

CPC. Direito de família. Evolução. Hermenêutica. Precedentes. Recurso desacolhido.

I – Na fase atual da evolução do direito de família, e injustificável o fetichismo de normas ultrapassadas em detrimento da *verdade real*, sobretudo quando em prejuízo de legítimos interesses de menor.

II – Diante do cada vez maior sentido publicista que se tem atribuído ao processo contemporâneo, o juiz deixou de ser mero espectador inerte da batalha judicial, passando a assumir uma posição ativa que lhe permite, dentre outras prerrogativas, determinar a produção de provas, desde que o faça, e certo, com imparcialidade e resguardando o princípio do contraditório.

III – Tem o julgador iniciativa probatória quando presentes razões de ordem pública e igualitária, como, por exemplo, quando se esteja diante de causa que tenha por objeto direito indisponível (ações de Estado), ou quando o julgador, em face das provas produzidas, se encontre em estado de perplexidade ou, ainda, quando haja significativa desproporção econômica ou sociocultural entre as partes.

(STJ, 4ª T., REsp 43.467-MG, rel. Min. Sálvio de Figueiredo Teixeira, j. 12.12.1995, *DJU* 18.3.1996).[16]

A conclusão que se extrai de todos os precedentes acima, tanto do STJ como do STF, é que a aplicação do princípio da verdade material é feita basicamente diante de processos que envolvam matéria penal. Na área cível destacamos o julgado relatado pelo Min. Sálvio de Figueiredo, que passou a ser referência para os casos envolvendo exame de paternidade, e mesmo diante de causa cível, destacou a diferença entre a matéria envolvendo direitos disponíveis (típica do processo civil) da matéria de direitos indisponível (típica do direito público, mas também, muitas vezes, submetida ao processo civil).

Quanto à matéria tributária, a aplicação do princípio é praticamente inexistente, e quando ocorre se dá nos casos de arbitramento fiscal, ainda assim de forma particularizada. Exceto pelos julgados do Min. Teori Zavaski, o fundamento da aplicação do princípio no curso do processo judicial costuma ser o art. 130 do CPC, que, como vimos, trata-se de mera faculdade do juiz.

Em nenhum deles, porém, se denota a obrigatoriedade na busca da verdade material em matéria tributária. Quando muito, se afirma que "sempre que possível" deve-se adotar o princípio.

3.3   Verdade material nos tribunais administrativos

Como já se viu anteriormente (item 2.3), o Poder Executivo, nos seus quatro níveis de governo (federal, estadual, distrital e municipal),

16. Arruda Alvim, *Manual de Direito Processual Civil*, cit., p. 932.

152 A VERDADE MATERIAL NO DIREITO TRIBUTÁRIO

mantém estrutura própria de julgamento de lides tributárias, que atua antes que a questão seja posta ao Poder Judiciário. Tais estruturas, mor das vezes inspirada naquela do Poder Judiciário, divide-se basicamente nas instâncias monocrática e colegiada.

É comum também que haja a chamada *instância especial* em casos de divergência entre as turmas ou câmaras do colegiado, bem como em decorrência de julgamentos por maioria de votos, entre outros casos, expressamente previstos na legislação de cada ente tributante, com a finalidade de uniformizar o entendimento dos julgadores a respeito da matéria versada.

Ao contrário do que ocorre no âmbito judicial, em que a Constituição estabelece a competência legislativa privativa ao Congresso Nacional em matéria de processo civil (art. 22, inciso I), a legislação reguladora do funcionamento e dos procedimentos para o julgamento das lides no âmbito administrativo está a cargo de cada ente tributante, no seu âmbito de competência local, por meio de legislação ordinária. Seja por conta da referida inspiração no Poder Judiciário ou algumas vezes na inspiração pela estrutura da Receita Federal do Brasil por parte dos estados e municípios, essas regras são semelhantes em todo o país, pragmaticamente variando em questões muito específicas, tais como a nomenclatura dos órgãos de julgamento e os prazos processuais.

Sendo assim, a pesquisa dos precedentes no âmbito administrativo torna-se muito mais vasta do que no âmbito do judicial, que por sua vez restringiu-se a apenas dois tribunais (STF e STJ). Aqui, não há órgão que consolide tais precedentes, e por isso adotamos, na medida do possível, critério semelhante ao adotado no item anterior (judicial), privilegiando os órgãos julgadores de última instância ou instância especial, consolidadores do entendimento no âmbito de cada ente tributante, bem como apresentando apenas a transcrição das ementas dos julgados, exceto pela transcrição de partes de determinados votos naqueles casos em que a ementa não é suficiente para deduzirmos o entendimento do respectivo colegiado ou em que o voto tratou de forma relevante a matéria de nosso estudo.

Da mesma forma destacaremos o tema *itálico* para facilitar o exame pelo leitor. Quanto à fonte de pesquisa, os precedentes foram obtidos na doutrina processual nacional, em virtude de nossa experiência profissional na advocacia ou ainda por meio dos sítios de internet oficiais das secretarias de estado ou município.

Considerando a existência de dezenas de estados membros e milhares de municípios, focamos nossa pesquisa da seguinte forma:

VERDADE MATERIAL NO PROCESSO JUDICIAL TRIBUTÁRIO 153

Para o órgão julgador federal (Conselho Administrativo de Recursos Fiscais do Ministério da Fazenda – CARF/MF), selecionamos julgados dos seus órgãos especiais, seja na sua composição plenária, seja no Conselho Superior de Recursos Fiscais (CSRF). Quanto aos Estados, selecionamos um julgado de cada Conselho daqueles que mantêm serviço informatizado de busca de precedentes, também com a preferência àqueles órgãos de competência uniformizadora. Finalmente, quanto aos municípios, limitamo-nos a citar julgados dos municípios mais populosos do país (Rio de Janeiro e São Paulo).

Conselho Administrativo de Recursos Fiscais (CARF/MF):[17]

• *Imposto sobre a renda de pessoa física – IRPF Exercício: 1998, 1999. Imposto de renda pessoa física. Tributo sujeito a lançamento por homologação. Decadência na forma do art. 150, § 40 do CTN.*

O imposto de renda pessoa física é tributo sujeito ao regime de lançamento por homologação, sendo que o prazo decadencial para a constituição de créditos tributários é de cinco anos contados do fato gerador, que ocorre em cada competência. Ultrapassado esse lapso temporal, sem a expedição de lançamento de oficio, opera-se a decadência. A atividade exercida pelo contribuinte está tacitamente homologada e o crédito tributário extinto, nos termos do art. 150, § 40 e do art. 156, inciso V, ambos do CTN.

*Princípio da preclusão processual X princípio da **verdade material***

Tanto o princípio da *verdade material* como o princípio da preclusão são princípios aplicáveis ao processo administrativa fiscal. Nos processos de determinação e exigência de crédito tributário, a impugnação fixará os limites da controvérsia, sendo considerada como não impugnada a matéria que não tenha sido expressamente contestada pelo impugnante. A aplicação do princípio da preclusão não pode ser levada às últimas consequências, por força do princípio da *verdade material*. Pois o princípio da *verdade material* está em permanente tensão com o da Preclusão e toca ao julgador ponderá-los adequadamente. Constatada a ocorrência do fato gerador do tributo, a autoridade fiscal procede ao lançamento formal do crédito tributário que o contribuinte, não concordando com a imputação poderá impugná-la. Instalado o contraditório, o julgador deve empreender no sentido de comprovar se a hipótese abstratamente prevista na norma ocorreu de verdade, sem limitar-se ao alegado e apresentado como prova. Não há verdadeira hierarquia entre os princípios, uma vez que ora poderá prevalecer um ora outro, devendo ser feito o teste de proporcionalidade, para decidir qual regerá o caso concreto. Há, pois, uma hierarquização em função do caso concreto. Não merece reparo o acórdão recorrido no ponto em que norteado pelo princípio da *verdade material* concluiu inexistir valor a ser tributado a título de Acréscimo Patrimonial a Descoberto no ano calendário de 1998. Recurso especial negado.

17. *http://carf.fazenda.gov.br/sincon/public/pages/ConsultarJurisprudencia/ consultarJurisprudenciaCarf.jsf*. Acesso em 22.1.2012.

154 A VERDADE MATERIAL NO DIREITO TRIBUTÁRIO

(Câmara Superior de Recursos Fiscais, Processo n. 10120.001177/2003-71, Recurso 146.225 Especial do Procurador, Acórdão 9202-00.818, j. 10.5.2010).

• *Ressarcimento de IPI. Processo administrativo fiscal. princípio da* **verdade material.**

Nos termos do § 4º do art. 16 do Decreto 70.235/72, é facultado ao sujeito passivo a apresentação de elementos probatórios na fase impugnatória. A não apreciação de documentos juntados aos autos ainda na fase de impugnação, antes, portanto, da decisão, fere o princípio da *verdade material* com ofensa ao princípio constitucional da ampla defesa. No processo administrativo predomina o princípio da *verdade material,* no sentido de que aí se busca descobrir se realmente ocorreu ou não o fato gerador, pois o que está em jogo é a legalidade da tributação. Deve ser anulada decisão de primeira instância que deixa de reconhecer tal preceito.

Processo anulado.

Voto do Relator – Como relatado, a discussão nestes autos limita-se ao seguinte tópico: o indeferimento de pleito de ressarcimento sob o argumento de que não foi atendida Intimação da autoridade originária.

Neste particular, adoto os entendimentos já exteriorizados para a matéria pelo conselheiro Odassi Guerzoni Filho, em processo em tudo idêntico ao presente, nos seguintes termos: (...)

"Em 22.4.2003 foi a empresa cientificada de que seu pedido de ressarcimento, entregue em 30.5.2000, houvera sido indeferido. O motivo do indeferimento foi o não atendimento à intimação para a apresentação da documentação complementar. Aliás, sequer houve resposta da empresa.

"Inconteste o fato de que se passaram mais de sessenta dias entre a data do recebimento do Termo de Intimação por parte da empresa e a data do Termo de Informação Fiscal que propôs o indeferimento do pleito.

"Tampouco merece reparo o zelo da autoridade fiscal que, seguindo à risca os mandamentos contidos na Ordem de Serviço DRF/OSA n. 03/2002, proferiu o despacho decisório indeferindo o pedido.

"De outra parte, a empresa, tão logo fora cientificada do indeferimento de seu pedido, manifestou sua inconformidade e juntou os documentos então solicitados pelo citado Termo de Intimação, outrora por ela desatendido.

"Como já dito acima, a justificativa apresentada pela empresa para o não atendimento do termo de intimação foi um provável extravio do mesmo em suas próprias dependências. A análise superficial dos documentos trazidos por ela na fase impugnatória (cópias de folhas do livro de apuração do IPI, cópias da DIPJ, relação dos insumos adquiridos, relação dos fornecedores de insumos, cópias de notas fiscais de compras de insumos, e arquivo magnético contendo dados relacionados ao pedido) revela, salvo engano, que os mesmos permitiriam que o mérito de seu pedido fosse analisado. No entanto, mesmo diante desse fato, ou seja, da entrega de documentos na fase de impugnação, a DRJ preferiu acatar o teor do Despacho Decisório e manter o indeferimento. O fez invocando os arts. 39 e 40 da Lei n. 9.784, de janeiro de 1999. Com todo o acatamento, entendo que não foi correto tal posicionamento. Na própria Lei n. 9.784/99, na qual se baseou a primeira instância para decidir, no seu art. 38, vamos encontrar a autorização para que o interessado junte documentos e pareceres, requeira diligências e perícias, bem como possa aduzir alegações referentes à ma-

VERDADE MATERIAL NO PROCESSO JUDICIAL TRIBUTÁRIO   155

téria objeto do processo antes de ser prolatada a decisão, ainda na fase instrutória, determinando, também, que os elementos probatórios deverão ser considerados na motivação do relatório e da decisão, somente podendo ser recusadas as provas propostas pelos interessados quando sejam ilícitas, impertinentes, desnecessárias e protelatórias, mediante decisão fundamentada.

"Em direção oposta ao entendimento da DRJ, o § 4º do art. 16 do Decreto 70.235/72, dispõe: 'A prova documental será apresentada na impugnação, precluindo o direito de o impugnante fazê-lo em outro momento processual, a menos que: (...)'. Aurélio Pitanga Seixas Filho, in *Princípios Fundamentais do Direito Administrativo Tributário – A Função Fiscal*, Rio, Forense, 1996, pp. 46 e 47, ensina que 'Contrariamente à dinâmica de aplicação das leis pelas autoridades jurisdicionais, onde vigora o princípio da *verdade formal*, em que as formas dos atos, prazos e a sistematização dos procedimentos são rigorosamente definidos e obedecidos, nos procedimentos administrativos em geral, as formas dos atos e os prazos previstos anteriormente, (pois, afinal, não se pode prescindir de alguma sistematização para se ordenar o comportamento da Administração Pública), podem ser, eventualmente, desobedecidos, para dar cumprimento ao princípio mais relevante da *verdade material*. A dinâmica da Administração Pública não está sujeita a formalidades rígidas ou a obediência a formas sacramentais, pois a natureza da ação administrativa exige que a aplicação da lei se faça da forma mais expedita possível. O dever investigatório dirigido pela discricionariedade da autoridade fiscal não pode ficar amarrado por formalismos, sob pena de não se descobrir corretamente a verdade dos fatos, ou de ficar cerceado o direito de defesa do contribuinte'.

"O entendimento do Conselho de Contribuintes tem se alinhado com esse pensamento, ou seja, de que deve ser seguido o princípio da *verdade material*. Cito dois Acórdãos, um deles da Câmara Superior de Recursos Fiscais: '"Recurso: 301-120475, 3ª T., Processo: 10320.001705/98-35, Recurso de Divergência, Data da Sessão: 9.11.2004.

"'CSRF/03-04.194, Decisão: NPU – Negado provimento por unanimidade.'

"'*Ementa*: Processo administrativo Tributário – Prova material apresentada em 2ª Instância de julgamento – princípio da instrumentalidade processual e a busca da *verdade material*.

"'A não apreciação de provas trazidas aos autos depois da impugnação e já na fase recursal, antes da decisão final administrativa, fere o princípio da instrumentalidade processual prevista no CPC e a busca da *verdade material*, que norteia o contencioso administrativo tributário. 'No processo administrativo predomina o princípio da *verdade material* no sentido de que aí se busca descobrir se realmente ocorreu ou não o fato gerador, pois o que está em jogo é a legalidade da tributação. O importante é saber se o fato gerador ocorreu e se a obrigação teve seu nascimento' (AC 103-18789, – 3ª Câmara – 1º C.C.). Recurso negado.'

"'Recurso: 120785, 1ª Câmara, Processo: 10480.025193/99-03, Recurso Voluntário, Matéria: II/IPI – Falta de recolhimento, Recorrida/Interessado: DRJ-RECIFE-PE, Data da Sessão: 12.9.2000, Acórdão 301-29305, Resultado: API – Anulado a partir da decisão de 1ª instância.

"'Texto da Decisão: Por unanimidade de votos, anulou-se o processo a partir da decisão de 1ª instância.

156 A VERDADE MATERIAL NO DIREITO TRIBUTÁRIO

"'*Ementa:* Cerceamento de defesa – Prova não examinada. Nula a decisão que deixa de apreciar a prova material trazida pelo contribuinte e nega a produção de prova pericial que contribui com o esclarecimento da *verdade material. Anulado o processo a partir da decisão singular'*.

"'Além disso, não consta dos autos o registro de que a autoridade fiscal tentara, ainda que por meio de telefone, verificar junto à empresa as razões do não atendimento da intimação. Mais, sequer a reintimou, o que, certamente, afastaria com maior segurança a alegação da empresa de que houvera o extravio do Termo de Intimação Fiscal. Em face de todo o exposto e em nome de um princípio maior, qual seja, o da busca da *verdade material*, voto no sentido de anular o processo a partir do Despacho Decisório de fl. 69, inclusive, de modo que a DRF de origem analise o pedido de ressarcimento à luz da documentação trazida pela interessada no processo, devendo a mesma ser complementada, se necessário for.'"

"Assim, também voto no sentido de anular o presente processo a partir do Despacho Decisório nele lavrado, de modo que a autoridade originária analise o pedido da interessada à luz dos documentos por ela, interessada, trazidos aos autos.

"É o meu voto."

(Processo n. 13896.000730/00-99, Recurso 132.865, Acórdão 203-12.338, rel. Dalton Cesar Cordeiro de Miranda, j. 14.8.2007, pub. 24.10.2007).

Tribunal de Impostos e Taxas de São Paulo (TIT/SP):[18]

• *ICMS. Falta de emissão de notas fiscais, apurada pelo confronto entre as vendas consignadas no relatório de uso interno "vendas e margem bruta de 2000 a 2004" e os arquivos magnéticos, apreendidos pela receita federal e polícia federal na "Operação Narciso".*

Preliminar de nulidade do acórdão recorrido deve ser afastada. O voto condutor do relator do recurso ordinário apreciou todas as provas apresentadas pela Recorrente, consignando inclusive o deferimento da juntada de novos documentos após a realização da sustentação oral, em nome do princípio da *verdade material*.

MÉRITO – A admissão do presente recurso envolveria o vedado reexame das provas nesta sede especial. Ademais, os paradigmas indicados não se prestam ao confronto, por envolverem circunstâncias de fato que não se repetem nestes autos, e por tratar-se de decisões tomadas na sede ordinária, em que era possível a apreciação integral do conjunto fático-probatório dos autos. O voto condutor da decisão recorrida refutou a alegação de que a autuação estaria baseada em indícios e presunções, afirmando que o trabalho fiscal pautou-se em documentos providos de uniformidade e legitimidade que emprestam liquidez e certeza ao lançamento, e que os documentos juntados após a realização da sustentação oral não trouxeram qualquer fato novo para ilidir o trabalho fiscal. Recurso de que não se conhece. *Recurso não conhecido. Decisão unânime.*

(Proc. 644616/2006, j. 11.8.2009, Pub. 10.10.2009, Recurso Especial).

18. *www60.fazenda.sp.gov.br/wps/portal/!ut/p/c1/04_SB8K8xLLM9MS-SzPy8xBz9CP0os3gj5wBjYzN_QwOLYDNDAyMnUzdvN28zAwMLI_2CbEdFAE0S Zqo!/.* Acesso em 11.1.2012.

VERDADE MATERIAL NO PROCESSO JUDICIAL TRIBUTÁRIO

• *ICMS. Crédito indevido de ICMS em razão de ter a contribuinte escriturado documentos fiscais que foram posteriormente extraviados.*

Apresentação pela contribuinte de cópia autenticada das segundas vias das notas fiscais para comprovação da legitimidade dos créditos escriturados – Reconhecida a possibilidade do contribuinte comprovar a legitimidade dos créditos de ICMS por outros documentos que não a primeira via das notas ficais, em respeito aos princípios da não cumulatividade, da ampla defesa, do contraditório e da busca da *verdade real* – Inocorrência de afronta ao art. 61, § 4º, item 2 do RICMS/00 (Dec. 45.490/00). *Recurso conhecido* e ao qual *nego provimento*, mantendo-se a decisão recorrida da maneira como proferida. *Recurso conhecido. Negado provimento. Decisão unânime.*

(Proc. 455665/2006, j. 3.3.2011, pub. 19.3.2011, Recurso Especial).

Conselho de Contribuintes do Estado de Minas Gerais – CCMG:[19]

• *Restituição – Documento fiscal inidôneo – DAF.*

Desclassificação de nota fiscal ante caracterização da situação prevista no art. 134, VIII, do RICMS/02. Recolhimento, em DAF, de tributo e multas. Confirmado que a pós-datação da saída da mercadoria à ação fiscal se fizera por equívoco do funcionário administrativo emitente, diversamente dos dados fornecidos pelo requisitante da NFA, impõe-se reformar a denegatória de repetição de indébito, sob pena de ofensa aos princípios da *verdade material* e da moralidade pública. Impugnação procedente. Decisão unânime.

(CC/MG – Proc. 16.293/05/2ª, j. 20.4.2005).

Conselho Administrativo Tributário de Goiás (CAT/GO):[20]

• *ICMS. Obrigação principal. Omissão de saída de mercadorias. Auditoria específica de mercadorias. Procedência. Mantido o acórdão cameral. Decisão unânime.*

I – Presume-se decorrente de operação ou prestação tributada não registrada, o valor apurado, em procedimento fiscal, correspondente à diferença apurada mediante o controle quantitativo das entradas e saídas de mercadorias tributadas num determinado período, levando em consideração os estoques inicial e final (art. 25, I, 1º, V, CTE).

II – O movimento real tributável, realizado pelo sujeito passivo em determinado período, pode ser apurado por meio de levantamento fiscal, que poderá considerar os valores e quantidades das entradas e das saídas de mercadorias e dos respectivos estoques, inicial e final (art. 148, I, 1º, I, CTE).

III – Todo trabalho de auditoria fiscal ou contábil, por ser de precisão matemática, mera equação algébrica (Estoque inicial + Compras = Estoque final + Saídas), deve, obrigatoriamente, ser contestado concretamente pelo sujeito passivo, pelo princípio da *verdade material*, não ocorrendo tal situação, fica mantido o lançamen-

---

19. *www.fazenda.mg.gov.br/empresas/conselho_contribuintes/acordaos/_material.htm.* Acesso em 2.1 2012.

20. *www.sefaz.go.gov.br/cat/portal/default2.asp.* Acesso em 7.1.2012.

158 A VERDADE MATERIAL NO DIREITO TRIBUTÁRIO

to tributário em todo seu teor, que como ato administrativo goza da presunção de legitimidade.

IV – Mantém-se o acórdão cameral quando no recurso interposto o contribuinte não apresentar razões e elementos capazes de justificar a sua reforma.

Decisão/Resolução – Certificamos que, conforme anotação na pauta de julgamento e nos termos da ata da sessão hoje realizada, o Conselho Pleno do Conselho Administrativo Tributário decidiu, por unanimidade de votos, conhecer do recurso para o Conselho Pleno, negar-lhe provimento para manter o acórdão cameral que considerou procedente o auto de infração. Participaram do julgamento os Conselheiros Edson Abrão da Silva, Zacheu Alves de Castro Neto, Delcides de Souza Fonseca, Luiz Honório dos Santos, Walter de Oliveira, José Paixão de Oliveira Gomes, José Manoel Caixeta Haun, Josué Lima dos Santos, José Umbelino dos Santos, Jomar Miranda, Nivaldo Carvelo Carvalho e Levi Silva Filho."

(Proc. 30006112044099. j. 23.6.2005. Recurso do Contribuinte para o Conselho Pleno 00218/05 – Acórdão 01661/05).

Conselho de Fazenda Estadual da Bahia (Consef/BA):[21]

• *ICMS. Crédito fiscal. Utilização indevida. Falta de exibição do documento fiscal comprobatório do direito ao crédito.*

A apresentação das segundas vias dos documentos fiscais que se perderam por culpa do sujeito passivo ilidem grande parte da acusação. Aplicação, ao caso, dos princípios da *verdade material* e da razoabilidade. Remanesce, todavia, parte do débito, relacionada às notas fiscais cujas cópias não foram trazidas aos autos. O sujeito passivo, entretanto, descumpriu obrigação tributária acessória, sendo cabível a imposição da multa prevista no art. 42, inciso XIX, da Lei n. 7.014/97. Recurso *parcialmente provido*. Decisão unânime.

(FAZ/BA 0220-11/03, j. 8.5.2003).

Conselho de Contribuintes do Rio de Janeiro (CC/RJ):[22]

• *Débito de ICMS não recolhido. Estoque no encerramento da atividade.*

Em observância ao princípio da *verdade material*, a existência de estoque no encerramento das atividades não pode ser apurada apenas com base nos dados declarados na DECLAN-IPM, visto que é necessária a certeza do fato imponível para a exigência de crédito tributário. Ainda mais quando fato público e notório, como o incêndio ocorrido no denominado Mercadão de Madureira, é indicativo da destruição das mercadorias em estoque, conforme alega a Impugnante em sua defesa. Resta, portanto, descaracterizada a infração aos dispositivos legais mencionados na inicial. Auto de Infração *improcedente*.

---

21. *http://sinter82.sefaz.ba.gov.br/lpinternet/lpext.dll/?f=templates&fn= altmain-nf.htm&vid=10.1048/Ptb & 2.0*. Acesso em 5.1.2012.

22. *www.fazenda.rj.gov.br/portal/instituicao/conselho.portal?_nfpb=true&_ pageLabel=instituicao_conselho_jurisprudencia*. Acesso em 3.12.2011.

VERDADE MATERIAL NO PROCESSO JUDICIAL TRIBUTÁRIO 159

Acórdão – Vistos, relatados e discutidos estes autos, acorda a Quinta Turma da Junta de Revisão Fiscal, à unanimidade de votos, julgar *improcedente* o Auto de Infração n. 03.023334-0, nos termos do voto da Auditora Tributária Relatora. (AI 03.023334-0. 5ª T., j. 23.9.2003, Acórdão T05.066-03).

Conselho de Contribuintes e Recursos Fiscais do Paraná (CCRF/PR):[23]

• *ICMS – Transporte de mercadoria destinada a exportação. Desconsideração do documento apresentado.*

Tratando-se de fiscalização em trânsito, o fisco tem dever de buscar a *verdade material* e, no curso do processo restou demonstrado a efetiva exportação do produto e que o destinatário da mercadoria era o responsável pelo transporte e não o transportador autônomo eleito no lançamento. Recurso Ordinário conhecido e parcialmente provido por maioria.

Acórdão – Vistos, relatados e discutidos estes autos, acordam os Vogais da 4ª Câmara do CCRF, Maristela Deggerone e Maysa Cristina do Prado, acompanhando o voto da Vogal designada Rose Mairie Rodriguez Heidemann, em dar parcial provimento ao Recurso Ordinário, por maioria, contra os votos dos Vogais Antônio Spolador Junior e Biratã Higino Giacomoni, que dão integral provimento ao apelo. (PAF 71656535, 4ª Câmara, Acórdão 1663/2009, j. 25.8.2009).

Tribunal Administrativo de Recursos Fiscais do Rio Grande do Sul (TARF/RS)[24]

• *ICMS. Processual. Recurso voluntário. Intempestividade. Prevalência da* **verdade material***. Inexistência de lesão ao erário estadual. Reclassificação para multa formal.*

No âmbito do processo tributário administrativo deve-se, muitas vezes, sopesar ou relevar determinados formalismos, com vistas a buscar-se a *verdade material*. E isto só é possível no processo administrativo – não no judicial –, face ao maior informalismo vigente. É a supremacia da *verdade real* ante a formal. É a busca da "verdadeira verdade". Ausente lesão à Fazenda Pública Estadual não há que se falar em infração tributária material, a teor do contido no art. 1º, parágrafo único, "a" da Lei 6.537/73. Em sendo o caso, deve ser feita a reclassificação da infração para a de natureza formal, respeitadas as tipicidades previstas no art. 11 da Lei 6.537/73. Recurso voluntário não conhecido, mas, excepcionalmente, ante a evidência das provas quanto à ocorrência de erro de fato no lançamento colhidas nos autos, procedido, de ofício, a reclassificação da infração para a de natureza formal, prevista no art. 11, II, "c" e § 3º da Lei n. 6.537/73. Decisão unânime quanto ao não conhecimento e por maioria quanto à reclassificação, de ofício, da infração. (Acórdão 610/07, j. 12.9.2007).

23. *www.fazenda.pr.gov.br/modules/conteudo/conteudo.php?conteudo=227.* Acesso em 10.1.2012.

24. *www.legislacao.sefaz.rs.gov.br/Site/Area.aspx?inpKey=4.* Acesso em 10.1.2012.

160 A VERDADE MATERIAL NO DIREITO TRIBUTÁRIO

Tribunal Administrativo Tributário de Santa Catarina (TAT/SC):[25]

• ICMS. Multa acessória: omissão da entrega à repartição fazendária da Guia de informação e apuração do ICMS – GIA. Reclamação não conhecida por ter sido interposta com intempestividade. Inobservância do art. 194 da Lei n. 3.938/66 combinado com o art. 139, § 2º do RNGDT/SC-Decreto 22.586/84. Decisão confirmada. Entretanto, considerando ser manifestamente indevido o crédito tributário, pois que as GIAS foram entregues antes da ciência do lançamento pelo sujeito passivo, declara-se, de ofício, a sua extinção, sob o fundamento da legalidade dos atos administrativos e da busca da *verdade material* no processo administrativo. Notificação cancelada. Unanimidade.

(Gr11 55703/011. j. 4.11.2002).

Tribunal Administrativo Tributário do Estado de Pernambuco (TATE):[26]

• *ICMS. Defesa intempestiva – Não conhecimento – Remessa do débito para inscrição na dívida ativa – Em face do princípio da verdade material deve ser excluído do crédito tributário inicialmente lançado o débito fiscal comprovadamente pago antes da ação fiscal.*

A 3ª TJ/TATE, no exame e julgamento do Processo acima indicado; considerando que a defesa só foi apresentada no 30.6.1997 e o termo final para impugnar o lançamento recaiu no dia 27.6.1997, dia útil e de expediente normal na repartição fazendária; considerando que a intempestividade da defesa impede o seu conhecimento, devendo o crédito tributário lançado ser remetido para inscrição na Dívida Ativa; considerando, contudo, o princípio da *verdade material* que norteia os processos administrativos e que está comprovado, nos autos, e reconhecido pelo autuante, que o débito fiscal cobrado, relativo ao exercício de 1994, já havia sido integralmente pago antes da ação fiscal, ACORDA, unânime, em não conhecer da defesa apresentada contra o presente Auto de Infração e determinar a remessa dos autos para inscrição do débito fiscal na Dívida Ativa, devendo, no entanto, ser excluído do total do crédito tributário lançado na inicial, o valor de 490,6001 UFIRs correspondente a imposto, multa e juros, lançado no DCT e relativo ao período de Janeiro de 1994.

(AI SF 005.01344/97-7, j. 28.11.2002, TATE 14.910/97-7, Acórdão 3ª TJ n. 0296/2002-(05).

Contencioso Administrativo Tributário do Ceará (CONAT/CE):[27]

• *Descumprimento de obrigação acessória –Apresentação das GIM's – Autuação procedente quanto aos meses não comprovadamente apresentados.*

25. *http://sistemas.sc.gov.br/sef/tat/processos/Jurisprudencia.aspx*. Acesso em 9.1.2012.

26. *www.sefaz.pe.gov.br/sefaz2/asp2/mostra.asp?pai=885*. Acesso em 7.1.2012.

27. *www.sefaz.ce.gov.br/content/aplicacao/internet/contencioso/gerados/jurisprudencia_ementarios*. Acesso em 20.1.2012.

VERDADE MATERIAL NO PROCESSO JUDICIAL TRIBUTÁRIO   161

O princípio da *verdade material*, preceito basilar norteador das relações jurídicas no processo administrativo tributário, impõe a desconstituição do crédito-sanção, desde que, demonstrada a improcedência do A.I. Recursos voluntário e oficial, conhecidos e improvidos. Ação fiscal parcialmente procedente.

Voto – (...) No que refere-se aos princípios norteadores do processo administrativo fiscal, a *verdade material* merece especial atenção para que se atinja a teleologia do ato em exame. Aplicando esse irreprochável entendimento ao caso concreto, faz-se salutar que se parta da premissa, que o fim colimado nos julgamentos das lides administrativas é *a justiça fiscal*. Ad litem, torna-se induvidosa a matéria de fato e de direito. Não obstante ao "Termo de Intimação" em repouso às fls. 4 dos autos onde o contribuinte foi cientificado do prazo de 5 (cinco) dias para apresentação da documentação – o mesmo permaneceu contumaz. Somente com a lavratura do A.I. é que o contribuinte integrou o feito, objetivando impugnar a sanção imposta. Na tentativa de ilidir a pretensão do fisco, apresentou as GIM's referentes ao período de outubro/96 a março/97. Sem maiores esforços, constata-se que as GIM's apresentadas, correspondem ao cumprimento parcial da obrigação. Esta se daria na sua plenitude, com a apresentação dos períodos que compreendem os meses de agosto de 1996 a janeiro de 1998. Resta assim, infringido o art. 277 do Decreto 24.569/97. (...)

Ex positis, não restando dúvida quanto a legitimidade do Crédito Tributário *sub examine*, visto que reporta-se unicamente ao período das GIM's não apresentado pelo contribuinte, nos exatos termos do julgamento *a quo*, voto para que os recursos, voluntários e oficial sejam conhecidos e improvido, a fim de manutenção da decisão parcialmente condenatória proferida na instância monocrática.

(Processo n. 1/0802/98, Auto de Infração n. 1/9801150, j. 15.3.2000).

Conselho de Contribuintes do Mato Grosso (CCMT):[28]

• *Nulidade da ação fiscal – Princípio da **verdade material***.

À luz da legislação tributária, depreende-se impossível o lançamento efetivado com base em meros indícios e presunções. A subsunção do fato concreto à lei material deverá ter por substrato a *verdade material*, sobrepondo-se este aos outros princípios, no sentido de que somente poderá ser lançado ou exigido tributo quando efetivamente se configure fato jurídico tributário e na medida de sua ocorrência. A prova da ocorrência dos fatos e a averiguação da *verdade material* para a Administração fiscal, muito mais do que um ônus, compreende num dever jurídico. Recurso de ofício improvido à unanimidade, acompanhando o parecer fiscal.

(Proc. 585/2002, AIIM 26987, Acórdão 206/2003, j. 11.12.2003, *DOE* 26.1.2004).

Tribunal Administrativo de Recursos Fazendários do Pará. (TARF/PA):[29]

• 1. ICMS – Auto de Infração. 2. Atestada a intempestividade, impõe-se o não reconhecimento do recurso apresentado, por força do art. 32 da Lei n. 6.182/98.

---

28. *http://app1.sefaz.mt.gov.br/Sistema/Legislacao/EmentaCAT.nsf.* Acesso em 23.1.2012.

29. *www.sefa.pa.gov.br/site/pagina/contencioso.tarf.* Acesso em 23.1.2012.

162 A VERDADE MATERIAL NO DIREITO TRIBUTÁRIO

Decisão em preliminar. Acolhimento. *3. Princípio da verdade material.* Intempestividade. Revisão de ofício. 4. O princípio da *verdade material* autoriza o julgador a realizar o controle de legalidade do ato administrativo (lançamento tributário), mesmo que o recurso seja interposto fora do prazo. 5. Recurso Voluntário não conhecido e de Ofício, declarado improcedente a exigência quando não caracterizado o embargo à ação fiscal. Decisão: Unânime.
(AInf. 043752, Acórdão 990, 2ª CP, j. 22.12.2003, Pub. 31.12.2003).

Conselho de Recursos Fiscais da Paraíba (CRF):[30]

• *Verdade material* – *Intervenção de terceiro.*
A busca da *verdade material* dos fatos que se perquire no processo administrativo tributário é razão adicional para se admitir a intervenção de terceiro interessado, *latu senso.* Quando um terceiro liminarmente comparece como interveniente no processo demonstrando interesse direto e efetivo na solução da lide, no qual traz à baila argumentos e provas, objetivando escoimar-se da acusação, há que se anular a decisão da Instância *a quo,* diante da ótica de revelia assim interpretada pelo emérito julgador fiscal, evitando-se futuras alegações de cerceamento de defesa. Recurso voluntário provido.
(Recurso n. CRF 081/2000, Acórdão 5.857/2000, j. 19.5.2000).

Conselho de Recursos Fiscais do Amazonas (CRF/AM):[31]

• *1. ICMS antecipado. 2. AINF. 3. O Julgamento do recurso no CRF deve obedecer ao princípio da verdade material. Comprovada a ocorrência parcial do fato gerador com base na juntada de parte das cópias das notas fiscais. 4. Revisão de ofício conhecida e improvida. 5. Ação fiscal parcialmente procedente, mantido o Acórdão n. 055/2008 – 1ª Câmara de Julgamento. 6. Decisão por maioria.*

Voto – O CRF, ao apreciar o Pedido de Revisão de Ofício, deve cumprir o disposto no art. 1º do Regimento Interno do CRF, aprovado pela Resolução n. 003/2004-CRF/SEFAZ, de 30.7.2004, homologado pela portaria n. 0308/2004-GSE-FAZ, de 30.7.2004:

"Art. 1º. O Conselho de Recursos Fiscais – CRF, criado pela Lei n. 50, de 27 de setembro de 1956, integrante da estrutura da Secretaria da Fazenda do Estado do Amazonas, com independência quanto a sua função judicante, é órgão de segunda instância administrativa no julgamento do Processo Tributário-Administrativo (PTA), obedecendo aos princípios do contraditório, da oficialidade, da legalidade objetiva, da *verdade material* e da garantia de ampla defesa, sem prejuízo de outros princípios de direito."

Evidencia-se, dentre os princípios citados, o da *verdade material,* que impõe à autoridade administrativa o dever de tomar decisões com base nos fatos tais como se apresentam, devendo levar em consideração as provas e fatos que tenham conhecimento, determinado, inclusive, a produção de provas, julgadas necessárias.

30. *www.receita.pb.gov.br/idxinst_crf.php.* Acesso em 12.2.2011.
31. *http://sistemas.sefaz.am.gov.br/crf/busca.do.* Acesso em 13.2.2012.

VERDADE MATERIAL NO PROCESSO JUDICIAL TRIBUTÁRIO 163

Conforme citado no referido Parecer da Representação Fiscal, tal princípio 'confere à Administração poder de investigação o mais amplo possível, para formar a sua convicção e decisão, afastando ou reduzindo a possibilidade de se chegar às verdades meramente processuais'.

Cabe no processo, mediante observância dos princípios referidos no Regimento Interno do CRF, aplicar a necessária justiça fiscal."

(Acórdão n. 001/10, j. 5.3.2010).

Conselho de Contribuintes do Mato Grosso do Sul:[32]

• *ICMS – Remessa de mercadorias para Zona Franca de Manaus e áreas de livre comércio da SUFRAMA – Comprovação – Ausência de notificação prévia para comprovar o internamento. Apresentação extemporânea de provas. Recebimento. Reexame necessário improvido.*

Em obediência ao que dispõe o Convênio ICMS n. 36/97, a exigência de ICMS sobre mercadorias remetidas à Zona Franca de Manaus e Áreas de Livre Comércio da SUFRAMA deve ser precedida de notificação para o sujeito passivo apresentar, no prazo de sessenta dias, os documentos comprobatórios de sua internação.

A inobservância da medida preparatória, pelo autuante, autoriza o recebimento das provas apresentadas no curso do processo e após a impugnação, providência que também encontra amparo no princípio da verdade material.

Comprovada a internação das mercadorias na região incentivada, cumpre reconhecer a incidência da norma de isenção entalhada no art. 49, I e II, do Anexo I ao RICMS, aprovado pelo Decreto n. 9.203/98.

Acórdão – Vistos, relatados e discutidos os autos do Reexame Necessário n. 33/2008, acordam os membros do Tribunal Administrativo Tributário do Estado de Mato Grosso do Sul, de acordo com a Ata e o Termo de Julgamento, à unanimidade de votos, conforme o parecer, pelo conhecimento e improvimento do reexame necessário, para manter inalterada a decisão singular.

(Proc. 11/042429/2006, ALIM 0009034-E/2006, Reexame Necessário 33/2008, j. 18.2.2009, Publ. 25.2.2009).

Conselho de Contribuintes de Sergipe:[33]

• ICMS – Obrigação acessória – Falta de entrega da DIC.

Julgamento de primeira instância pela procedência. Recurso voluntário dado provimento. Apreciação quanto à matéria de direito. *Verdade material* em detrimento da *verdade processual*. Ausência, no processo, de prova da ciência ao autuado quanto à lavratura do auto e do julgamento de primeira instância. Signatário dos respectivos documentos sem competência para tanto. Homenagem ao princípio do contraditório e da ampla defesa. Nulidade do feito.

---

32. *www.contencioso.ms.gov.br/ContenciosoLayout/site/ConsultaWeb.jsp*. Acesso em 12.2.2012.

33. *www.sefaz.se.gov.br/internet/index.jsp?arquivo=webcontrol/html/conselhoInternet.html*. Acesso em 14.2.2012.

164 A VERDADE MATERIAL NO DIREITO TRIBUTÁRIO

Decisão – Vistos, relatados e discutidos os autos acordam os membros da Primeira Câmara de Recursos Fiscais do CCES, por maioria de votos, em conhecer do Recurso Voluntário, para dar-lhe provimento e julgar pela Nulidade do Auto de Infração n. 98768, por vício insanável relativo à ciência do auto de infração, reformando o julgamento singular. Voto divergente da conselheira Vera Cristina Costa Barroso de Oliveira pela Procedência.

(Proc. SEF 16.000-14143/2003-9, 1ª Câmara de Recursos Fiscais, Acórdão 006/2004-I, Auto de Infração 98768, j. 13.1.2004).

Tribunal Administrativo de Tributação de Rondônia (TATE):[34]

• 1. *Multa – Auto de Infração. 2. Princípio da **verdade material**. 2.*1 Há de ser considerado as provas constantes do PAT [*sic*], uma vez de que as mesmas não foram apreciadas quando do julgamento de segunda instância. *3. Extrapolação do prazo para conclusão dos trabalhos de fiscalização. 3.*1 O agente do fisco mesmo depois de esgotado o prazo previsto no § 2ª do art. 94 da Lei 688/96, deu prosseguimento aos trabalhos de fiscalização sem que estivesse munido do Termo de Prorrogação. Inobservância do dispositivo acima mencionado. Ação nula por impedimento do agente do fisco nos termos do art. 65, inciso V, da Lei 688/96. Reforma da decisão de 2ª instância. *4. Pedido de Retificação de Julgado conhecido e provido. 5. Decisão Unânime.*

(Acórdão 001/05, Câmara Plena/TATE/SEFIN, j. 31.8.2005).

Conselho Municipal de Tributos da Prefeitura do Município de São Paulo (CMT):[35]

• *IPTU – Exercício de 2006 – Recadastramento efetuado com erro, incapaz de mitigar o direito à isenção – Intempestividade relativizada pela condição do contribuinte e pelas peculiaridades do caso – Recurso provido.*

1. Com esteio no princípio da *verdade material*, a intempestividade deve ser relevada neste caso específico, já que, pleiteando a contribuinte em nome próprio, fica evidente não se tratar de pessoa conhecedora da legislação tributária ou dos meandros dos ritos administrativos. É de rigor, portanto, sopesar os princípios da *verdade material* e da razoabilidade em detrimento do prazo rígido contemplado para a apresentação do recurso.

2. Embora a Lei n. 14.089/05 tenha, em seu art. 2º, previsto expressamente que as isenções de IPTU, a partir do exercício de 2006, ficaram condicionadas ao recadastramento, o fato é que, no caso da Recorrente, procurou ela cumprir a referida obrigação, não podendo um erro formal implicar no cancelamento da isenção para o exercício de 2006, especialmente quando a própria Municipalidade reestabelece a referida isenção no exercício seguinte.

3. Recurso conhecido e provido.

34. *www.portal.sefin.ro.gov.br/site/listaConteudo.action?conteudo=179*. Acesso em 8.2.2012.

35. *www3.prefeitura.sp.gov.br/sf9438_internet/ManterDecisoes/pesquisaDecisoesCMT.aspx*. Acesso em 16.2.2012.

VERDADE MATERIAL NO PROCESSO JUDICIAL TRIBUTÁRIO 165

Acórdão – Vistos, relatados e discutidos estes autos, acordam os Conselheiros da 4ª Câmara Julgadora do Conselho Municipal de Tributos: A 4ª Câmara, por unanimidade de votos, deu provimento ao recurso para cancelar o lançamento do IPTU para o exercício de 2006, nos termos do voto do Relator.
(Recurso Ordinário, PA 2007-0.159.917-7, j. 7.3.2008).

Conselho de Contribuintes do Município do Rio de Janeiro (CCM/RJ):[36]

• *IPTU – Valor venal.*
Impugnação ao valor venal do imóvel. Apresentação pelo recorrente de informações complementares, após decisão de primeira instância administrativa. Apreciação pela Gerência de Avaliações e Análises Técnicas da Secretaria Municipal da Fazenda. Opinamento pela redução parcial do valor venal do imóvel. O processo administrativo-fiscal é informado pelo princípio da *verdade material*. Logo, ciente da realidade dos fatos, a Administração Fazendária não pode deixar de considerá-la para fins de efetuação do lançamento. Recurso voluntário provido parcialmente. Decisão por maioria.
(Acórdão 11974, j. 5.5.2011).

No exame dos diversos julgados acima, podemos extrair alguns pontos em comum. O primeiro deles é que a aplicação do princípio da verdade material é efetivamente consagrada no âmbito administrativo fiscal, seja qual for a esfera de governo. O segundo ponto é de que a verdade material é normalmente aplicada não só na primeira instância, como também na fase recursal ordinária. Cabe lembrar que, no âmbito do Poder Judiciário, a produção e exame das provas só são admitidos no juízo monocrático. Na esfera administrativa, por sua vez, a segunda instância é tão atuante quanto a primeira, no que se refere à busca da verdade, admitindo provas e até em alguns casos a intervenção de terceiros na fase recursal para auxiliar na elucidação dos fatos.

Em regra, não se admite a produção de provas na fase recursal administrativa especial ou extraordinária, naqueles órgãos que a preveem.

Existem aspectos que não são necessariamente comuns a todos os órgãos, mas são de frequente ocorrência. É o caso, por exemplo, da vinculação que se faz ao princípio da busca da verdade material com o princípio do Informalismo, ou formalismo moderado. A aplicação da verdade material, em alguns casos, é justificada ou reforçada sob o argumento da informalidade no processo administrativo.

---

36. *www.fazenda.rj.gov.br/portal/instituicao/conselho.portal.* Acesso em 16.2.2012.

166 A VERDADE MATERIAL NO DIREITO TRIBUTÁRIO

Entendemos, contudo, que não é o formalismo que dita a aplicação ou não do princípio. Até mesmo na esfera administrativa alguma formalidade é necessária. O procedimento a ser adotado pelos julgadores, assim como a fiscalização e arrecadação tributária, precisa se dar de forma absolutamente vinculada e, por isso, o rito processual também deve se embasar na lei.

Outra interpretação muito frequente é a aplicação do princípio da verdade material para a relativização dos prazos preclusivos. Não raramente as reclamações e recursos, mesmo que intempestivos, são conhecidos e julgados.

3.4 Segurança jurídica e o risco da celeridade

Cândido Rangel Dinamarco, estudando o que denomina ser o *escopo social* do processo, conclui que as relações sociais causam frequentemente insatisfações no indivíduo, sentimentos psíquicos que costumam acompanhar a percepção ou a ameaça de uma carência. Essa insatisfação é que pretende o Estado eliminar na sua atividade jurisdicional.[37]

O Estado procura então criar um clima favorável entre as pessoas, um clima de paz social, enfim. Isso ocorre mesmo havendo uma parte vencida, pois as partes aceitam a decisão como definitiva e soberana. Obviamente, para ser reconhecida a decisão como definitiva e soberana, e sobretudo ser respeitada pelas partes e terceiros, a mesma deve ser obtida por meio de critérios *justos*.[38]

É aí que surge o princípio da segurança jurídica, pois diante da impossibilidade de tomar a decisão absolutamente justa, seja pela falta de elementos fáticos, seja pela falta de tempo, desse princípio (ou sobreprincípio) decorrem regras e outros princípios que buscam o final mais justo possível do litígio. Daí nascem regras extremamente contundentes sob o ponto de vista da busca da justiça, ou melhor dizendo, da verdade. Exemplificando: o instituto da revelia, ou da decadência em seus mais amplos aspectos (decadência *strictu sensu*, prescrição, preclusão), ou ainda da *coisa julgada*.

A segurança jurídica privilegia, portanto, a solução da insatisfação gerada pela simples existência de um processo do que o seu perfeito

---

37. *A Instrumentalidade do Processo*, 14ª ed., São Paulo, Malheiros Editores, 2009, p. 12.

38. Neste sentido também Tércio Sampaio Ferraz Jr., *Introdução ao Estudo do Direito*, cit., p. 313.

VERDADE MATERIAL NO PROCESSO JUDICIAL TRIBUTÁRIO 167

deslinde. Em outras palavras, é melhor terminar com o processo de uma vez, do que eternizar sua existência sem uma solução justa.

Hugo de Brito Machado, citando o jurista português Manoel Domingos de Andrade, salienta que "a vida e o espírito postulam um direito justo, mas pedem também, e antes de tudo, segurança, e portanto um direito certo, ainda que menos justo". A certeza do Direito seria então a condição indispensável para que cada um possa saber e avaliar previamente a consequência dos seus atos, garantindo traçar e executar planos de futuro. Conclui que aquele sistema normativo que não tende a preservar a justiça nem a segurança efetivamente *não é Direito*.[39]

Aqui figuramos o já afirmado no capítulo anterior: se pudéssemos tirar uma fotografia do Direito, veríamos a segurança jurídica posando lado a lado com a Justiça, tendo o ordenamento jurídico como pano de fundo.

Sob o aspecto do direito material, também são evidentes as manifestações da segurança jurídica. Não só o juiz, mas também o legislador deve respeitá-la e observá-la ao estabelecer as regras jurídicas. A regulação da vida social também é manifestação do desejo de paz e ordem no seio da sociedade. A segurança jurídica pauta a edição das normas jurídicas em geral; leis, decretos, portarias e demais atos legislativos e administrativos, no exercício de seu poder normativo, seja derivado ou originário, respectivamente.

Roque Carrazza ensina que o Direito visa à obtenção da *res justa*, em que todas as normas, especialmente as que dão efetividade às garantias constitucionais, devem ser dirigidas a tornar segura a vida das pessoas e das instituições. Estas regras é que garantem certeza e igualdade entre os cidadãos, posto que sabem de seus limites e, sobretudo, que os limites são os mesmos do seu vizinho. Tal certeza e igualdade, complementa o autor, são indispensáveis para o atingimento da segurança jurídica.[40]

---

39. "Segurança jurídica e a questão da lei complementar", in Heleno Taveira Torres (Coord.), *Direito Tributário e Ordem Econômica*, São Paulo, Quartier Latin, 2010, pp. 258-261.

40. Ademais de relacionar o princípio da segurança jurídica ao princípio da tipicidade, como se observa na sequência imediata do texto, o autor o relaciona também ao princípio do *exclusivismo*, pela proibição de uso de normas indeterminadas, ao da *vinculação do lançamento à lei*, que torna o tributo "pagável", ao da *estrita interpretação da lei*, pois fere a segurança jurídica interpretar a lei tributária de forma extensiva, ao da *igualdade*, que garante a tributação justa, ao da *confiança na lei fiscal*, em que o contribuinte, confiando na lei, planejará sua vida e seus negócios e, por

168 A VERDADE MATERIAL NO DIREITO TRIBUTÁRIO

Nesta mesma direção, o atendimento ao *princípio da tipicidade*, em que o legislador deve prever os aspectos da hipótese de incidência de forma pormenorizada, não só é uma maneira especial de realização do princípio da legalidade tributária, como também a garantia de que o fato jurídico só será objeto de tributação enquanto seu conceito se encaixar justamente à hipótese. Quando a descrição abstrata da hipótese é incompleta, não descreve detalhadamente o "tipo tributário",[41] o tributo não pode ser exigido. A Segurança Jurídica estaria comprometida se a Fazenda pudesse livremente realizar qualquer juízo de valor a respeito da ocorrência ou não (e em que medida) da hipótese normativa. Além disso, não só a instituição do tributo deve ser claramente prevista, como também a forma de fiscalização e arrecadação do mesmo. A segurança do cidadão não se limita a saber se deve, mas como e sob que circunstâncias deverá adimplir sua obrigação para com o Estado.

Ainda quanto aos ditados critérios de certeza e igualdade, especialmente esta, a Justiça Tributária não é um valor transcendente, mas imanente ao processo tributário. No sentido jurídico-positivo, a isonomia tributária é sinônimo de Justiça Tributária. E a Justiça a que se refere não é mero *ideal platônico*, como diria José Souto Maior Borges, mas uma justiça possível, incorporada a um contexto de direito positivo, e cuja expressão constitucional unificadora e aglutinante das demais normas é o princípio da isonomia.[42]

Neste contexto surge a verdade formal. Se não é possível, ou é muito difícil e desgastante para as partes, para o Estado e para a sociedade descobrir a verdade real, então, fundamentado no princípio da segurança jurídica, o Direito cria verdades fictícias, e o aplicador da lei julga com base na verossimilhança.

---

fim, o princípio da *boa-fé*, afeito tanto ao contribuinte quanto ao fisco, gerando segurança jurídica mútua (*Curso de Direito Constitucional Tributário*, cit., pp. 467 e ss.).

41. Segundo Mizabel de Abreu Machado Derzi, a história demonstra que a exigência de conceitos legais tipificados e fechados reforça a segurança jurídica, coíbe o arbítrio e é próprio dos regimes liberais. Segundo ela, na Alemanha nazista, no regime pós-revolucionário russo e também no pós-revolucionário brasileiro de 1964, foram utilizados conceitos penais imprecisos e indeterminados. No direito tributário, a lei passou a ser instrumento raramente utilizado, prevalecendo outros, como o caso dos Decretos-lei, para a criação e regulação de tributos, no âmbito federal (*Direito Tributário, Direito Penal e Tipo*, 2ª ed. rev. atual., São Paulo, Ed. RT, 2007, p. 149).

42. "Relações hierárquicas do contraditório tributário com outros princípios constitucionais", in Heleno Taveira Torres (Coord.), *Direito Tributário e Ordem Econômica*, São Paulo, Quartier Latin, 2010, pp. 376-377.

VERDADE MATERIAL NO PROCESSO JUDICIAL TRIBUTÁRIO 169

A justificativa para que se proceda assim na esfera civil (e não na penal, por exemplo) é de que os valores protegidos são diferentes e até menos importantes. No direito penal os bens tutelados são de ordem pública, mais relevantes para a sociedade (vida, honra), enquanto na esfera civil, os valores envolvidos são de interesse meramente particular.

Para a relação trabalhista, noutro exemplo, a justificativa é a *hipossuficiência* do empregado, a ensejar proteção especial do Estado, dando espaço ao chamado *princípio da primazia da realidade*.[43]

A doutrina processualista há muito questiona tal dicotomia entre estas verdades no processo. Ada Pellegrini Grinover atesta que "(...) a antítese 'material-formal' é criticável quer do ponto de vista terminológico, quer do ponto de vista material. É igualmente simplista a ulterior correlação: processo penal – verdade material; processo civil – verdade formal. Pressupõe ela a imagem de um processo civil, imutavelmente preso ao dogma da absoluta disponibilidade do objeto do processo e dos meios de prova, o que é inexato do ponto de vista do direito positivo, bem como do ponto de vista histórico".[44]

Ocorre, entretanto, que os institutos nascidos da Segurança Jurídica vêm, de tempos em tempos, sendo relativizados. Isto ocorre com o instituto da revelia e até mesmo da coisa julgada. É o que se passa nos diversos casos em que a sentença transitada em julgado se submete à ação rescisória.[45] Ao tratar de relativização no campo doutrinário, é preciso cuidar para não confundir os casos em que *não* se considera ocorrida a coisa julgada e aqueles em que a coisa julgada se opera, em tese, mas é objeto de desconsideração. Para este último caso é que se atribui a chamada "Teoria da Relativização".

Também a Segurança Jurídica, ainda que mereça a qualificação de elemento essencial para o Estado Democrático de Direito, não escapa da relativização, posto que, como princípio que é, traduz valores que a sociedade procura preservar, e os valores têm como característica sua variação no tempo (e no espaço). Ocorrem fatores e situações em que a conjuntura compromete a força da Segurança Jurídica e fazem prevalecer outro princípio de igual relevância constitucional: a Justiça.[46]

43. Sobre o princípio, veja-se o item 3.1 deste trabalho: "O papel do juiz da apuração da verdade".

44. *Liberdades Públicas e Processo Penal*, 2ª ed., São Paulo, Ed. RT, 1982.

45. Vide: Tereza Arruda Alvim Wambier e José Miguel Garcia Medina, *O Dogma da Coisa Julgada: hipóteses de relativização*, São Paulo, Ed. RT, 2003.

46. Neste sentido, Humberto Theodoro Junior ("As reformas do direito processual civil e o princípio da segurança jurídica", cit., p. 259).

170 A VERDADE MATERIAL NO DIREITO TRIBUTÁRIO

Assim, é na própria Constituição, e somente nela, que poderemos encontrar limites à aplicação da Segurança Jurídica. Entendemos que o instituto da coisa julgada, mesmo que previsto no texto constitucional, por exemplo, não é *princípio* propriamente dito.[47] Refere-se a instituto constitucional derivado, decorrente, concretizador do princípio da segurança jurídica. Como vimos ao tratar da *Teoria dos Princípios*, as *regras* jurídicas reguladoras da conduta dos cidadãos não são sujeitas à aplicação do método da proporcionalidade. Em outras palavras: o instituto da coisa julgada, enquanto consequência clara e objetiva do princípio da segurança jurídica, consubstanciado daquelas *decisões processuais definitivas* que não estão mais sujeitas a recurso, só poderá sofrer mitigação por outra regra especial de mesmo nível hierárquico que a ela admita exceções.

A questão que se põe é a definição do que é *coisa julgada*. A Constituição Federal, no seu art. 5º, XXXVI, dispõe que *a lei não prejudicará o direito adquirido, o ato jurídico perfeito e a coisa julgada*. Coube, porém, ao legislador ordinário definir e delinear o instituto. O Código de Processo Civil, a seu turno, trata do seu aspecto formal e material, dizendo que se denomina coisa julgada *material* a eficácia que torna imutável e indiscutível a sentença, não mais sujeita a recurso ordinário ou extraordinário (art. 467) e em seguida dispõe sobre aquelas situações que não estão sujeitas à coisa julgada (art. 469, I a III), das quais destacamos o inciso II: "a verdade dos fatos, estabelecida como fundamento da sentença".

Em matéria tributária, discutem-se os efeitos da coisa julgada sobre as relações de cunho continuativo e de cunho instantâneo. Para utilizar um exemplo, na compra e venda de um imóvel incide a norma tributária do Imposto sobre Transmissão de Imóveis (ITBI). A cada vez que tal fato ocorrer, mesmo que o imóvel seja o mesmo, entende-se que se está diante de relação tributária de cunho instantâneo, pois qualquer discussão a respeito desses fatos deve se dar de forma autônoma. Ao contrário, quanto ao Imposto sobre a Circulação de Mercadorias e Serviços (ICMS), a discussão sobre eventual ilegalidade ou inconstitucionalidade da sua cobrança deve atingi-lo de forma contínua, evitando que seja necessária uma discussão judicial para cada hipótese de incidência, individualmente. Se não fosse assim, um mesmo comerciante teria que propor uma demanda para cada mercadoria vendida ao consumidor, o que tornaria

47. Para José Carlos Barbosa Moreira, o dispositivo é "simples regra de direito intertemporal: aí se consagra limitação a retroeficácia da lei" (José Carlos Barbosa Moreira, *Temas de Direito Processual*, Nona série, cit., p. 247).

VERDADE MATERIAL NO PROCESSO JUDICIAL TRIBUTÁRIO 171

inviável tratar da coisa julgada, vista hipótese a hipótese, mas apenas em razão do tributo que se encontra em discussão.[48]

Outra afirmação recorrente é a de que o instituto da coisa julgada opera de forma diferenciada, a depender do ramo do Direito de que trate a demanda. Há quem aponte que, para a decisão penal *absolutória*, por exemplo, haveria a ocorrência da coisa julgada *soberana*, não sujeita a relativização, e que na sentença *condenatória* ocorreria a *mera* coisa julgada. Tal diferenciação decorreria da previsão contida no processo penal que admite a chamada *revisão criminal* por parte do réu (art. 621 do CPP). Não compartilhamos desse entendimento, pois é a lei que estabelece as possíveis exceções. Nesse sentido a revisão penal nada mais é do que uma dessas exceções.

Não nos propomos aqui a solucionar essas questões, mas apenas demonstrar que qualquer critério de limitação ao instituto da coisa julgada deve ser buscado na lei, à luz da Constituição, em virtude da articulação do instituto com a segurança jurídica e com o devido processo legal. Queremos com isto dizer que o princípio da justiça encontra barreira intransponível no instituto da coisa julgada, considerados aqueles limites que a doutrina e a jurisprudência estabelecem na interpretação do citado art. 5º, XXXVI, da CF/1988. O dispositivo deve ser visto não só como a privação da liberdade ou dos bens sujeitos ao devido processo legal, mas também como restrição de qualquer ingerência do Estado-juiz na esfera da liberdade e propriedade individuais. Se o Poder Judiciário já interferiu uma vez, não lhe é dado interferir novamente, a menos que a lei expressamente assim o autorize, nos limites da constituição, sob pena de arbitrariedade.

Mesmo admitindo muito excepcionalmente a revisão da sentença transitada em julgado, nos casos de ação de investigação de paternidade, mormente em virtude da inexistência ou imprecisão no chamado exame

48. Essa discussão é revelada por James Marins, citando autores que compartilham a preocupação, tais como: Hugo de Brito Machado, Ruy Barbosa Nogueira e Rubens Gomes de Souza. (*Direito Processual Tributário Brasileiro*, cit., pp. 575-576). Heleno Taveira Torres aponta sua preocupação quanto à eficácia das súmulas vinculantes do STF para a coisa julgada, sob o ponto de vista prospectivo. Neste tema, aponta três questionamentos: a) se as decisões vinculantes podem ser aplicadas a relações jurídicas constituídas no passado, desconstituindo-as; b) se não são suficientes para desconstituir a coisa julgada material; c) se é necessário procedimento próprio de revisão da coisa julgada ("O Poder Judiciário e o processo tributário: divergência jurisprudencial e a coisa julgada nas relações tributárias continuativas", in *Separação de Poderes e Efetividade do Sistema Tributário*, Belo Horizonte, Del Rey, 2010, p. 73).

172   A VERDADE MATERIAL NO DIREITO TRIBUTÁRIO

de DNA, Jose Carlos Barbosa Moreira é taxativo ao afirmar que a própria legislação igualmente admite a revisão de sentenças nulas, posto que, por definição, sequer são sentenças. Mas não admite a revisão de sentenças pretensamente "injustas". Critica a relativização da coisa julgada neste exato sentido, quando se passa a admitir a reforma de decisões *injustas*. Para ele, a estrutura do poder judiciário admite desde logo a revisão das decisões por meio dos recursos previstos na lei processual. No caso da "coisa julgada inconstitucional", por exemplo, ocorre a cisão entre a norma abstrata em que se baseou o juiz e a norma concreta contida na sentença. Com o trânsito em julgado, a norma concreta adquire vida própria, por assim dizer, e não é atingida pelas vicissitudes que poderiam afetar a norma abstrata.[49]

Outro aspecto que tem tomado relevância ímpar na justificação da aplicação do princípio da segurança jurídica é a chamada "duração razoável do processo". A preocupação aqui é com a *efetividade* da prestação jurisdicional do Estado.

A insatisfação da sociedade com a prestação jurisdicional e a evolução dos tempos tem feito com que a legislação processual seja objeto de constantes alterações que buscam tornar mais efetivo o *serviço público* prestado pelo Poder Judiciário.[50] Contudo, se nota que a reformulação e adaptação da legislação ordinária não foram suficientes para corrigir tais problemas. Tanto é assim que em 8.12.2004 editou-se a Emenda Constitucional 45 que, dentre outras alterações, acrescentou ao art. 5º o inciso LXXVIII na Constituição Federal, trazendo a seguinte redação: "a todos, no âmbito judicial e administrativo, são assegurados a razoável duração do processo e os meios que garantam a celeridade de sua tramitação".

49. José Carlos Barbosa Moreira, *Temas de Direito Processual*, Nona série, cit., p. 252. Não compartilhamos da ideia da relativização da coisa julgada, mesmo que a decisão seja posteriormente pela constitucionalidade do tributo (inicialmente declarado inconstitucional). Antonio Mário de Abreu Pinto entende que seria extremamente "injusto" que um contribuinte ficasse isento do pagamento de tributos sob essas condições, sob a luz do princípio da isonomia entre os contribuintes. Como vimos, a questão não é de justiça, mas sim de segurança jurídica, concretizada pela Coisa Julgada, objetivamente ("Coisa julgada inconstitucional em matéria tributária", in Heleno Taveira Torres (Coord.), *Direito Tributário e Processo Administrativo*, São Paulo, Quartier Latin, 2005, p. 100).

50. Veja-se, por exemplo, a reforma do processo civil ocorrida em 1994, com a inclusão, entre outros mecanismos, da antecipação dos efeitos da tutela jurisdicional (nova redação do art. 273 do CPC), e mais recentemente o instituto do cumprimento de sentença, para abreviar a prestação jurisdicional na fase executória da sentença proferida no processo de conhecimento (nova redação do art. 475 do CPC).

VERDADE MATERIAL NO PROCESSO JUDICIAL TRIBUTÁRIO   173

Tal garantia nada mais é do que a incorporação pela nossa Constituição do art. 8º da Convenção Interamericana dos Direitos Humanos, aprovada e firmada pela República Federativa do Brasil mediante o Pacto de San José da Costa Rica. Prescreve o item 1 (Garantias judiciais) que: "'Toda pessoa tem direito a ser ouvida, com as devidas garantias e dentro de um prazo razoável, por um juiz ou tribunal competente, independente e imparcial, estabelecido anteriormente por lei, na apuração de qualquer acusação penal formulada contra ela, ou para que se determinem seus direitos e obrigações de natureza civil, trabalhista, fiscal ou de qualquer outra natureza'."[51]

A função do Poder Judiciário não se resume a atividade jurisdicional; é múltipla, indo além do zelo pelas instituições democráticas e salvaguarda das garantias fundamentais do cidadão. Além de decisões rápidas e imparciais, é preciso que a sua atuação seja economicamente razoável. Eduardo Jobim, inspirado em Buscaglia e Guerrero, aponta como sendo três as funções não jurisdicionais (ou funções "econômicas") do Poder Judiciário. São elas: a) dar acessibilidade a todos; b) ser previsível em suas decisões, e; c) proferir decisões em tempo social e economicamente toleráveis.[52]

A efetividade das decisões judiciais leva em consideração diversos fatores *não jurídicos*. Mas sem dúvida, o legislador tem dado maior importância ao fator *tempo*. O vocábulo utilizado na Constituição, por exemplo, é claramente relacionado à necessidade de diminuir o tempo de duração do processo. São as expressões "razoável duração" e "meios para garantir a celeridade" que indicam a sua especial relevância.

José Rogério Cruz e Tucci menciona minucioso estudo realizado pela principal instituição representativa da classe de advogados norte--americanos (*American Bar Association*) que indicava a duração *tolerável* dos processos cíveis e criminais naquele país, em 1994. Segundo a pesquisa, 90% das causas cíveis em geral devem durar no máximo 12 meses, enquanto as 10% restantes, em razão de sua complexidade excepcional, poderiam durar no máximo 24 meses. Quanto à matéria penal, 90% das causas criminais mais graves devem durar no máximo 120 dias,

51. Antonio Carlos de Araújo Cintra, Ada Pelegrini Grinover e Candido Rangel Dinamarco, *Teoria Geral do Processo*, cit., p. 94.

52. "A interpretação econômica do direito e a duração razoável do processo: análise de mecanismos alternativos para a solução de litígios", in Ives Gandra da Silva Martins (Coord.), *O Processo na Constituição*, São Paulo, Quartier Latin, 2008, p. 59.

174   A VERDADE MATERIAL NO DIREITO TRIBUTÁRIO

contados da descoberta do fato; 8% não poderiam exceder de 180 dias e os 2% restantes, no máximo um ano.[53]

    É bem verdade que cada país possui sua realidade socioeconômica própria. É preciso considerar que a estrutura brasileira, inspirada na *civil law*, é fundada num sistema jurídico de dezenas de milhares de leis reguladoras de conduta que servem de "matéria-prima" para o Poder Judiciário. Mas o Brasil não se encontra mais entre aqueles países subdesenvolvidos do chamado "terceiro mundo" e isso faz com que a estrutura judiciária dos países desenvolvidos, detentores de Poder Judiciário forte e atuante, como é o caso dos Estados Unidos, possa sim servir de referência concreta.

    Entretanto, a duração razoável do processo envolve outro aspecto pouco debatido. Frequentemente se sustenta a necessidade de "encurtar" o tempo *máximo* de duração do processo, tornando-o célere, rápido. Mas outro prisma da duração razoável está igualmente em estabelecer o tempo *mínimo* de duração do processo. O tempo dedicado pelo juiz ao exame das provas e argumentos trazidos em cada demanda em nada se relaciona com o tempo de duração do processo. A legislação que suprime recursos, ou diminui os prazos para o exercício de petição torna o processo mais rápido apenas às custas do princípio da justiça. Não há o menor atendimento ao princípio da segurança jurídica a supressão de garantias processuais e a criação de obstáculos no exercício da ampla defesa.

    O juiz examina o processo em minutos ou horas, enquanto os autos do processo repousam nas prateleiras dos fóruns por semanas, meses ou anos, sem que nada ocorra para sua solução. Com o início da informatização dos processos judiciais, a prateleira apenas deixou de ser física para ser virtual. É evidente que a relação existente entre a quantidade de processos e de juízes não contribui para a eficiência da prestação jurisdicional. Os juízes não precisam de mais poderes, diz Maria Elizabeth de Castro Lopes, pois os poderes que têm já são suficientes para a apuração da verdade. E é por isso, segundo ela, que não se justifica converter o

---

53. Segundo o autor, a pesquisa fixou também como prazo tolerável para as causas cíveis sumárias (pequenas causas) 30 dias; e semelhante prazo para as chamadas "relações domésticas". No âmbito penal, o estudo estabelece um prazo entre 30 e 90 dias para o julgamento final dos delitos menores e das contravenções. No caso de delitos praticados por menores, a solução deve ocorrer em 24 horas e o julgamento final nunca ultrapassar os 30 dias ("Duração razoável do processo", in Ives Gandra da Silva Martins (Coord.), *O Processo na Constituição*, São Paulo, Quartier Latin, 2008, p. 333).

VERDADE MATERIAL NO PROCESSO JUDICIAL TRIBUTÁRIO 175

poder dispositivo em inquisitivo para aquele juiz que não tem condições humanas de dedicar-se a cada processo como deveria.[54]

Para piorar o cenário, em matéria tributária, há um evidente desequilíbrio de forças. O procedimento de lançamento tributário, em que, como vimos, o agente da fiscalização em geral não tem prazos rigorosos para apurar a ocorrência da hipótese de incidência, a matéria tributável, identificar o sujeito passivo da obrigação, enfim, calcular o tributo devido, permanece meses, às vezes mais de um ano, para realizar o ato do lançamento. É usual que salas, equipes inteiras de funcionários, do próprio contribuinte, sejam disponibilizadas aos fiscais para provê-lo das informações e dos documentos de que necessita, isto para apurar o período não sujeito à decadência (via de regra, cinco anos). Caso o agente apure que há tributo ou penalidade devidos, lavra o termo de lançamento e/ou autuação, dando ao contribuinte prazo não superior a 30 dias para defender-se de um procedimento administrativo que durou mais de um ano, muitas vezes.

Caso o contribuinte consiga defender-se no prazo regulamentar, e de forma apropriada, os prazos processuais não o serão. Não raramente o contribuinte se depara com prazos de cinco dias, seja na esfera administrativa ou judicial, para manifestar-se, sob pena de preclusão, enquanto o processo ficou parado por meses ou até anos.

James Marins compartilha desse entendimento ao afirmar que o princípio da duração razoável do processo é *dúplice*, "pois tanto a abreviação indevida quanto o prolongamento excessivo são potencialmente danosos ao indivíduo". Acrescenta o autor que o princípio se opera de forma diferente em face do Estado e do contribuinte, pois ambos atuam em diferentes *dimensões temporais*. O Estado é ente cultural (ficção jurídica) perene, enquanto o cidadão-contribuinte é ente biológico destinado ao desaparecimento. Mesmo a pessoa jurídica, igualmente ente cultural, está sujeita ao desaparecimento em proporção infinitamente superior que o Estado. Em terceiro lugar, James Marins aponta também outro aspecto nuclear para a interpretação do dispositivo contido no art. 5º da Constituição, de que a duração razoável, por todos os aspectos anteriores, é proteção dirigida unicamente ao contribuinte e não ao Estado, tal qual todos os demais princípios e garantias tributários contidos na Constituição.[55]

54. Maria Elizabeth de Castro Lopes, *O Juiz e o Princípio Dispositivo*, São Paulo, Ed. RT, 2006, p. 116.

55. *Direito Processual Tributário Brasileiro*, cit., p. 178.

176 A VERDADE MATERIAL NO DIREITO TRIBUTÁRIO

Salientamos a concepção excessivamente privatista que permeia a legislação processual civil e também todos os rígidos institutos relacionados à segurança jurídica no processo. Já dissemos, mais de uma vez, que a obrigação tributária não guarda relação com a obrigação civil, mas é um encargo criado por decisão unilateral do Estado e sujeita exclusivamente às normas de direito público. Talvez a teoria geral das obrigações civis possa servir, didaticamente, para entendermos as obrigações principais (de dar) e acessórias (de fazer ou não fazer), ou ainda o nascimento dos direitos subjetivos e dos deveres jurídicos, da semelhança nas causas de extinção do credito tributário, mas é imprestável para fins de enquadramento nas regras que dirimem as eventuais controvérsias surgidas entre o credor e o devedor na esfera tributária.

Rubens Gomes de Sousa esclarece o caráter próprio do crédito fiscal na medida em que não encontra semelhança em nenhum crédito de direito privado, nem tampouco com os demais créditos do Estado derivados dos seus atos de gestão.[56]

A dicotomia Segurança *versus* Justiça tem se mostrado como o cerne do problema na aplicação do princípio da busca da verdade material no processo tributário. Na medida em que prevalece a Justiça, se sobressai naturalmente a busca da verdade real e, em contrapartida, na medida em que a segurança jurídica se sobrepõe à Justiça, a busca da verdade formal passa a ser suficiente. Contudo, na relação jurídica tributária, os fenômenos que desigualam a força de cada uma das partes no processo, somados ao caráter eminentemente público da relação, impõem ao juiz que examine a causa sempre buscando a verdade material.

56. *A Distribuição da Justiça em Matéria Fiscal*, São Paulo, Martins Fontes, 1943, p. 23.

CONSIDERAÇÕES FINAIS

A busca pela verdade material é princípio de observância indeclinável da Administração Tributária no âmbito de suas atividades procedimentais e processuais. Ela deve fiscalizar em busca da verdade; deve apurar e lançar com base na verdade; deve julgar com base na verdade.

A busca da verdade material, antes de ser direito do contribuinte, é um dever do Estado. Assim, a verdade é buscada pela Administração independentemente de provocação do contribuinte e, obviamente, se a iniciativa não partir do contribuinte ou do Fisco, deve partir do julgador.

Sob o ponto de vista do processo, as controvérsias submetidas ao Poder Judiciário são regidas pela Lei Processual Civil, exceto nas situações em que há lei específica, como é o caso da medida cautelar fiscal e da execução fiscal, ambas propostas pelo Fisco, mas igualmente sujeitas subsidiariamente ao mesmo processo civil.

Mas aqui ocorre um fato inexplicável. Aquela relação processual até então regida pela verdade material passou imediatamente a reger-se pela verdade formal assim que assumiu os ares de relação processual civil judicial.

Não só essa *transubstanciação* de *material* em *formal* não encontra fundamento plausível sob o ponto de vista da mudança repentina de esfera, como também a relação jurídica tributária não pode admitir a verdade formal como seu corolário.

Não há fundamento filosófico ou jurídico sustentável para a manutenção do instituto da verdade formal no direito processual para a solução das lides tributárias. Não se pode cogitar atualmente acelerar o trâmite do processo por meio da criação de mais presunções e ficções jurídicas capazes de acentuar ainda mais a formalização da verdade.

178 A VERDADE MATERIAL NO DIREITO TRIBUTÁRIO

A paz social reclama a apuração da verdade na sua substância, sob pena de inutilizar todo o aparato jurisdicional, tornando-o mero finalizador de conflitos, sem solução justa.

No direito tributário, maior é a razão pela qual o princípio da verdade material deve prevalecer. Em primeiro lugar porque os litígios tributários são igualmente solucionados, tanto na esfera administrativa como na judicial, e sendo aquela regida pela verdade material, não há razão para que esta esfera não o seja, em virtude do caráter reconhecidamente processual da esfera administrativa de resolução de conflitos.

Em segundo lugar porque o direito tributário é sujeito ao regime do direito público, incompatível com o rito flagrantemente privatista, civilista, do processo civil.

Em terceiro lugar, e talvez o mais importante argumento, porque a obrigação tributária é compulsória e decorrente de lei, e o litígio decorrente da subsunção do fato à norma jurídica tributária impõe antes da mera descoberta da realidade dos fatos, a correta aplicação do princípio constitucional da legalidade em matéria tributária.

Surge aqui o que passamos a chamar de "princípio da busca da verdade material *ratione materiae*". Significa que não é o rito processual (civil, penal etc.) que determina se a verdade aceita pelo juiz será a Material ou a Formal, mas sim a matéria nele tratada. A matéria Civil comum, entre particulares, pode eventualmente resolver-se pela verdade formal, mas a matéria tributária, assim como a penal, não pode contentar-se com isso, em nenhuma hipótese. Não há mais nenhum fundamento para a clássica assertiva simplista de que: "No *processo* civil vigora a verdade formal, enquanto o *processo* penal é regido pela verdade material".

Tal afirmação, sob o ponto de vista da Segurança Jurídica parece reprovável, todavia, por mais amplo que possa parecer, resistimos em reconhecer limites objetivos para o exercício da verdade material, sob pena de – estabelecendo limites – reinstituir-se a verdade formal.

Se o processo penal lida com valores, ditos *supremos*, do indivíduo, o processo civil também o faz algumas vezes, mediante a tutela de interesses fundamentais do contribuinte. Sempre é útil lembrar que a sonegação tributária é crime.[1] É bem verdade que o simples fato de não

---

1. Lei 8.137/1990: "Art. 1º. Constitui crime contra a ordem tributária suprimir ou reduzir tributo, ou contribuição social e qualquer acessório, mediante as seguintes condutas: (...) Art. 2º. (...) I – fazer declaração falsa ou omitir declaração sobre rendas, bens ou fatos, ou empregar outra fraude, para eximir-se, total ou parcialmente, de pagamento de tributo; (...)"

CONSIDERAÇÕES FINAIS

pagar tributo não é fato delituoso, por outro lado, o pagamento do tributo *sonegado* antes do recebimento da denúncia ilide a punibilidade. Isto demonstra a importância do tributo não apenas como objeto da prestação (dar dinheiro ao Estado), mas de prestação pecuniária elevada a patamar digno de proteção do direito penal. Tão grande a sua importância que omiti-lo do Estado pode causar a propositura de ação penal pública incondicionada, e o seu mero pagamento, até o recebimento da denúncia, produz os mesmo efeitos do arrependimento eficaz.[2]

Não é a *atitude* de não pagar que é reprovável, mas sim o fato de o tributo não ter sido pago, por meio de atitude fraudulenta. Trata-se de mera sutileza, mas que faz toda a diferença. Se o tributo é pago em determinado tempo, desaparece a reprovação, independente da atitude fraudulenta do acusado.

Dessa forma, não é só por influência do direito administrativo que o princípio da verdade material deve reinar no processo tributário judicial, mas também por forte apelo do direito penal.

Da mesma forma que a Constituição Federal estabelece as limitações ao poder de tributar ao Estado-legislador tributário, o Código Tributário estabelece os limites ao Estado-arrecadador e os princípios do processo reconhecem a devida proteção ao administrado em face do Estado, independentemente da esfera.

E não é só em razão do administrado. O princípio da indisponibilidade dos bens públicos impõe que a verossimilhança não baste para que

---

2. Lei 10.684/2003: "Art. 9º. É suspensa a pretensão punitiva do Estado, referente aos crimes previstos nos arts. 1º e 2º da Lei n. 8.137, de 27 de dezembro de 1990, e nos arts. 168-A e 337-A do Decreto-lei n. 2.848, de 7 de dezembro de 1940 – Código Penal, durante o período em que a pessoa jurídica relacionada com o agente dos aludidos crimes estiver incluída no regime de parcelamento.
"§ 1º. A prescrição criminal não corre durante o período de suspensão da pretensão punitiva.
"§ 2º. Extingue-se a punibilidade dos crimes referidos neste artigo quando a pessoa jurídica relacionada com o agente efetuar o pagamento integral dos débitos oriundos de tributos e contribuições sociais, inclusive acessórios."
Destaca-se a nova redação dada ao art. 83 da Lei 9.430/1996, pela Lei 12.382/2011, que em seu § 2º define o marco temporal para que seja possível operar o instituto da exclusão da punibilidade até o recebimento da denúncia criminal pelo juiz. Prevê o dispositivo mencionado: "É suspensa a pretensão punitiva do Estado referente aos crimes previstos no *caput*, durante o período em que a pessoa física ou a pessoa jurídica relacionada com o agente dos aludidos crimes estiver incluída no parcelamento, desde que o pedido de parcelamento tenha sido formalizado antes do recebimento da denúncia criminal".

180 A VERDADE MATERIAL NO DIREITO TRIBUTÁRIO

a demanda tributária tenha seu desfecho definitivo. É preciso a maior certeza possível para que a lide tributária seja pacificada.

A igualdade tributária, verificada no âmbito do processo, é incompatível com certos expedientes *intimidatórios* frequentemente utilizados pelo fisco, tais como a apreensão de mercadorias em barreiras fiscais rodoviárias, listas de devedores, interdição de estabelecimentos, inclusão indevida dos sócios no polo passivo das execuções fiscais, renúncia a direitos na adesão a parcelamentos. Mas também são incompatíveis certos expedientes dolosos de ocultação da hipótese de incidência ao Fisco, por parte do contribuinte inconsciente dos seus deveres. Aqui vale a máxima da Justiça: *dar a cada um o que é seu.*

É especialmente para a proteção das garantias constitucionais materiais e processuais do contribuinte que a verdade material deve imperar. Com efeito, o art. 125 do Código de Processo Civil estabelece que cabe ao juiz assegurar às partes igualdade de tratamento. Ocorre que a igualdade das partes no processo não se verifica quando se trata da relação processual entre o Fisco e o contribuinte. A pretexto das prerrogativas detidas pela Fazenda, esta está cercada de privilégios que afastam cada vez mais a igualdade proclamada no Código de Processo. Há título específico no Código Tributário Nacional dedicado aos "privilégios do crédito tributário", que contém regras materiais, procedimentais e processuais nitidamente fiscalistas. A Fazenda Pública está protegida por prazos dilatados, seus procuradores devem ser intimados pessoalmente dos atos processuais, tem prioridade no recebimento de créditos na quebra, entre outros.

Mesmo não sendo objeto desse trabalho traçar os limites objetivos da aplicação do princípio, vimos que não há outra conclusão senão a de que o único limite do exercício do direito de apresentar novas provas e alegações se esgote apenas no átimo anterior do trânsito em julgado do processo. Se o objetivo do processo, seja administrativo ou judicial, é reconhecidamente a busca da verdade material, a limitação temporal por si só revela cerceamento de defesa.

Todos os argumentos e fundamentos apresentados até agora têm cunho eminentemente constitucional. Como vimos, foi tão somente na Constituição que elevamos a esfera administrativa de julgamento ao *status* de processo, que identificamos a verdade material como realização da Justiça e do devido processo legal, que encontramos os claros fundamentos para a exigência incondicional da busca da verdade real em matéria tributária, em razão da estrita legalidade e da igualdade tributária, e

CONSIDERAÇÕES FINAIS

será também na Constituição que encontraremos eventuais limites para a aplicação do princípio.

O instituto constitucional da coisa julgada é a resposta, como única manifestação possível da segurança jurídica no âmbito do processo a ponderar o princípio da justiça. Na medida em que a própria Constituição imponha limites ao instituto da coisa julgada é que podemos admitir regra diversa. A coisa julgada, mesmo que sujeita ao delineamento do legislador ordinário, é o único limite temporal para a obtenção da verdade material.

Não serão os regimentos internos dos Tribunais que dirão que o tema pode ou não ser revisto nas instâncias recursais (inclusive material probatório). É mais uma vez a Constituição que iluminará o caminho do contribuinte, por meio da definição constitucional da competência de cada tribunal. Aqueles tribunais que julgam recursos ordinários, por exemplo, cuja finalidade precípua é rever toda a matéria decidida em primeira instância, também deverão, nos moldes do que acontece na jurisprudência administrativa, rever e acolher provas novas e, ainda, também exercer seu poder inquisitivo na busca da verdade material, caso a matéria seja tributária.

O argumento de que a segurança jurídica impõe a garantia da razoável duração do processo, deve considerar também que, em matéria de direito público, o Estado tem todo o tempo que necessita, em virtude de sua "vida supostamente eterna", enquanto o contribuinte, como ente biológico e de existência limitada, precisa também da garantia do tempo mínimo de duração do processo, para poder fazer frente ao aparato estatal de cobrança de tributos, não raramente cobrados ou instituídos de maneira indevida.

Não é admissível em nossos dias, diante do surpreendente e crescente aparato tecnológico probatório disponível para a apuração dos fatos, que o Poder Judiciário seja submetido a legislação e princípios ultrapassados, que nada mais fazem do que desprezar o grande potencial de uma estrutura que se aprimora a cada dia.

Por outro lado, a sobrecarga ou a pontual ineficiência da estrutura do Poder Judiciário não podem simplesmente ser desconsideradas. Todavia, a solução não está na mitigação do "princípio da busca da verdade material *ratione materiae*", mas sim na efetivação de políticas públicas, completamente alheias ao propósito científico da busca da Justiça.

REFERÊNCIAS BIBLIOGRÁFICAS

ANDRADE, Carlos Drummond de. *Contos Plausíveis*. 7ª ed. São Paulo, Record, 2006.

ALVIM NETTO, José Manoel de Arruda. *Manual de Direito Processual Civil*. 14ª ed. São Paulo, Ed. RT, 2011.

_____. *Processo Judicial Tributário. Novo Processo Tributário*. São Paulo, Resenha Tributária, 1975.

AMARO, Luciano. *Direito Tributário Brasileiro*. 17ª ed. São Paulo, Saraiva, 2011.

ARENHART, Sérgio Cruz. "As relações entre verdade e prova", in MARINONI, Luiz Guilherme (Coord.). *Comentários ao Código de Processo Civil*. vol. 5, 2ª ed. rev. ampl. São Paulo, Ed. RT, 2005.

ARENHART, Sérgio Cruz e MARINONI, Luiz Guilherme. *Prova*. 2ª ed. rev. atual. São Paulo, Ed. RT, 2011.

ASSIS E SILVA, Francisco de. *O Conceito de Ficção Jurídica na Teoria do "Como Se" de Hans Vaihinger*. São Paulo, Instituto Kora, 2012.

ATALIBA, Geraldo. *República e Constituição*. São Paulo, Ed. RT, 1985; 3ª ed., São Paulo, Malheiros Editores, 2011.

_____. *Hipótese de Incidência Tributária*. 6ª ed., 13ª tir. São Paulo, Malheiros Editores, 2012.

_____. "Princípios do procedimento tributário", in PRADE, Péricles (Coord.). *Novo Processo Tributário*. São Paulo, Resenha dos Tribunais, 1975.

_____. *Sistema Constitucional Tributário Brasileiro*. São Paulo, Ed. RT, 1968.

ÁVILA, Humberto. *Teoria dos Princípios: da Definição à Aplicação dos Princípios Jurídicos*. 13ª ed. rev. e ampl. São Paulo, Malheiros Editores, 2012.

_____. *Sistema Constitucional Tributário*. 4ª ed. São Paulo, Saraiva, 2010.

BALEEIRO, Aliomar. *Direito Tributário Brasileiro*. 11ª ed. Misabel Abreu Machado Derzi (atual.). Rio de Janeiro, Forense, 2002.

184   A VERDADE MATERIAL NO DIREITO TRIBUTÁRIO

_____. *Limitações Constitucionais ao Poder de Tributar*. 5ª ed. rev. Rio de Janeiro, Forense, 1980.

BANDEIRA DE MELLO, Celso Antônio. *Grandes Temas de Direito Administrativo*. 2ª tir. São Paulo, Malheiros Editores, 2010.

_____. *O Conteúdo Jurídico do Princípio da Igualdade*. São Paulo, Malheiros Editores, 2012.

_____. *Curso de Direito Administrativo*. 29ª ed. rev. ampl. São Paulo, Malheiros Editores, 2012.

BARRETO, Paulo Ayres. *Contribuições: Regime Jurídico, Destinação e Controle*. São Paulo, Noeses, 2006.

BASTOS, Celso Ribeiro e MARTINS, Ives Gandra da Silva. *Comentários à Constituição do Brasil*. vol. 7, 1ª ed. São Paulo, Saraiva, 1990.

BECKER, Alfredo Augusto. *Teoria Geral do Direito Tributário*. 2ª ed., 1972; 3ª ed. São Paulo, Lejus, 1998.

_____. *Carnaval Tributário*. 2ª ed., 1ª reimpr. São Paulo, Lejus, 2004.

BOBBIO, Norberto. *Teoria do Ordenamento Jurídico*. 10ª ed. Brasília, UnB, 1999.

BONAVIDES, Paulo. *Curso de Direito Constitucional*. 27ª ed. refundida do *Direito Constitucional*. São Paulo, Malheiros Editores, 2012.

BONILHA, Paulo Celso Bergstrom. *Da Prova no Processo Administrativo Tributário*. 2ª ed. São Paulo, Dialética, 1997.

BORGES, José Souto Maior. *Obrigação Tributária*. 2ª ed. São Paulo, Malheiros Editores, 2001.

_____. "Relações hierárquicas do contraditório tributário com outros princípios constitucionais", in TORRES, Heleno Taveira (Coord.). *Direito Tributário e Ordem Econômica*. São Paulo, Quartier Latin, 2010.

BOTTALLO, Eduardo Domingos. *Curso de Processo Administrativo Tributário*. 2ª ed. rev. e ampl. São Paulo, Malheiros Editores, 2009.

CAIS, Cleide Previtali. *O Processo Tributário*. 7ª ed. rev. atual. ampl. São Paulo, Ed. RT, 2011.

CALMON, Eliana. "Princípios e garantias constitucionais do processo", in MARTINS, Ives Gandra da Silva e JOBIM, Eduardo (Coords.). *O Processo na Constituição*. São Paulo, Quartier Latin, 2008.

CAMPOS, Dejalma de. *Direito Processual Tributário*. 8ª ed. São Paulo, Atlas, 2004.

_____. "Lições do processo civil voltado para o Direito Tributário", in MARTINS, Ives Gandra da Silva e JOBIM, Eduardo (Coords.). *O Processo na Constituição*. São Paulo, Quartier Latin, 2008.

CANARIS, Claus-Wilhelm. *Pensamento Sistemático e Conceito de Sistema na Ciência do Direito*. 2ª ed. Lisboa, Calouste Gulbenkian, 1996.

CANOTILHO, J. Gomes. *Direito Constitucional*. 6ª ed. Coimbra, Almedina, 1996.

REFERÊNCIAS BIBLIOGRÁFICAS

CARNELUTTI, Francesco. *Estudios de Derecho Procesal*. vols. 1 e 2. Buenos Aires, EJEA, 1952.

CARRAZZA, Roque Antonio. *Curso de Direito Constitucional Tributário*. 28ª ed. rev. ampl. São Paulo, Malheiros Editores, 2012

_____. *ICMS*. 15ª ed. rev. ampl. São Paulo, Malheiros Editores, 2011.

_____. *Reflexões sobre a Obrigação Tributária*. São Paulo, Noeses, 2010.

CARRIÓ, Genaro. *Sobre los Límites del Lenguaje Normativo*. Buenos Aires, Astrea, 1973 (1ª reimpr., 2001).

CARVALHO, Cristiano. *Ficções Jurídicas no Direito Tributário*. São Paulo, Noeses, 2008.

CARVALHO, Paulo de Barros. *Curso de Direito Tributário*. 13ª ed., 2000; 19ª ed. rev. atual. São Paulo, Saraiva, 2007.

_____. *Direito Tributário, Linguagem e Método*. 2ª ed., 2008; 3ª ed. São Paulo, Noeses, 2009.

CINTRA, Antonio Carlos de Araújo, GRINOVER, Ada Pelegrini e DINAMARCO, Cândido Rangel. *Teoria Geral do Processo*. 28ª ed. São Paulo, Malheiros Editores, 2012.

COELHO, Sacha Calmon Navarro. "Teoria geral da obrigação tributária", in TORRES, Heleno Taveira (Coord.). *Teoria Geral da Obrigação Tributária. Estudos em Homenagem ao Prof. José Souto Maior Borges*. São Paulo, Malheiros Editores, 2005.

COPI, Irving. *Introdução à Lógica*. Trad. Álvaro Cabral. São Paulo, Mestre Jou, 1981.

COSTA, Regina Helena. *Curso de Direito Tributário*. 2ª ed. São Paulo, Saraiva, 2012.

CRETELLA JR., J. *Direito Tributário nos Tribunais*. São Paulo, LEUD, 1975.

CRUZ, Alvaro Ricardo de Souza. *Habermas e o Direito Brasileiro*. 2ª ed. Rio de Janeiro, Lumen Iuris, 2008.

DERZI, Misabel de Abreu Machado. "Art. 139", in NASCIMENTO, Carlos Valder do (Coord.). *Comentários ao Código Tributário Nacional*. Rio de Janeiro, Forense, 1997.

_____. *Direito Tributário, Direito Penal e Tipo*. 2ª ed. rev. atual. São Paulo, Ed. RT, 2007.

DINAMARCO, Cândido Rangel. *Instituições de Direito Processual Civil*. vol. I, 6ª ed. São Paulo, Malheiros Editores, 2009.

DI PIETRO, Maria Sylvia Zanella. *Direito Administrativo*. 24ª ed. São Paulo, Atlas, 2011.

DWORKIN, Ronald. *Taking Rights Seriously*. 6ª tir. London, Duckworth, 1991.

FERRAGUT, Maria Rita. *Responsabilidade Tributária e o Código Civil de 2002*. 2ª ed. São Paulo, Noeses, 2009.

_____. *Presunções no Direito Tributário*. 2ª ed. São Paulo, Quartier Latin, 2005.

186 A VERDADE MATERIAL NO DIREITO TRIBUTÁRIO

FERRAZ, Roberto Catalano Botelho. "A lei complementar no federalismo brasileiro", *Revista de Estudos Tributários*, vol. 1, n. 9. Porto Alegre, set./ out. 1999.

_____. "Da hipótese ao pressuposto de incidência – Em busca do tributo justo", in SCHOUERI, Luis Eduardo (Coord.). *Direito Tributário – Homenagem a Alcides Jorge Costa*. vol. 1. São Paulo, Quartier Latin, 2003.

FERRAZ JR., Tercio Sampaio. *Conceito de Sistema no Direito. Uma Investigação Histórica a partir da Obra Jusfilosófica de Emil Lask*. São Paulo. Ed. RT, 1976.

_____. *Introdução ao Estudo do Direito*. 4ª ed. rev. ampl. São Paulo, Atlas, 2003.

FLUSSER, Vilém. *Língua e Realidade*. 3ª ed. São Paulo, Annablume, 2007.

FOUCAULT, Michel. *A Verdade e as Formas Jurídicas*. 3ª ed. Rio de Janeiro, Nau, 2009.

GAMA, Tácio Lacerda. *Competência Tributária*. São Paulo, Noeses, 2009.

GRAU, Eros Roberto. *A Ordem Econômica na Constituição de 1988*. 3ª ed. São Paulo, Malheiros Editores, 1997; 15ª ed., 2012.

GRINOVER. Ada Pelegrini. *Liberdades Públicas e Processo Penal*. 2ª ed. São Paulo, Ed. RT, 1982.

HAACK, Susan. *Manifest of a Passionate Moderate. Unfashionable Essays*. Chicago, University of Chicago Press, 1998.

_____. *Filosofia das Lógicas*. Trad. Cesar Augusto Mortari e Luiz Henrique de Araujo Dutra. São Paulo, UNESP, 2002.

HEGEL, Georg Wilhelm Friedrich. *Princípios da Filosofia do Direito*. Trad. Orlando Vitorino. São Paulo, Martins Fontes, 1997.

HOFFMANN, Susy Gomes. *Teoria da Prova no Direito Tributário*. Campinas, Copola, 1999.

JAMES, Willian. *The Meaning of Truth*. New York, Longman Green, 1911.

JARACH, Dino. *El Hecho Imponible*. 3ª ed. Buenos Aires, Abeledo-Perrot, 1982.

JOBIM, Eduardo. "A interpretação econômica do direito e a duração razoável do processo: análise de mecanismos alternativos para a solução de litígios", in MARTINS, Ives Gandra da Silva e JOBIM, Eduardo (Coords.). *O Processo na Constituição*. São Paulo, Quartier Latin, 2008.

KELSEN, Hans. *Teoria Pura do Direito*. 5ª ed. Trad. João Baptista Machado. Coimbra, Armando Amado, 1979.

_____. *Teoria Geral das Normas*. Trad. José Florentino Duarte. Porto Alegre, Sérgio Antonio Fabris, 1986.

_____. *O Problema da Justiça*. Trad. João Baptista Machado. São Paulo, Martins Fontes, 1993.

REFERÊNCIAS BIBLIOGRÁFICAS

_____. *Teoria Geral do Direito e do Estado*. Trad. Luis Carlos Borges. São Paulo, Martins Fontes, 2000.

KIRKHAM, Richard L. *Teorias da Verdade*. Trad. Alessandro Zir. São Leopoldo, Unisinos, 2003.

KNIJNIK, Danilo. *A Prova nos Juízos Cível, Penal e Tributário*. Rio de Janeiro, Forense, 2007.

LOPES, Maria Elizabeth de Castro. *O Juiz e o Princípio Dispositivo*. São Paulo, Ed. RT, 2006.

MACHADO, Hugo de Brito. "Segurança jurídica e a questão da lei complementar", in TORRES, Heleno Taveira (Coord.). *Direito Tributário e Ordem Econômica*. São Paulo, Quartier Latin, 2010.

MARCONDES, Sylvio. *Enciclopédia Saraiva de Direito*. vol. 20. São Paulo, Saraiva, 1985.

MARINONI, Luiz Guilherme e ARENHART, Sérgio Cruz. *Prova*. 2ª ed. rev. atual. São Paulo, Ed. RT, 2011.

_____. *Curso de Processo Civil*. vol. 2: *Processo de Conhecimento*. 7ª ed. rev. atual. São Paulo, Ed. RT, 2008.

MARINS, James. *Direito Processual Tributário Brasileiro*. 4ª ed. São Paulo, Dialética, 2005; 5ª ed. 2010.

_____. *Defesa e Vulnerabilidade do Contribuinte*. São Paulo, Dialética, 2009.

MARINS, James e ALVIM, Teresa Arruda. "Processo tributário", in MARINS, James, ALVIM, Teresa Arruda e ALVIM, Eduardo Arruda (Coords.). *Repertório de Jurisprudência e Doutrina sobre Processo Tributário*. São Paulo, Ed. RT, 1994.

MARTINS, Ives Gandra da Silva e BASTOS, Celso Ribeiro. *Comentários à Constituição do Brasil*. 7 vols., 1ª ed. São Paulo, Saraiva, 1990.

MEIRELES, Hely Lopes. *Direito Administrativo Brasileiro*. 14ª ed. São Paulo, Ed. RT, 1989; 16ª ed. rev. atual., 2ª tir., São Paulo, Ed. RT, 1991; 38ª ed. São Paulo, Malheiros Editores, 2012.

MELO, José Eduardo Soares de. *Contribuições Sociais no Sistema Tributário*. 6ª ed. São Paulo, Malheiros Editores, 2010.

_____. "Instrução probatória no processo administrativo de natureza tributária – Amplitude e limites", in PIZOLIO, Reinaldo (Coord.). *Processo Administrativo Tributário*. São Paulo, Quartier Latin, 2007.

_____. "A coexistência dos processos administrativo e judicial tributário", in *Processo Administrativo Tributário*. vol. 2. São Paulo, Dialética, 1999.

MIRANDA, Pontes de. *Tratado de Direito Civil*. Parte Geral, t. 2, 1ª ed. atual. Vilson Rodrigues Alves. Campinas, Bookseller, 2000.

_____. *Código de Processo Civil Comentado*. t. I. Atual. Sérgio Bermudez. Rio de Janeiro, Forense, 2008.

188 A VERDADE MATERIAL NO DIREITO TRIBUTÁRIO

MONTEIRO, Washington de Barros Monteiro. *Curso de Direito Civil*. Parte Geral, vol. 1, 28ª ed. atual. São Paulo, Saraiva, 1989.

MORA, Jose Ferrater. *Diccionario de Filosofía*. 5ª ed. Buenos Aires, Sulamericana Editorial, 1964.

MOREIRA, José Carlos Barbosa. *Temas de Direito Processual*. Nona série. São Paulo, Saraiva, 2007.

_____. *Temas de Direito Processual*. Sexta série. São Paulo, Saraiva, 1984.

MORENTE, Manuel Garcia. *Fundamentos de Filosofia*. Trad. Guilhermo de La Cruz Coronado. São Paulo, Mestre Jou, 1980.

NASCIMENTO, Amauri Mascaro do. *Curso de Direito do Trabalho*. 26ª ed. São Paulo, Saraiva, 2011.

NEDER, Marcos Vinicius e LOPEZ, Maria Teresa Martinez. *Processo Administrativo Fiscal Federal Comentado*. 2ª ed. São Paulo, Dialética, 2004.

OLIVEIRA, Carlos Alberto Álvaro de. "Presunções e ficções no direito probatório", *Revista de Processo* 196. São Paulo, Ed. RT, jun./2011.

PAOLA, Leonardo Sperb de. *Presunções e Ficções no Direito Tributário*. Belo Horizonte, Del Rey, 1997.

PAULSEN, Leandro. *Direito Tributário – Constituição e Código Tributário Nacional à luz da Doutrina e da Jurisprudência*. 13ª ed. rev. ampl. Porto Alegre, Livraria do Advogado Editora, 2011.

PÉREZ DE AYALA, José Luis. *Las Ficciones en el Derecho Tributario*. Madrid, Editorial de Derecho Financiero, 1970.

PINTO, Antonio Mário de Abreu. "Coisa julgada inconstitucional em matéria tributária", in TORRES, Heleno Taveira (Coord.). *Direito Tributário e Processo Administrativo*. São Paulo, Quartier Latin, 2005.

RÁO, Vicente. *Ato Jurídico*. 4ª ed. 2ª tir. anot. rev. atual. por Ovídio Rocha Barros Sandoval. São Paulo, Ed. RT, 1999.

_____. *O Direito e a Vida dos Direitos*. 5ª ed. anot. atual. por Ovídio Rocha Sandoval. São Paulo, Ed. RT, 1999.

REALE, Miguel. *Filosofia do Direito*. 17ª ed., 1996; 19ª ed. São Paulo, Saraiva, 2002.

_____. *A Doutrina de Kant no Brasil*. São Paulo, Saraiva, 1949.

_____. *Verdade e Conjectura*. Rio de Janeiro, Nova Fronteira, 1983.

RODRIGUES, Sílvio. *Direito Civil*. Parte Geral, vol. 1, 21ª ed. atual. São Paulo, Saraiva, 1990.

ROSS, Alf. *On Law and Justice*. New Jersey, The Lawbook Exchange, 2004.

ROUSSEAU, Jean-Jacques. *The Social Contract. Man Was Born Free, and He Is Everywhere in Chains*. Trad. Maurice Cranston. London, Penguin Books, 2004.

REFERÊNCIAS BIBLIOGRÁFICAS

SANTI, Eurico Marcos Diniz de. *Lançamento Tributário*. 2ª ed. São Paulo, Max Limonad, 2001.

SANTOS, Moacyr Amaral. *Prova Judiciária no Cível e Comercial*. vol. 1, 5ª ed. atual. São Paulo, Saraiva, 1983.

SCAVINO, Dardo. *La Filosofía Actual. Pensar sin certezas*. Buenos Aires, Paidós, 1999.

SEIXAS FILHO, Aurélio Pitanga. *Princípios Fundamentais do Direito Administrativo Tributário*. Rio de Janeiro, Forense, 1995.

SCHOUERI, Luis Eduardo. *Distribuição Disfarçada de Lucros*. São Paulo, Dialética, 1996.

_____ e SOUZA, Gustavo Emílio Contrucci A. de. "O princípio da verdade material no 'processo' administrativo tributário", in ROCHA, Valdir de Oliveira (Coord.). *Processo Administrativo Fiscal*. vol. 3. São Paulo, Dialética, 1998.

SILVA, De Plácido e. *Vocabulário Jurídico*. 11ª ed. Rio de Janeiro, Forense, 1989.

SILVA, José Afonso. *Curso de Direito Constitucional Positivo*. 35ª ed. rev. atual. São Paulo, Malheiros Editores, 2012.

_____. *Aplicabilidade das Normas Constitucionais*. 8ª ed. São Paulo, Malheiros Editores, 2012.

SOUSA, Rubens Gomes de. *Compêndio de Legislação Tributária*. 4ª ed. póstuma. 2ª tir. São Paulo, Resenha Tributária, 1982.

_____. *A Distribuição da Justiça em Matéria Fiscal*. São Paulo, Martins Fontes, 1943.

_____. "A coisa julgada no direito tributário", in *Estudos de Direito Tributário*. São Paulo, Saraiva, 1950.

SURGIK, Aloisio. "Presunção absoluta e relativa", in *Enciclopédia Saraiva do Direito*. vol. 60. São Paulo, Saraiva, 1977.

TARSKI, Alfred Tajtelbaum. "La concepción semántica de la verdad y los fundamentos de la semántica", in NICOLÁS MARÍN e FRAPOLLI SANZ (Coords.). *Teorías de la Verdad en el siglo XX*. Trad. Paloma García Abad. Madrid, Tecnos, 1997.

TARUFFO, Michele. *La Prova dei Fatti Giuridice*. Milão, Giuffrè, 1992.

_____. *La Prueba de los Hechos*. Trad. Jordi Ferrer Beltrán. Buenos Aires, Trotta, 2002.

_____. *Simplemente la Verdad. El Juez y la Construcción de los Hechos*. Trad. Daniela Accatino Scagliotti. Madrid, Marcial Pons, 2010.

THEODORO JR., Humberto. "Prova – Princípio da verdade real – poderes do juiz – Ônus da prova e sua eventual inversão – Provas ilícitas – Prova e coisa julgada nas ações relativas à paternidade (DNA)", *Revista Brasileira de Direito de Família*, vol. 3. Porto Alegre, IBDFAM/Síntese Editora, out.-dez./1999.

190 A VERDADE MATERIAL NO DIREITO TRIBUTÁRIO

_____. "As reformas do direito processual civil e o princípio da segurança jurídica", in MARTINS, Ives Gandra da Silva e JOBIM, Eduardo (Coords.). *O Processo na Constituição*. São Paulo, Quartier Latin, 2008.

TIPKE, Klaus e YAMASHITA, Douglas. *Justiça Fiscal e Princípio da Capacidade Contributiva*. São Paulo, Malheiros Editores, 2002.

TOMÉ, Fabiana Del Padre. *A Prova no Direito Tributário*. 2ª ed. São Paulo, Noeses, 2008.

TORRES, Heleno Taveira. "O Poder Judiciário e o processo tributário: divergência jurisprudencial e a coisa julgada nas relações tributárias continuativas", in *Separação de Poderes e Efetividade do Sistema Tributário*. Belo Horizonte, Del Rey, 2010.

TORRES, Ricardo Lobo. *Normas de Interpretação e Integração do Direito Tributário*. 4ª ed. rev. atual. Rio de Janeiro, Renovar, 2006.

TUCCI, José Rogério Cruz e. "Duração razoável do processo", in MARTINS, Ives Gandra da Silva e JOBIM, Eduardo (Coords.). *O Processo na Constituição*. São Paulo, Quartier Latin, 2008.

TWINING, Willian. *Rethinking Evidence. Exploratory Essays. Talking Facts Seriusly*. 2ª ed. London, Cambrige University Press, 2006.

WAMBIER, Tereza Arruda Alvim e MEDINA, José Miguel Garcia. *O Dogma da Coisa Julgada: Hipóteses de Relativização*. São Paulo, Ed. RT, 2003.

XAVIER, Alberto. *Princípios do Processo Administrativo e Judicial Tributário*. Rio de Janeiro, Forense, 2005.

* * *

00972

GRÁFICA PAYM
Tel. (11) 4392-3344
paym@terra.com.br